제주발전연구원 제주학총서 20

재일조선인 문제의 기원

제주발전연구원 제주학총서 20

재일조선인 문제의 기원

문경수 저
고경순·이상희 역

도서출판 | 문

| 번역의 서문 |

　재일조선인 문제의 '기원'이라고 하면 일반적으로 일제 강점기의 소위 '강제 연행'을 연상할지도 모르겠다. 이 책의 〈책머리에〉에서도 밝혔듯이, 여기서 말하는 '기원'이란 그런 뜻이 아니다. 한국에서 재일조선인은 모두 강제 연행의 희생자와 그 자손이라는 오해가 아직도 뿌리 깊은 것 같다. 그러나 해방 후 재일조선인 사회를 구성한 대부분의 사람들은 1920년대~30년대에 일본으로 건너 와서 일본 사회에 뿌리 내린 사람들이며, 강제 연행의 희생자는 지극히 일부에 지나지 않는다. 바꿔 말하면 재일조선인은 일제 식민지지배의 산물이기는 하지만, 강제 연행이 직접적인 희생자라고는 할 수 없다.

　재일조선인은 일본 패망 시에는 이미 일본에서 태어난 2세가 30만 명에 달할 만큼 일본 사회에 정착하고 있었다. 차별 받는 존재라고는 하지만, 일본 사회의 틀림없는 구성원이 되고 있었던 것이다. 물론 그렇다고 해서 재일조선인이 고향 마을과의 관계를 끊었던 것은 결코 아니었다. 그들의 생활은 조선·일본의 경계를 초월한 생활권에서 이루어지고 있었던 것이다. 요컨대 재일조선인은 일본인이기도 하고 조선인이기도 하는 이중성을 띤 존재가 되어 있었고, 제2차 대전 후의 지배적인 관념으로 자리 잡은 획일적인 '민족'이나 '국민'의 개념으로는 정의할 수 없는 존재가 되어 있었던 것이다.

　패전으로 '제국'의 해체를 겪고 다시 한 번 '단일민족국가'가 된 전후 일본에서, 재일조선인은 어떤 면에서는 제2차 세계대전 전前

이상으로 배제되고 차별받는 존재였다. 일본 사회에 받아들여지기 위해서는 재일조선인 본래의 이중성을 버리고, 이른바 일본인 이상으로 일본인답게 사는 것이 강요되었다. 단일민족으로서의 배타성은 해방 후의 한국 사회에서 더욱 심했고 결국 일본에서 태어난 2세나 3세는 일본인으로서 사는 것이 당연하다는 견해가 일반적이었다.

결국, 항상 일본인이냐 한국인이냐 하는 양자택일이 강요되면서, 민족이라는 획일적인 집단 규정의 틀 안으로 포섭되거나 아니면 배제당해 온 것이 전후 재일조선인이 겪어야 할 상황이었으며 이 책에서는 그런 상황을 '재일조선인 문제의 기원'으로 간주하고 있다.

재일조선인을 이해하기 위해서는 민족에 대한 편협한 관념을 버리고, 재일조선인이 역사적으로 껴안지 않을 수 없었던 성격(이중성)을 있는 그대로 이해해 주는 것만이 출발점이 될 것이다. 이 책이 기존의 국가나 민족관으로는 결코 헤아릴 수 없는 존재인 재일조선인을 이해하는데 조금이라도 도움이 되기를 바라 마지않는다.

* * *

부모님이 제주 출신이며 재일조선인 2세라기보다도 재일제주인 2세로서 자신의 정체성을 간직해 온 나로서는 이 책의 번역서가 제주 분들에 의해 간행되는 것만큼 반가운 일은 없다. 힘든 번역의 노고를 맡아 주신 고경순 선생님, 이상희 선생님 및 번역서 간행을 지원해 주신 제주발전연구원 관계자 여러분들과 번역서 간행을 맡아 주신 출판사에 심심한 사의를 표한다.

2016년 11월 1일 교토에서
문경수

책머리에

　이 책은 재일조선인인 필자가 마이너리티 입장에서 보는 국민의 논리에 대한 비평서이다. 여기서 말하는 국민의 논리란 주권국가의 영역에서 생활하는 사람들이 인종·언어 또는 전통·문화면에서 일체하는 것에 가치를 두는 근대 서유럽의 사고방식이나 태도임을 밝힌다. 또한 이 책의 출발점이 된 사고방식은 재일조선인이란 그런 국민의 논리로는 명쾌한 결론을 내릴 수 없는 존재라는 것이다.

　뒤에 자세히 쓰겠지만, 재일조선인은 제국 일본의 다민족질서 속에서 조선 사회와 연결된 네트워크를 전제로 일본 사회에 탄생되고 그곳에 뿌리내린 집단이다. 한국과 북한 그리고 일본 제국의 해체로 제2차 세계대전 후에 동아시아에서 성립한 주권국가라는 구조 속에서는 융화되기 어려운 존재였다. 그러나 전후戰後의 재일조선인을 기다리고 있던 것은 국민이나 국적의 논리에서 비롯된 편 가르기나 배제의 과정이었다. 이 책에서 필자는 재일조선인이 전후에 직면한 존재와 틀(논리·이념·규범)에서 오는 괴리를 재일조선인 문제의 기원이라는 관점으로 풀고자 한다. 이는 전후 일본의 자세는 물론이거니와 재일조선인 스스로가 품어왔던 이념과 규범을 되짚어 보는 일이기도 하다.

　다음은 독자의 편의를 위하여 이 책의 구성과 각 절의 기본이 되는 논문을 미리 기술한다.

　프롤로그인 전후 60년과 재일조선인은, 이 책의 취지나 논점을 재일조선인사의 각 시기(재일조선인의 형성기, 국민이라는 틀이 빚어낸 재일조선인의 배제나 편 가르기가 진행된 시기인 제2차 세계대전 후부터 1950년대까지의 국민화의 시대, 존재와 구조의 모순에 시달렸던 전후세대인 2세대가 대두하는 70년대, 그리고 동요하던 국민이라는 관념이 자리 잡는 80년대 후반 이후부터 현재)의 특징이나 과제를 기준으로 개괄하여 제시했다. 『사상(思想)』(이와나미쇼텐岩波書店, 2000년 12월호)에서 특집논문을 다룬 「전후 60년」에 실었던 글을 기본으로 하고 있다.

제一장 역사 속에서의 Ⅰ일본 국민의 탄생과 조선을 향한 시선은, 막부말幕府末·메이지기明治期의 일본인이 갖고 있던 조선관의 변화를 다룬 것이다. 중국 중심의 화이華夷이념에 근본을 두었던 「동아시아의 전통적인 지역질서에서 근대적인 국민국가 시스템으로의 이행」이라는 글에서 발췌하여 수정한 것이다. 좀 딱딱한 문장이어서 걱정이 된다. 요컨대 에도기江戸期의 통신사로 상징되었던 조일朝日의 교린交隣에서 정한론征韓論 또는 탈아론脫亞論에서 드러난 차별적인 조선관으로 변화하는 과정을 다루고 있는 글로 근대 일본이 갖는 조선관의 원형을 논제로 삼고 있다. 「근대 일본의 국민국가 형성과 조선」(『막부 말·메이지기의 국민국가 형성과 문화 변용(幕末·明治期の国民国家形成と文化変容)』, 니시카와 나가오西川長夫·마쓰미야 히데하루松宮秀治 편, 신요샤新曜社 1995년)을 기본으로 하고 있다.

Ⅱ 재일조선인의 형성과 커뮤니티, 오사카·제주도-군대환(기미가요마루)이 이어준 두 개의 사회는, 식민지기의 재일조선인 사회의 형성을 다루고 있다. 특히 오사카의 제주인 사회를 중심으로 정주커뮤니티의 형성을 밝힌 것으로 Ⅰ과 함께 제一장의 역사편을 구성하고 있다. 「재일조선인 문제의 기원」(『이동과 정주-일구日欧 비교의 국제노

동력 이동(移動と定住—日欧比較国際労働力移動)』, 안토니 제이·필딩Anthony J. Fielding·사토 마코토佐藤誠 편, 도분칸同文舘, 1998년)의 일부이다. 제二장 재일조선인의 전후는, 재일조선인의 국민화의 과정을 다룬 글이다. 제2차 세계대전 직후의 재일조선인의 귀환과 정착을 시작으로 GHQ의 점령통치, 재일조선인 운동과 민족교육, 일본 국적의 상실과 참정권, 재일조선인 운동에서 일본공산당과의 관계 등을 각 국면에서 조사한 글로 구성되어 있다.

이 중에 Ⅲ 미국의 점령통치와 재일조선인은, 조련(재일본조선인연맹)의 결성과 점령정책의 전환에 따른 민족교육에 대한 탄압, 재일조선인 운동의 시련을 다룬 것으로 「재일조선인의 전후(在日朝鮮人にとっての戰後)」(『전후 일본 점령과 전후 개혁⑤-과거청산(戰後日本占領と戰後改革⑤—過去の淸算)』, 나카무라 마사노리中村政則·아마카와 아키라天川晃·윤건차尹建次·이가라시 다케시五十嵐武士 편, 이와나미쇼텐, 신장판, 2005년)의 일부이다.

Ⅳ 국적과 참정권은, 구 식민지 출신자가 일본 국적을 상실한다는 것을 명백히 한 법무부 민사국장의 통달(1952년 4월)에 이르는 과정을 밝힌 글이다. 식민지기의 재일조선인의 국적·참정권, 전후 참정권 정지의 조치 등을 근거로 한 글로, 『호루몬문화7호(ホルモン文化·7号)』(신칸샤新幹社, 1998년)에 「전후 일본 사회와 재일조선인②-일본 국적의 상실」을 기본으로 하고 있다.

Ⅴ 일본공산당과 재일조선인은, 1955년 노선 전환(재일본조선인총연합회 〈총련〉의 결성)에 이르는 재일조선인 운동의 여정을 다룬 글이다. 『일본공산당 70년(日本共産党の七〇年)』(신일본출판사新日本出版社, 1994년)에서 제시한 일본공산당의 자기인식을 참조하여 재일조선인과 일본공산당의 활동과 그 관계를 중심으로 정리한 것이며, 『호루몬문화9

호』(신칸샤, 2000년)에 「전후 일본 사회와 재일조선인③-일본공산당과 재일조선인」이란 제목으로 게재했던 글이다.

제三장 전후 세계의 변용과 재일조선인은, 주로 1960년대 이후의 일본 사회와 재일조선인의 변화나 한일 간의 상호인식을 논한 3개의 문맥으로 구성되어 있다.

Ⅵ 전후의 한일관계와 상호인식 반일과 혐한, 그리고 한류는, 전후 일본인이 갖는 한국·조선관을 다룬 글이다. 패전 직후부터 한류와 혐한嫌韓이 교차하는 오늘에 이르는 변화와 각 시기의 특징을 한국인이 갖는 일본관의 변화를 서로 교차시키면서 논한 글로 덧붙이자면 Ⅰ일본 국민의 탄생과 조선을 향한 시선의 전후판이라 할 수 있다.『국제 심포지엄-일본·중국·조선관의 상호인식과 오해의 표상·토론집(国際シンポジウム—日本·中国·朝鮮観の相互認識と誤解の表象·討論集)』, 야마무로 신이치山室信一 편, 교토대학인문과학연구소京都大学人文科学研究所, 1998년)에 실린 토론문(「이위동李衛東 보고에 대한 토론문-한일관계를 중심으로」)을 기본으로 하고 있으나 거의 새로 쓴 것이다.

Ⅶ 고도경제성장기의 재일조선인은, 재일조선인 사회의 1960~1970년대의 변화를 고도성장기에 일어난 일본 사회의 변화와 비교하여 논한 것이다. 재일조선인 사회는 민족이나 국가를 둘러싼 지식인들의 지도나 계몽이 그 나름의 기능을 한 빈곤한 공동체이기도 하다. 이 글은 「고도 경제성장기의 재일조선인」(『재일은 지금-재일한국·조선인의 전후 50년(「在日」はいま—在日韓国·朝鮮人の戦後50年)』, 세이큐분카샤青丘文化社, 1996년)을 가필한 것이다.

Ⅷ 글로벌리제이션, 국민 동요의 시대는, 1980년대 이후의 국제화나 글로벌화라 불린 일본 사회의 변화 속에서 국민의 동요(일본

사회의 다多에스니시티화, 타자인식의 변화, 아시아에 대한 가해인식의 고조)와 이에 맞선 반동으로 대두한 신 내셔널리즘을 통일 후 독일의 동향과 교차하여 쓴 글이다. 이 책의 결론을 제시한 부분이기도 하며, 새로운 내셔널리즘에서 비롯된 국민화를 향한 압력이 다시 재일조선인에게 가해졌고 그런 국민이나 국적의 논리로 구별 또는 편 가르기를 거부한 것에 대한 의의를 제시했다.

　맨 마지막에 부가된 재일론의 맥락은, 1991년에 쓴 동명의 에세이와 최근까지 계속 써온 재일조선인을 다룬 에세이·해설·통신문 등을 거의 그대로 삽입했다. 미숙하고 의욕이 앞서 본문과 중복되는 부분도 적지 않지만, 재일조선인 2세인 필자가 그때그때 떠오른 생각이나 논리를 기록한 자료집이라 생각하고 읽어주기를 바라면서 무리하게 수록했다. 이 시점에서 필자의 생각이나 사고를 기술한 프롤로그와 비교하며 읽는다면 모든 발상방법에서 문체까지, 필자 자신도 알아채지 못한 많은 변화를 이해할 수 있을지도 모르겠다.

차례

번역의 서문 _ 5
책머리에 _ 7

프롤로그
전후 60년과 재일조선인

1. 재일 2세의 초상-70년대 ·· 17
2. 조선인의 해외이주와 정착-제2차 세계대전 전 시기 ····················· 23
3. 국민화의 시대-50년대 ·· 30
4. 국민 동요의 시대-80년대 후반 이후부터 현재 ································· 39

제一장
역사 속에서

Ⅰ. 일본 국민의 탄생과 조선을 향한 시선 / 45
1. 근세 동아시아의 국제질서와 조일관계 ··· 47
2. 서양세계의 충격과 정한론 ··· 54
3. 국가·국민·문명 ··· 61

Ⅱ. 재일조선인의 형성과 커뮤니티 / 67
오사카·제주도-군대환이 이어준 두 개의 사회

1. 식민지 지배와 노동력 이동 ··· 67
2. 다多에스니시티 도시·오사카 ·· 72
3. 식민지 시기의 제주도 ··· 79
4. 출가노동 증대와 군대환 ··· 82

제二장
재일조선인의 전후

Ⅲ. 미국의 점령통치와 재일조선인 / 89
1. 재일조선인의 귀환과 정착 ········· 92
2. 재일본조선인연맹의 결성 ········· 95
3. 점령정책의 전환과 재일조선인 ········· 100
4. 한신교육투쟁 ········· 105

Ⅳ. 국적과 참정권 / 111
1. 식민지기의 국적과 참정권 ········· 113
2. 참정권의 정지 ········· 122
3. 법무부 민사국장 통달에 이르는 여정 ········· 129
4. 국적 상실의 의미 ········· 134

Ⅴ. 일본공산당과 재일조선인 / 138
1. 제2차 세계대전 전 시기 ········· 139
2. 제2차 세계대전 후 시기 ········· 143
3. 50년대 ········· 147
4. 『일본공산당 70년』 ········· 152

제3장
전후세계의 변용과 재일조선인

VI. 전후의 한일관계와 상호인식 / 163
반일과 혐한, 그리고 한류

1. 패전과 국민의식 ··· 164
2. 한국·조선관의 지속과 변화 ·· 170
3. 한국인의 일본관-반일에서 극일로 ·· 177
4. 한류-교차하는 상호 이미지 ·· 181

VII. 고도경제성장기의 재일조선인 / 187

1. 전후 60년과 고도성장시대 ·· 187
2. 1955년의 의미 ·· 189
3. 고도성장과 가족 ·· 194
4. 시민사회와 재일조선인 ·· 199

VIII. 글로벌리제이션, 국민 동요의 시대 / 207

1. 포스트 국민국가를 향한 도전-통일 후의 독일 ··················· 208
2. 새로운 내셔널리즘 ·· 214
3. 국민이라는 틀을 초월하여 ·· 220

부록
재일론의 맥락

재일론의 맥락 / 231

재일조선인과 국민국가 / 242

들어가며 ·· 242
1. 재일조선인의 형성과 국민국가 ·· 243

  2. 민족과 계급의 틈새에서 ··· 246
  3. 전후의 노선 전환과 국민국가 ·· 250
  4. 고도성장기의 사회변화와 재일조선인 ································ 256

전환기의 세계와 재일조선인 / 260

다케다 세이지 저 『재일이라는 근거』에 대하여 / 273

  1. 재일의 현재 ··· 273
  2. 저자 및 구성 ··· 275
  3. 출구 없는 광경 - 김학영 ··· 276
  4. 반조선인 - 이회성 ··· 278
  5. 부재의 의식 - 김석범 ·· 280
  6. 확산되는 풍경 - 신세대의 재일 문학 ································· 280
  7. 재일의 행방 ··· 282

제주도 통신 / 284

  1. 민원신고의 시대 ·· 284
  2. 제주의 공동체 ··· 286
  3. 제주대학교 ·· 288
  4. 낙조와 4·3특별법 ·· 290
  5. 헤어질 때 ·· 292

에필로그 / 295

참고문헌 _ 303
찾아보기 _ 313

일러두기

이 책에서 '조선', '조선인', '재일조선인'은 시대상의 조선을 의미하는 경우와 분단된 조국을 마음 아파하며 그 어느 쪽 국적도 선택하지 않은 채 조선적으로 한 시대를 살았던, 현재를 살아가는 재일동포를 포함하여 지칭한 저자의 의도에 따라 그대로 표기했음을 밝힌다.

> 프롤로그

전후 60년과 재일조선인

1. 재일 2세의 초상 - 70년대

그때 갑판 위에 서있던 아키코의 표정이 순간 변했다. 그때까지 조용하고 무표정하던 아키코의 얼굴에 갑자기 동요의 기색이 역력했다. 어머니와 가족으로부터 떨어져 혼자 미지의 땅으로 가려 하고 있는 사실을 마치 처음으로 실감하는 듯했다. 아키코의 얼굴엔 겁먹은 표정이 떠올랐다. 그것은 내게도 너무나 익숙한 것이었다. 그 순간 이미 모친을 어머니ォモニ라고 부르고 있었을 아키코가 별안간 이전의 아키코로 돌아가서 이렇게 부르기 시작했다.

"오카아상! 오카아상!"

아키코는 상반신을 뱃전 밖으로 내밀고 창백한 얼굴로 신음하듯 외쳤다.

"아키코!" "아키코!"

어머니도 울면서 소리쳤다.

"오카아상~! 오카아상~!"

아키코는 눈물을 줄줄 흘리며 폐부를 찌르는 듯한 날카로운 목소리로 몇 번이나 그렇게 외쳤다. 배가 급하게 암벽을 떨어져 나갔다.

김학영金鶴永의 「착미(錯迷)」[1]의 한 구절이다. 여기서 배는 니가타新潟항에서 북한으로 향하는 귀국선이다. 고등학교 3학년인 나(신순일申淳一)의 여동생인 아키코는 자신의 암울한 집에서 벗어나려고 조국이라든가 민족이라는 피안의 논리에 몸을 맡기고 귀국길에 오른 것이다. 그러나 정작 배가 암벽을 떠나려는 순간 이전의 아키코의 내면이 불러낸 어머니라는 '이야기화된 호칭(物語化された呼称)'(『재일이라는 근거(〈在日〉という根拠)』, 다케다 세이지竹田青嗣)도 단념해 버린다. 조국, 민족, 나아가 사회주의라든가 통일이라는 1960~1970년대의 의식 있는 재일 2세들을 사로잡고 떨쳐내지 못한 이념(이야기)과 그 내면(신체)의 모순을 이렇게 극적으로 그린 장면을 나는 아직 본 적이 없다.

2004년에 간행된 「일기초(日記抄)」[2]에 의하면 김학영은 1970년부터 1971년까지 재일조선인이기에 갖는 고뇌와 초조함, 나아가 생활고나 자녀 양육과 관련한 불안에 짓눌리면서 「착미」를 집필한다. 작품의 무대는 1960년대이며, 이런 내용을 다룬 「박치기」라는 영화가 2005년에 전국에서 개봉된다. 이 영화에서도 주인공인 조선고등학교 반장이 처음에는 귀국을 결심하지만 연인이 출산하여 아이를 얻고 가족이 생김으로써 마음을 바꿔 일본 땅에 남기로 결정하게 된다. 이 영화에서 시대의 논리는 아주 가볍게 뛰어넘고 있다.

재일조선인의 귀국이 시작된 것은 1959년 12월의 일이다. 국교가 없는 북한으로 귀환하는 것은 조일朝日적십자 간의 협정이라는 형태로 실현되고 이 협정에 의한 귀국자 수는 약 9만3천여 명에 이른다. 대부분(8만8천6백11명)은 1960년대까지 귀국하고, 몇몇의 예외를 제외하고는 두 번 다시 일본 땅을 밟는 일은 없었다. 귀국사업은 당시

지상낙원이라고 불렸던 북한의 경제생활이나 인권의 참상이 근래 들어 밝혀지면서 이 사업을 추진한 사람들에 대한 비난이나 책임론이 끊이지 않는다. 그러나 이 귀국사업은 재일조선인이 전후의 격동기에서 우여곡절 끝에 도달한 이념이나 이야기에서 반드시 필요한 부분이며 이와 분리해서는 생각할 수 없는 것이다.

처음에 조국, 민족, 통일이라는 말을 빌려 표현했던 이념(이야기)은 당시 자이니치를 조금이라도 성실하게 살려고 한 대부분의 젊은 2세들이 받아들였던 사회(세계)를 바라보는 방법이었다. 1970년을 전후하는 시기에 이런 2세들의 삶의 방식은 기성 민족단체의 교의나 논리의 차원에 머물지 않고 2세들 스스로가 고유의 표현활동을 통해 이미지를 만들어 갔다. 「다듬이질 하는 여자(砧をうつ女)」(1971년)로 재일조선인으로서는 첫 아쿠타가와상을 수상한 이회성(李恢成)의 일련의 작품들이 그런 자이니치의 자기표현을 대표하고 있다.

이회성은 1935년생으로 재일 2세의 제1세대 작가이다. 1966년에 「얼어붙은 입(凍える口)」으로 데뷔한 세 살 아래인 김학영은 일기(1970년 9월)에서 자신의 문학적 활동방향을 '이회성의 작품을 실마리로 해서 생각해보고 싶다'(「일기초」)라고 밝히고 있듯이 이회성의 작품은 반드시 1970년대의 자이니치를 기본으로 다룸과 동시에 청춘의 군상을 묘사하고 있다. 즉 재일 2세의 아이덴티티는 일본인에서 시작하여 반조선인(반일본인=반쪽바리)이라는 혼돈과 위기를 거쳐 조선인으로라는 궤적을 더듬었다. 전쟁 전에 소년기를 보낸 이회성은 제1단계인 일본인이라는 자기규정을 천황제에 열광하는 황국소년의 형태로 표현한다. 반조선인은 패전을 사이에 둔 시대의 전환이 있으며 반조선인으로서 자기발견을 위한 모색을 추구하는 말에서

도, 전후 민주주의로 일컬어지는 규범이나 논리를 드러내고 있다. 조선인은 주인공들이 반조선인으로서 정신적 위기를 극복하고 손에 넣은 피안의 이야기(=이념), 즉 다케다 세이지가 관념극劇이라고 불렀던 바로 그것이다.

조국이나 민족이라는 이념은 그 무렵의 한국계 민족단체에 속하면서도 한국의 민주화나 통일을 부르짖던 재일의 의식 있는 2세들에게도 통용된다. 1970년대에는 모국유학을 통해 한국의 민주화 운동에 투신한 젊은 2세들도 적지 않았다. 바로 그 민주화운동에 몸을 내던지고 투옥된 두 형을 두고 있는 서경식徐京植은 다음과 같이 쓰고 있다.

> 당시의 나는 주관적 상상으로는 김지하로 대표되는 민족-민중문학을 매개로 민주화투쟁을 한 한국의 동포들에게 속해 있었다. 그것은 내가 일본이라는 장소에 사는 재일조선인 2세로서 스스로 삶의 의의와 방향성을 모색하는 데도 결정적인 역할을 했다. 살기위해 필요했다고도 할 수 있다. 『디아스포라 기행(ディアスポラ紀行)』

1970년대는 히타치日立취직차별재판[3]이 시작된 해이기도 하고, 고도 경제성장기에서 인격형성을 이룬 전후세대 자이니치가 취직, 결혼, 양육 등 생활인으로서 지역사회의 현실과 대면하기 시작한 시기이기도 하다. 총련(재일본조선인총연합회)이나 민단(재일본대한민국거류민단, 1995년부터 거류라는 말을 제외한다)에서 대표되는 본국직결형인 민족운동과는 차원을 달리하는 지역 활동에 대한 자각도 이 세대를 중심으로 움트기 시작했다. 그러나 1970년대의 지역 활동은 재일조선인들 사이에서 넓게 지지받지는 못했다.

한일조약 체결(1965년)에서 유신체제 성립(1972년 말)[4]을 거쳐 남북이 모두 납득하기 어려울 정도로 체제가 경직화되고, 재일조선인은 경직된 채 시대의 추이에 몸을 맡기고 있었다. 사상이나 조직이 전부라는 일종의 원리주의적인 태도조차 당당하게 통용되고 있었다. 고도 경제성장을 거쳐 공공의 대의보다도 사생활을, 집단보다도 개인을 추구하기 시작한 시대의 한가운데 있어도 사회 상황과 얽힌 정치의 계절은 우리 재일 2세의 의식을 속박하고 있었다.

민족으로 귀속할 것인가 일본인으로 동화할 것인가, 한국인가 북한인가, 본명인가 통명通名인가, 재일 2세들은 늘 이런 질문 앞에서 하나를 선택해야 한다는 강박에 시달려왔다. 김학영의 1971년 1월 15일자 일기에서도 다음과 같은 기술이 보인다.

> 영주권 신청을 할 것인가, 보류할 것인가.
> 오늘 조선이 북한과 한국으로 분단된 이상, 그리고 나는 북한에서는 어쩌됐든 살 수 없는 인간인 이상, 이 기회에 조선적을 버리고 한국적을 취득해서 한국인이 된다 한들 아무런 지장도 없을 터이다. 아버지가 아시면 격노하고 한탄하겠지만 그러나 아버지와는 그런 일로 격돌하는 것은 이미 끝난 상태이다. 「일기초」

이렇게 해서 영주권 신청[5]을 받던 시청에는 수명의 총련계 사람이 피켓을 들고 이를 중지시키려고 했던 그런 시대였다. 나아가 「일기초」에는 이 시대의 택일적인 질문을 마주하고 애처로울 만큼 끊임없이 흔들거렸던 김학영의 심상이 면면히 묘사되고 있다.

나의 생을 생각하면 잠들지 못한다. 나는, 조선인은, 완전히 막다른 골목에 몰려있다는 사실을 실감하고 두려움에 몸이 떨린다. 준열한, 공포스러운 고독감. 대체, 나는 왜 조선인으로 태어난 것인가, 등의 신음소리가 돌연 새어나와 버린다.

재일조선인 2세 3세는 어떻게 살아야 좋은가? …… 우리들에게는 갈 곳이 없다. 갈 곳을 스스로 만들지 않으면 안 된다. 그리고 그것은 너무나도 지나치게 지난할 것 같은 길이다.

이회성은 돼지 같은 생활 또는 난폭한 아버지로 상징되었던 자이니치의 불우함을 출발점으로 하여 사회나 역사에 대한 자각이나 민족으로 귀속한다는 이념을 매개로 이를 반전시킨다. 오히려 자이니치를 적극적인 삶의 원리로 고양시키려고 한 작가였다. 책머리의 인용에서 보이는 바와 같이 김학영은 오히려 그런 이념에서 오는 위화감이나 자이니치라는 신체성의 모순을 끝까지 밝히려고 한 작가였다. 민족으로 귀속한다는 이념은 오히려 김학영의 '자의식 상의 극에서 파악된 내면의 원리를 위협하는 것'(앞의 책, 다케다 세이지)이 되어 막아선다. 그러나 민족이나 국민을 둘러싼 관념이 압도하는 시대에 그 이외의 갈 곳을 찾는 것은 참으로 지난한 행위였다. 김학영은 해답 없는 물음을 끊임없이 물었으며, 1985년 46세의 젊은 나이로 자살하고 만다.

김학영 등의 재일 2세 제1세대가 직면한 시대의 논리는 제2차 세계대전 후 10여 년의 과정을 통해 구축된 이념이나 규범에서 비롯되었다. 김학영은 그런 시대의 논리와 결코 타협할 수 없었다. 그는 그 무렵의 재일 2세로서는 보기 드문 감수성의 소유자였다. 필자는 그런 재일의 주체와 세계와의 관계맺음에서 풀기 어렵고 뒤틀린 것을 받아들인 역사의 경위는 무엇인지를 살펴보고 재일조선인의 과거와 현재를 서술하고자 한다.

2. 조선인의 해외이주와 정착 – 제2차 세계대전 전 시기

조선인이 본격적으로 해외이주를 시작한 것은 구미열강의 압력이 동아시아에 미치기 시작한 19세기 중반부터이다. 아편전쟁에서 청일전쟁에 이르는 19세기 후반의 동아시아 각국은 중국 중심의 책봉·조공관계에서 근대적인 조약관계로 전환하려는 움직임이 있었다. 또한 그때까지 분산적이며 애매한 단위사회의 경계가 국경으로 재편되고 구분되려는 시기이기도 했다.

1858년 러시아는 아이군 조약에 따라 아무르강 이북을 차지하고 나아가 1860년에는 북경조약에 따라 우스리강 동쪽의 연해주를 얻어서 태평양 지역으로 진출하여 조선, 일본과 근접하게 된다. 러시아 극동은 기후가 열악하여 식량 자급조차 힘들어서 개척은 주로 조선인 등의 아시아계 주민에게 떠맡겨진다. 이곳과 인접한 구舊만주는 1677년 이후, 만주족의 옛 땅으로 봉금령이 내려져 있었지만 1871년 이후에 청조淸朝는 봉금령을 풀고 농민을 모집하여 경작지를 개간하는 정책으로 전환했다. 일본은 이 시기에 메이지유신을 단행하고 부국강병이나 문명개화라는 이름으로 근대적인 국민국가 형성을 위한 행보를 시작한다. 북해도 개척사使의 설치(1869년)나 류큐琉球 처분(1879년) 등 이역異域의 내국화를 진행하고 아이누나 오키나와 주민을 호적 편입하여 동질적인 국민으로 몰아넣었다.

한편 민란의 시대라고 불리는 19세기의 조선은 토지나 신분 제약의 완화로 인구의 유동화가 촉진되며 유민화되었던 농민의 대다수가 중국 동북지역이나 러시아 극동지역의 황무지에서 신천지를 추구했다. 조선인이 구 만주 지역으로 대량 이주한 것은 1860년대에 시작되어 1885년에는 조중朝中 국경을 따라서 남북 100km, 동서 1000km에 이르는 간도 지역6이 조선인에 의해 개척되었다. 조선왕조는 이 지역을 은근히 자국령으로 간주하고 있었지만 중국 측은 청조로 귀화 입적해야 토지를 소유할 수 있다는 조건을 내걸어서 조선인의 유입을 통제했다. 또한 '한인漢人이나 만주인 지방호족과 결탁하여 조선인 빈민 소작농을 다양한 수탈의 대상으로 삼았다'(『중국 조선족의 민족 관계(中国朝鮮族の民族関係)』, 정아영). 이런 통제나 수탈에도 불구하고 1907년의 러일협약까지 5만 명에서 10만여 명의 조선인이 중국 동북지역에 살았다.(김게르만金ゲルマン) 이 러일협약은 중국 동북의 세력범위를 일본과 러시아가 남북으로 나눈 것이며 그 후, 간도의 조선인 이민자의 귀속이나 관할권을 둘러싸고 중일 간의 격렬한 세력다툼이 끊이지 않게 된다.

　　러시아 극동으로 조선인이 이주를 시작한 시기 또한 1860년대이다. 그중에서도 1860년대 후반에는 거듭되는 기근으로 연해주로 향하는 이주자가 급증하고, 1869년도에서 1870년까지인 2년 동안에 약 1만5천 명이 국경을 넘었다.(『중앙아시아 소수민족 사회의 변모(中央アジア少数民族社会の変貌)』, 이애리아李愛俐娥) 조러朝露수호통상조약 체결(1884년) 이후의 러시아정책은 정착 조선인에게 러시아 국적의 취득을 의무화하는 등의 러시아화를 추진했다. 러일전쟁의 결과, 러시아는 북위 50도 이남의 사할린을 일본에 양도하게 되고 러시아 내에 황화론이

일어나서 조선인에 대한 경계심도 강해졌다. 그러나 경술국치 이후의 러시아정책은 연해주에 있던 조선인 항일집단을 지원하게 되고, 조선인의 이주도 증가하여 러시아혁명 때는 8만여 명의 조선인이 연해주에 살게 됐다. 그 대부분은 정착 형태의 농업이민이고 그 반수가 러시아 국적을 취득한 것으로 추정된다.

이런 중국이나 극동 러시아에 대한 개척이민의 역사에서 본다면 조선인이 일본으로 도항한 역사는 그리 오래지 않다. 조선인의 도일(渡日)이 본격화한 원인은 경술국치 이후에 실시한 토지조사사업(1910~1918년)에 따른 조선 사회의 대규모 지각변동이었다. 1990년대의 연구를 통하여 토지조사사업에 의한 토지 수탈이 종래에 강조한 만큼의 대규모가 아니었다는 점은 합의할 수 있지만 근대적 토지소유(개인소유)의 확립이 조선 사회를 유동화한 요인으로 작용했던 점은 부정할 수 없다. 이로 인해 토지에 대한 관습적인 결속이 끊긴 대다수의 농민들은 한편으로는 도시의 저임금 노동자로, 또 한편으로는 변경의 개척민이나 화전민(화전식 경작을 행하는 농민)으로 유랑하게 되었다.

그러나 경술국치 무렵인 20세기 초의 일본은 면綿공업을 중심으로 하는 산업혁명을 이제 막 이루어냈을 뿐이었다. 대부분의 기계제품은 구미 각국에서 수입하여 의존하는 근대 세계에서 보면 주변적 존재에 지나지 않았다. 1910년대에 토지를 상실한 조선인의 주된 유출처도 중국 동북지역이었다. 제1차 세계대전은 유럽 열강을 아시아시장에서 후퇴시키고 면제품을 주체로 하는 일본의 경공업제품의 수요를 비약적으로 증대시켰다. 이와 동시에 일본은 열강제국으로부터 자본재 수입의 길을 차단하고 독립적으로 기계생산을 할 수 있는 길로 들어서게 된다.

제1차 세계대전에서 제2차 세계대전 후의 반동불황(1920년)에 이르는 일본의 중화학공업화는 이렇게 진행되었다. 그것은 일본을 대도시화하고 그 주변 공업지대로 거대한 인구유입을 창출했다. 1918년에는 도시주민의 식량부족과 쌀값의 급등으로 발단이 된 쌀 소동이 있었고 그 해결책으로 조선에서의 산미증식계획(1920~1934년)이 추진되었다. 이에 수반된 조선 농민의 계층분화와 유출도 그 자체는 근대의 식민지경영에서는 익숙한 스토리이지만, 규모와 속도 면에서는 제2차 세계대전 이전에는 그 유례를 찾아볼 수 없는 것이었다. 호리 가즈오堀和生에 따르면 산미증식계획이 진행된 1920년부터 10년 동안 농촌지역에서 발생한 인구유출은 77만 명이었다고 한다.(『조선공업화의 역사적 분석(朝鮮工業化の史的分析)』) 그 정착지는 서울의 과잉인구로 체류하거나 아니면 일본 등 해외였다. 1930년에는 러시아 극동에 15만 명, 중국 동북에는 60만 명, 이미 일본에도 30만 명에 가까운 조선인이 있었다. 일본으로 온 것은 '어느 정도의 자력을 가지고 나름의 교육을 받은 중층 정도의 농민이며, 이촌離村한 농민 빈곤층은 고향 혹은 그 주변에 머물렀다.(「조선인의 국외이주와 일본제국(朝鮮人の国外移住と日本帝国)」, 미즈노 나오키水野直樹)

1930년대의 일본은 세계공황 이후에 일어난 세계경제의 블록화 현상에 대항하여 일본제국의 영역 내에서 완결하는 국제 분업을 모색하게 된다. 조선도 공업 부분에서 분업상의 한 역할을 부여 받았다. 브루스 커밍스Bruce Cumings가 압력냄비라고 불렀던(『현대조선의 역사(現代朝鮮の歷史)』) 1930년대는 조선 북부와 서울을 중심으로 급격한 공업화가 진행되어 대규모의 인구이동을 불러일으켰다. 1932년부

터 1940년까지 농촌지역에서 발생한 인구유출은 271만 명에 달했고, 이 중 약 150만 명이 일본이나 중국 동북지방 등 해외로 향했다. (앞의 책, 호리 가즈오) 1940년대에는 전시동원이 맹위를 떨치게 되지만 그 이전 단계(1938년)에서 재일조선인의 규모는 이미 80만 명에 달하고 있었다.

1930년대에는 도일하는 조선인이 수적인 면에서만 증가한 것이 아니라, 구성과 이주 형태에서 전후 재일조선인의 형성에 관계되는 중대한 변화가 나타난다. 1920년대까지 조선인의 일본 도항은 탄광이나 건설노동에 종사하는 단신형 출가노동이민(환류형 이민)이 주를 이루었고 중국 동북지역이나 러시아 극동지역의 정착형 농업이민과는 성격을 달리했다. 그러나 1930년대에는 일본에서도 오사카나 도쿄를 중심으로 중소영세지만 제조업 부문에 직장을 얻고, 일가를 꾸리는 정착형 이민이 눈에 띄게 증가하게 된다. 1930년대 말의 어느 관헌자료에는 이 무렵의 사정이 다음과 같이 기록되어 있다.

> (1938년의 재일조선인, 799,878명 중)세대를 가지고 있는 총인원은 659,708명이며 총인원의 82%로 강세를 점유한다. 나아가 남녀의 수로 보면 1931년(쇼와昭和6년) 말에는 남자 244명에 대해 여자 100명의 비율이 되는데 이 남녀 수의 차이는 해마다 축소하여 올해 말에는 남자 485,401명, 여자 314,477명으로 남자 154명에 대해 여자 100명의 비율이 되어 이 남녀 비율의 접근 및 세대인원수의 비율이 많다는 것은, 재주在住조선인이 점차로 정주성을 띠고 있는 것을 나타내고 있다
> 「재류조선인운동在留朝鮮人運動」 내무성경보국内務省警保局

도노무라 마사루外村大의 연구에 의하면 재일조선인의 정주화는 1920년대부터 1930년대에 걸쳐 진행되며, '1935년 정주자는 전국 및 주요 부현府県에서 70%를 점유하게 되었다'(『재일조선인 사회의 역사학적 연구(在日朝鮮人社会の歴史学的研究)』)고 한다. 전시동원이 시작된 1939년 이후는 비非정주 조선인이 급증하고 패전 때에는 약 200만여 명의 조선인이 일본에 있었다고 추정된다. 일본이 패전하고 1여 년 사이에 약 150만여 명의 조선인이 본국으로 귀환하지만 그들은 전시 동원기에 도일했던 재일의 역사가 짧은 조선인이었다. 일본에 남아 전후의 재일조선인 사회의 중핵이 된 대부분의 사람들(약 60만여 명으로 보고 있다)은, 1930년대에는 이미 일본에서 삶의 뿌리를 내리고 있었던 틀림없는 일본 사회의 주민들이었다.

물론 주민이라든가 정주라고는 하지만 당시의 조선인들의 생활실태가 '사람이 산다·생활한다'는 표현에 맞는 말인지 어떤지는 매우 불확실하다. 오사카에서는 '조선인은 한 세대 당 평균 8여 명이 밀주하고 게다가 집단으로 거주하며 조선 재래의 특이한 풍속습관을 갖고 있어 저급한 생활을 영위하는 자들이 대다수를 차지하는 까닭에, 그들의 생활권은 일본인의 생활권과 점점 분리되고', 1936년에 이미 50호 이상이 집단거주하는 조선인 부락이 137지구地區에 이른다.(「재주조선인 문제와 그 대책(在住朝鮮人問題ト其ノ対策)」, 오사카부내선융화사업조사회大阪府在住内鮮融和事業調査会) 교토에서는 토목공사 등에 종사하는 조선인이 그대로 노무자합숙소에서 정착하든가, '하천부지 혹은 공터를 이용하여 대충 지어 늘어놓은 판잣집, 먼지투성이의 변두리 지역에 너저분하게 군집한 단층연립주택'에 살거나 했다.(「시내 재주 조선 출신자에 관한 조사(市内在住朝鮮出身者に関する調査)」, 교토시사회과京都市社会課) 가나가와神奈川에서는 하코네箱根국도공사, 게이힌京浜공업지대의 공장 건설공사, 다마가와玉川의 자갈채취 등에 종사하는 토목공이 1920년대 중반부터 노무자합숙소나 토지 소유관계가 불확실한 지구를 중심으로 당국에서 불량 주택지구라고 낙인찍은 조선인 부락을 만들기 시작했다.(『가나가와의 한국·조선인(神奈川の韓国·朝鮮人)』, 가나가와현 자치종합연구센터神奈川県自治削総合研究センター) 도쿄 고토구江東区에는 100명 이상이 사는 조선인 부락이 시오자키塩崎, 하마조노浜園, 시라카와白河, 센다千田 등 아홉 곳에 달했지만, 도쿄가 1936년 올림픽 개최지로 결정되자 시당국은 조선인지구의 바라크를 불법사용이라는 명목으로 철거하고, 당시 막 매립을 마친 황무지 상태였던 에다카와枝川로 이주를 강행했다. 이런 이유로 에다카와에는 어느 날 갑자기 1000명이 넘는 조선인 부락이 출현했다.(『도쿄 코리안·타운(東京のコリアン·タウン)』, 고토·재일조선인의 역사를 기록하는 회江東·在日朝鮮人の歴史を記録する会 편)

제一장 Ⅱ에서 자세히 다루겠지만 일본 내 정주라고는 하지만 자이니치의 생활공간이 일본 사회에 국한됐던 것은 아니다. 오사카에 조선인 최대의 집단거주 지역을 만들어낸 제주 사람들은 군대환(君が代丸, 1923년에 개설된 오사카와 제주 사이의 항로를 연결하는 여객선 중의 하나)을 매개로 고향과 깊은 유대관계를 유지하고 있었다. 일본에 형성된 동향의 커뮤니티가 출가노동 형태의 도항을 증가시키는 조건이 되었던 것이다. 즉 농한기의 출가노동이 늘어나면서 제주도 사회와 일본의 제주도 커뮤니티를 이어주고, 일본과 한국 사이의 경계를 넘어선 생활권을 형성해 갔다.

조선인의 일본 내 거주는 본국과의 유대를 단절한 것은 아니었으며 그곳에 산다는 것과 수반한 무언가-일본 출생의 아이를 포함한 가족·친척, 친구, 이웃과의 관계, 그 나름의 자산이나 집, 토지 등-를 창출하고 있었다. 도노무라 마사루에 따르면 1930년대 후반에는 일본 출생인 2세가 20~30%에 달하고 1940년에는 이회성이나 김학영과 같은 재일 2세 제1세대가 30만 명에 달하고 있었다.(앞의 책)

그러나 이런 정착·정주의 형태를 갖는 재일조선인은 일본제국의 패배와 해체에서 탄생한 국민국가의 틀로는 쉽게 명쾌한 결론을 낼 수 없는 존재였다. 이들에게 부여할 국적을 보더라도 거주국의 그것인지, 독립하는 중이었던 한반도의 것인지 어느 나라 국적인지 명백한 것은 아니었다. 일본 점령을 눈앞에 두고 있던 미국 정부 일각에서도 재일조선인 정주의 특성을 고려하고 있었다.(제二장 III참조) 그러나 결국 GHQ는 동아시아에 새롭게 탄생한 국민국가의 체계 안에서 재일조선인의 지위를 명확하게 표명하지 못한 채 오로지 치안상의 관점인 일종의 편의주의로 일관했던 것이다.

3. 국민화의 시대-50년대

1930년대 후반에서 일본의 패전까지 조선 사회의 변화는 실로 극적이었다. 브루스 커밍스는 이것을 산업혁명이라고 하고 '조선 사회에서는 그 과정이 단축되었고 현저한 인구이동을 발생시켰다'(앞의 책)고 한다. 1930년대에 150만여 명의 해외 인구유출이 있었지만, 1945년을 전후하는 시기의 정확한 통계는 없다. 김게르만은 앞의 책에서 기존의 연구를 종합하여 1940년에서 1945년까지 이루어진 해외이주가 약 63만 명이며 징병·징용으로 60~80만 명이 일본이나 사할린·태평양제도로 보내졌다고 한다. 김게르만은 1945년 8월 현재, 중국 동북지역에 200만 명에 가까운 조선인이 있다고 하고 있으므로 일본이나 러시아 극동을 포함하면 당시 인구(약 2천 5백만 명)의 20%(약 500만 명) 정도가 해외에 있었다는 이야기가 된다.

패전과 일본제국의 붕괴로 대부분의 재외조선인은 독립국가 건설을 시작한 본국을 향해 귀환길에 오른다. 중국 동북지역은 패전 후 1년 동안 150만여 명이 귀환한 일본에 비해 정착률이 높다고 하지만, 귀환자 수는 자료마다 달라 확정할 수 없다. 통계가 정비되기 시작한 1950년을 전후해서, 중국에는 120만 명의 조선족이 살고 구간도를 포함하는 연변 인구(약 72만여 명)의 60~70%가 조선족으로 추정된다.(앞의 책, 정아영) 국공내전을 거쳐 한국전쟁의 발발이라는 시대의 격류를 겪은 1952년에 연변조선족자치구가 창설되고, 이 땅의 조선인은 중화인민공화국이라는 통일된 국민국가의 틀 안에 갇힌 꼴이 된다. 1954년에 제정된 헌법은 민족자치지방이 중국의 불가결의 일부라고 정식으로 규정하고, 자치구自治區, 그 하위의 자치주州, 그 하위의 자치현縣이라는 3단계의 구역 자치를 설정(왕궈王柯『다민족국가 중국(多民族国家中国)』)했고, 이를 근거로 1955년에는 연변도 길림성에 속하는 연변조선족자치주가 되어 오늘에 이르고 있다.

재외조선인 중에서도 가장 가혹한 운명을 살아온 것은 극동 러시아의 조선인이다. 1937년 중일전쟁 개시 직후인 8월 2일, 스탈린은 극동지방에 일본의 정보원이 침투하는 것을 막을 목적으로[7] 연해주 조선인의 강제이주를 결정했다. 김게르만은 최근의 연구성과를 근거로 강제 이주의 가장 큰 목적이 오히려 일본을 위한 유화적 의도이며, 극동의 조선인 항일세력을 제거하는 것에 있었다고 한다. 이로 인해 20만5천 명의 조선인이 강제이주를 당하고 18만여 명이 카자흐스탄과 우즈베키스탄에 힘겹게 당도하지만, 1950년대 중반의 스탈린 비판 시기까지 거주지의 이전은 인정받지 못했다. 거주지에 대한 금족禁足은 남사할린에서도 일어나고 있었다. 세계 제2차 대전 중에는 남사할린에 약 5만 명의 조선인이 노동력으로 징용되었다. 일본 패전 후, 다시 러시아령이 된 이 섬에서 일본인 30만 명이 본국으로 돌아왔지만 조선인 4만여 명이 남게 되며, 이 땅의 조선인이 고향 방문이나 영구귀국이 가능하게 된 것은 냉전 후의 일이다.

한편 GHQ는 1946년 3월이 되어서야 재일조선인의 본국송환을 위한 구체적인 대책을 일본 정부에 통고하지만, 이 무렵에는 200만 명을 넘는 재일조선인 중 이미 140만 명이 귀환한 후였다. 송환계획이 실시된 1946년 말까지 귀환자는 8만3천 명에 지나지 않았고 남은 약 56만 명의 조선인이 계속하여 이 땅에 정착한 것으로 보고 있다. 56만 명이라는 숫자도 송환계획을 실시하기 위한 임의의 등록조사에 의한 것이며, 이 시기에 일본에 머물던 조선인 중 숫자화 할 수 있는 최소한의 수를 나타낸 것에 불과하다. 1947년 5월 외국인등록령이 공포되어 재일조선인에게도 적용되는데 그때의 조선인등록자는 1947~1949년까지 2년 동안에 약 60만 명으로 추산하고 있다. 또한 패전 직후의 혼란한 시기에 본국으로 귀환하지만, 다시 일본으로 밀입국한 조선인도 끊이지 않았으며 1946년 4~12월에는 1만5천 명 이상이 불법입국자라는 미명 아래 강제 송환되고, 그 후에도 1949년까지 매해 6천 명 이상이 송환되었다.

결국 일본이 패전하고 1년여 사이에 약 150만 명의 재일조선인이 본국으로 귀환했지만, 그들은 강제연행 등으로 전시 중에 도일한 재일기간이 짧은 조선인이었으며, 1930년대에 일본에 삶의 뿌리를 내린 수많은 재일조선인은 이 땅에 정착했던 것이다. 1945년까지 30~40만 명의 조선인이 살던 오사카에서는 외국인등록령에 따른 등록자를 1948~1951년에는 10만여 명으로 추정하고 있으며, 70~75%가 본국으로 귀환한 것으로 보고 있다. 그러나 제주도 출신자가 집단거주하던 이쿠노구의 경우, 조선인의 정착률은 다른 곳에 비해 높으며(약40%), 이 지역의 조선인은 줄곧 전후의 재일조선인 사회의 중핵적인 지위를 점유하게 된다.

그런데 GHQ가 이 시기에 밀고 나간 재일조선인의 송환계획은 일방통행적인 조치였다. 일단 본국으로 귀환한 조선인이 일본으로 재도항하는 것을 엄격하게 금지했던 것이다. 샌프란시스코강화조약 체결 전까지 일본 국적을 부여하기로 했던 재일조선인에게 외국인등록령을 적용했던 배경 중의 하나는 한반도의 경제적 곤란이나 정세불안 때문에 끊이지 않았던 조선인의 밀입국을 저지하는 것에 있었다. 그러나 이 조치는 본국과 오사카 등에서 자이니치의 커뮤니티를 잇는 생활세계를 분단하는 결과를 초래한다. 이 분단은 미국과 러시아의 대립이 깊어지면서 이를 배경으로 한 점령정책의 기조가 전환되고, 재일조선인을 대하는 자세가 엄격해지면서 한층 결정적인 것이 된다.

처음 GHQ가 재일조선인에게 적용한 기본 정책은 맥아더의 초기 기본지령(1945년 11월)에 나타나 있듯이 기본적으로는 해방민족으로 취급하지만, 필요한 경우에는 적국인으로 취급해도 좋다는 것이었다. 그러나 해방민족이라는 규정의 의의는 사실상 본국 귀환을 위한 편도선표를 제공하는 것 밖에 없었다. 점령기를 통틀어 재일조선인은 GHQ에 의해 적국인, 즉 일본인 이상으로 적대시되어 '역코스'로 알려진 점령정책의 전환이 늘 먼저 적용되었던 존재였다.

재일조선인운동에 대한 GHQ나 일본 정부의 압력은 나날이 더욱 격화되어, 1948년 봄에 한신 지역을 중심으로 조선인학교의 봉쇄조치를 거쳐, 1949년에는 조련(재일본조선인연맹. 재일조선인을 대표하는 최대의 대중조직으로 1945년 10월에 결성되었다)이 강제 해산되기에 이른다. GHQ의 재일조선인정책은 미군의 신탁통치를 받던 한반도 남부에서 일어난 좌우 대립의 격화와 깊이 결부되어 갔다. 특히 1948년 4월에는 제주도에서 미군정에 반대하는 무장봉기가 발생하고, 이를 계기로 GHQ는 제주도 출신자가 많은 재일조선인에 대해 강경한 자세를 취하게 된다.

4·3사건으로 알려져 있는 1948년의 제주도 무장봉기는 진압과정에서 2만5천~3만여 명의 사망자를 내는 미증유의 유혈사태를 불러일으켰으며, 제주도 경제나 사회는 물론 도민들의 내면의 피폐함까지 초래했다. 이와 동시에 일본에 있는 제주도 출신자를 고향 섬에서 더욱 멀어지게 하고 오사카의 조선인 사회를, 본국과 연결이 희박한 하나의 생활세계로 정착시킨 계기가 되었다.

일본 정부는 샌프란시스코강화조약이 발효되고 일본이 독립을 회복한 1952년 4월에 법무부 민사국장의 통달이라는 형태로, 선택의 여지없이 일률적으로 구 식민지 출신자의 일본 국적을 박탈한다고 밝혔다. 불완전하나마 조선인의 민족자치를 인정했던 연변조선족자치구가 선언되는 5개월 전의 일이었다. 연변에서 조선인은 국민 안에 들어가지만, 신생 일본에서는 이를 배재했던 것이다. 재일조선인이 다시 일본 국적을 취득하기 위해서는 법무대신의 선별적인 재량에 의한 귀화라는 길만이 남게 된다. 이것은 사실상 재일조선인이 조선인다운 아이덴티티를 부정하고, 소위 일본인 이상으로 일본인다운 삶을 추구하는 것이었다.

이 통달은 패전 후 일찍부터 진행시켰던 재일조선인을 외국인화하는 마지막 마무리라고 할 만한 조치였다. 제1탄은 재일조선인의 선거권 정지를 포함한 중의원 의원선거법의 개정(1945년 12월)이었다. 이 개정은 여성을 포함하여 유권자를 단숨에 3배(2천백만 명)로 높인 전후 개혁의 금자탑의 하나라고 할 만한 성과로 평가되었다. 샌프란시스코강화조약이 체결되기 전의 재일조선인은 국적상 일본인이었으며 선거권의 정지를 포함한 그 권리의 제한 기준은 호적(내지 호적)의 유무였다. 만약 간접통치 아래에 있던 초기 일본 정부의 대응이 천황제의 유지와 민주화의 경계점에 대한 모색에 있었다면 선거법 개정에 수반된 호적을 가진 자, 즉 호적법의 적용을 받아야 하는 자의 선거권을 당분간 정지한다는 호적조항의 설정 역시 그 모색 안에서 염출해 낸 것이었다. 재일조선인의 참정권 정지에도 천황제 수호를 둘러싼 우려가 작용했던 것이다.(「재일조선인·대만인 참정권 정지 조항의 성립(在日朝鮮人·台湾人参政権『停止』条項の成立)」, 미즈노 나오키)

게다가 외국인등록령이 신헌법의 시행(1947년 5월) 직전에 최후의 칙령으로 제정되지만 그것은 소위 간주규정[8]을 통해 일본 국민인 재일조선인의 강제퇴거 등을 포함하여 외국인 관리 아래에 두기 위한 것이었다. 이는 재일조선인을 외국인화 하는 제2탄이라 할 만한 조치였다.

재일조선인은 이 단계에서 이미 천황제라는 일본의 전후개혁의 부정적인 측면을 떠안은 채, 신헌법이 상정하는 국민의 밖에 놓여져 있었다. 그렇지만 이 시기에 이미 공포되었던 법무부 민사국장의 통달이 일본 정부의 속셈에 의해 정해져 있던 것은 아니다. 후에 상세히 언급하겠지만(제二장 Ⅵ) 일본 정부는 재일조선인을 귀찮은 존재로 취급하면서도, 미국에 재조在朝일본인에 대한 선처를 구하고 있는 이상, 철저한 배제의 논리로 관철할 수 없었던 셈이다. 그러나 일본 정부는 한국전쟁이 발발한 이후, 재조일본인의 귀환이 거의 완료된 데다, 미국 측의 평화조약 구상 속에 재일조선인의 국적 규정이 없는 것을 알아채고는, 재일조선인의 일본 국적을 일률적으로 뺏는 방향으로 바꿨다. 결국 일본 정부는 재일조선인의 국적을 확정하는 데에도 선거법개정 때의 호적조항과 같이 미국 측의 관여를 거의 받지 않고 자신들의 의사를 관철했던 것이다.

재일조선인의 처우나 국적 문제를 둘러싸고 일본 정부가 취한 이상과 같은 자세는 패전의 충격에서 벗어난 일본인의 일반적인 국민의식에서도 존재하고 있었다. 분명히 폐허 속의 민주화(점령개혁)는 개인의 자유나 민주주의라는 근대적 가치를 이식하는 데 도움이 되고, 일본인의 의식을 크게 변화시켰는지도 모른다. 그러나 일본인의 아시아관이나 조선인관은 연합국군점령기(일본점령기)에는 거의 정정되지 않은 채로 잠재화되어 소위 불순물이 없는 순수한 일본인으로 이루어진 국민으로 소생하는 것이 이 시기의 수많은 일본인의 의식을 사로잡고 있었다. 일 민족 일 국가라는 감각은 대동아공영권의 꿈이 어긋난 경험을 하던 이 시기야말로 극도에 달했던 것이다. 재일조선인의 외국인화를 향한 저류를 달성한 것도 패전 후의 일본인을 사로잡은 그런 불순물이 없는 국민을 향한 지향이었다. 동서냉전의 구렁에 빠진 GHQ도 결과적으로 그런 국민의식을 토대로 한 일본 정부의 재일조선인정책을 묵인하게 되었다.

문제는 이 시기의 일본인을 사로잡은 일 민족 일 국가를 향한 지향은 조선인 측에서도 강하게 존재했던 것이다. 무릇 1948년에 한반도는 남북의 양쪽 정부가 성립되고 국적에 대해서는 서로 혈통주의 입장을 고수한다. 즉 경술국치에 대한 강한 거부감에서 조선인이라면 어디에 있어도 식민지 지배가 붕괴된 이상 한국적 혹은 조선적을 회복하는 것이라고 생각했다. 따라서 양 정부는 전후에 일관하여 재일조선인이 외국인으로 존재하는 것을 전제로 처우의 개선을 일본 정부에 요구해 왔다.

그러나 한편에서는 1945년을 낀 4반세기 동안, 재일조선인 출신 마르크스주의자들 대부분이 일본공산당의 지도 아래서 활동하고 있었다. 통달이 발령되던 1950년대 초는 화염병투쟁이나 산촌공작대 등으로 기억되는 시기이며, 재일조선인은 일본공산당의 유력한 전력으로서 일본혁명의 일익을 담당하려고 했다. 1951년 2월의 일본공산당 제4차 전국협력회(4전협)에서는 군사방침이 정식으로 결정되고, 이후 재일조선인도 이 군사방침의 선두에 서서 실력투쟁을 향해 돌진해 간다. 4전협의 결정(일본공산당이 당면한 기본적 행동방침)에서는 재일소수민족과 연대의 강화가 강조되어, 재일조선인을 일본의 소수민족이라는 견해를 밝히고 있다. 일반적으로 재일조선인은 일본공산당의 이런 군사방침에 이용되고, 농락당했다고 하고 있다. 그러나 와키타 겐이치脇田憲一는 일본공산당의 민대(민족대책부)는 '실제로는 일본공산당과는 별도의 자립한 재일조선인 지도부이며, 아시아공산당의 통일노선이라는 면에서 보면 조선노동당의 영향(밀항 당원의 참가를 포함해서)을 강하게 받아서 오히려 일본공산당을 이끄는 역할을 담당하고 있었다'(『한국전쟁과 스이타·히라카타 사건(朝鮮戰爭と吹田·枚方事件)』원문 참조)고 한다. 어쨌든 이 무렵의 동아시아는 중국혁명을 진원지로 하는 반제민족혁명의 고양기이며, 중소 양 공산당의 권위와 강경노선에 선동되어 동아시아 각지의 혁명운동이 단숨에 급진화하고 있었다. 도쿠다 규이치得田球一나 노사카 산조野坂参三와 같은 일본공산당 간부들이 북경에서 벌인 활동은 마땅히 동아시아 전체 혁명운동의 맥락에서 평가해야 할 것이다.

한국전쟁이 아픈 분단으로 끝나던 1950년대 중반에 이런 동아시아혁명의 폭풍도 가라앉고 평화5원칙의 주권 중시나 평화공존, 영토보전이나 내정 불간섭이라는 주권국가나 민족독립의 이념이 아시아의 사조를 뒤덮기 시작했다. 아시아의 자립과 해방이라는 화두가 소위 국가라는 틀을 넘어선 영속혁명의 문제에서 국민국가의 자립이라는 문제로 자각되기 시작했던 것이다. 1950년대의 극좌노선의 뒷마무리도 그런 시대의 기운 속에서 이루어졌다.

1955년, 노선 전환으로 알려진 재일조선인운동의 조직적 재편은 그런 일 민족 일 국가의 지향을 전제로 실현된 것이다. 이 재편을 통해 새로 탄생한 민족조직(재일본조선인총연합회, 통칭 총련)은 그때까지 일본 사회에 대한 정치적 관여를 내정간섭이라 부정하고, 재일조선인이 본국의 해외공민公民이라는 입장을 선명히 드러냈다. 즉 일본 정부가 재일조선인을 정주자로서의 생활실태를 무시하고 일률적인 잣대를 들이대어 외국인으로 취급한 데 대해, 재일조선인 측에서도 스스로를 외국인이라고 규정했던 것이다. 이렇게 해서 일본이 패전하고 1952년의 법무부 민사국장의 통달을 거쳐 재일조선인운동의 노선 전환에 이르는 전후 10여 년의 여정은 재일조선인에 얽힌 모든 문제가 국민의 논리로 수렴되어간 일련의 과정이었다. 후에 성장하는 전후세대인 재일 2세들의 발상이나 관념도 일단은 이에 얽매일 수밖에 없었을 것이다.

4. 국민 동요의 시대 - 80년대 후반 이후부터 현재

전후 60년 동안의 재일조선인 행보 중, 최초 10년이 앞서 언급한 의미에서 외국인화=국민화가 진행된 시기였다면, 1980년대 후반 이후인 현재는 전후의 일본 사회를 붙들어 온 국민의 관념이 결국 동요하기 시작한 시기라 할 수 있다. 재일조선인도 1970년대의 재일 2세를 괴롭혔던 국민과 민족이라는 속박으로부터 드디어 해방되려 하고 있다. 1990년대는 국민화가 글로벌리제이션이라는 세계 역사상 획기적인 것으로 받아들여지는 시기로 일본에서는 산업계와 지역사회의 생존을 위해서도 비구미계의 외국인이 불가결해진다. 그런 가운데 재일조선인을 주민으로 재정의하려는 움직임도 있었다.

하지만 1990년대 후반에는 국제화와 글로벌리제이션의 조류에 맞서기라도 하듯, 국민의식의 재건과 내셔널리즘을 복권시키기 위한 움직임이 눈에 띄기 시작한다. 아니 애당초 글로벌리제이션이란 것이 국민의 민족적인 억제를 이완시키지 못했다고 하는 것이 맞은 표현일 것이다. 오히려 그것은 일본에서도 내셔널리즘에 새로운 숨결을 불어넣어, 민족적인 기억과 국민의 내용을 놓고 벌이는 줄다리기를 새로운 수준으로 가시화시키고 있었다.

그러나 이런 내셔널리즘의 주장은 예전의 순수한 국민을 전제로 하는 일본적 내셔널리즘의 단순한 재현이라고는 말할 수 없다.

2000년에 법무성이 발표한 『출입국관리기본계획 제2차안』과 2001년 여당의 삼당으로 구성된 국적 등에 관한 프로젝트팀이 정리한 국적취득완화법안,[9] 그리고 참정권 등 외국인의 권리 확장은 완고하게 거절하면서 재일조선인의 일본 국적 취득을 위한 국민운동을 제창하는 사카나카 히데노리坂中英德 전前도쿄입국관리국장의 주장 등을 중첩시켜보면 일본 국민의 외연의 확대라는 방향성이 드러난다. 즉 이른바 순수한 일본인을 내포하고, 일본에 연고가 있는 자(일본계의 정주자, 일본인 배우자, 구 식민지 출신자 등)를 일본 신민의 외연으로 편입하여 그 외측에 소모성 외국인 노동자를 둔다는 계층적인 질서가 그려져 있다. 이른바 다문화공생의 이념을 국민이라는 틀로 재정의하고 이중화하여 왜소화시키려는 시도인 것이다. 거기에는 언제까지나 국민과 국적이라는 이론으로만 사물을 판별할 수밖에 없는 사람들의 속 깊은 미망이 자리하고 있다.

물론 역사적인 경위로 보면 재일조선인의 일본 국적 취득은 당연한 권리라 할 수 있다. 하지만 국적의 선택권 부여와 특정 국적에 대한 편 가르기는 완전히 다른 것이다. 국민의 의의가 끊임없이 동요하는 오늘날, 재일조선인이 국민국가라는 틀로는 결코 규정할 수 없는 존재였음을 상기하고, 국민과 국적의 논리에 따른 분리를 거부하는 것이 지금 다시 요구되고 있다.

註釋

01_ 초출은 『문예(文藝)』 1971년 7월호. 인용문은 『김학영작품집성(金鶴永作品集成)』 (작품사, 1986년, pp.209-220.)

02_ 『얼어붙은 입 김학영작품집(凍える口 金鶴永作品集)』(크레인クレイン, 2004년)에 수록.

03_ 한국적을 이유로 히다치의 취직 내정을 취소당한 재일 2세가 취직차별의 부당성을 소송해서 1970년에 요코하마 지방법원에 제소하고 1974년에 승소한 재판.

04_ 한국의 박정희 대통령이 군사력을 동원하여 단행한 전제독재체재를 일컫는다. 1972년 10월에 유신헌법 공포를 시작으로 12월에 있었던 대통령선거에서 단독 출마하여 8대 대통령 당선을 성립.

05_ 한일조약체결에 따른 법적 지위협정에 따라 한국적의 자이니치에 한하여 일본에서 영주권을 인정받게 되었다.

06_ 현재의 길림성 연변지구. 압록강과 두만강 사이에 있어, 이주 조선인에 의해 이 지명이 붙여졌다고 한다.

07_ 소련정부 및 공산당중앙위원회 「결의안(No.1428-326cc)」, 앞의 책(이애리아, pp.56-58)

08_ 외국인등록령 제11조 규정에서 당시 일본 국적을 가지고 있던 구 식민지 출신자인 조선인·대만인에 대해서 '당분간 외국인이라고 간주한다'고 했던 규정.

09_ 정식으로는 「특별영주자 등의 국적 취득에 관한 법률안 요강안」(요미우리신문讀売新聞, 2001년 4월 20일자). 특별영주자(구 식민지 출신자와 그 자손)의 귀화 조건을 완화하여, 신고에 의해 일본 국적을 부여한다는 내용.

제一장
역사 속에서

I. 일본 국민의 탄생과 조선을 향한 시선

관동대지진 때(1923년 9월) 조선인 학살의 배경을 연구한 마이클 와이너Michael Weiner는 1920년을 전후한 일본 사회에서 조선인의 생활상을 그린 오사카아사히大阪朝日 신문(1919년 3월 24일자)에서 다음과 같은 기사를 인용하고 있다.

> 그들의 생활 상태는 조선인 마을을 본토로 옮겨놓은 듯한 상태로 …생략… 이 극단적인 불결함과 조선인임을 온통 드러내는 일상의 행위에는 근처에 사는 본토인에게 일종의 불쾌감과 혐오의 마음을 생기게 하는 일이 적지 않고, 무엇보다 위생사상 등이 전무한 그들이어서 땟자국으로 번들거리는 단벌의 조선옷을 매일 입는 일이 많고, 8조 정도의 방에 십 수 명의 사람이 우글우글 잡거하고 식기 침구도 더러운 채로 방치해 두는 주의이기에 더운 날 등 전염병에 대한 공포를 느끼게 하는 게 이루 말할 수 없다.

뭐라 말하기조차 힘든 이 참담한 기사는 이 시기의 조선인들에 대해 표현한 특수한 사례는 아니다. 불결, 무지, 거침, 편협, 질투가 많음, 나태, 야만스럽다고 조선인에게 퍼부어진 욕설은 당시 일본 매스컴과 관헌자료 안에서 반복되어 나타나며, 조선인의 민족성에 대한 고정관념이 되어 일본 사회에서 세대를 뛰어넘어 이어진다. 관동대지진 때의 조선인 학살은 이런 고정관념이 1920년대 초에 일본인 사이에서 이미 널리 공유되었다는 사실을 말해주고 있다. 와이너도 이런 사실을 확인하고 1923년부터 1945년 사이의 일본 내의 조선인 사회는 그 규모와 내용에 있어 크게 변화하지만, 공적인 정책과 매스컴을 통해 만들어진 그런 태도와 견해는 그 당시(1920년 전후)에 이미 견고하게 확립되었다.(The Origins of the Korean Community in Japan 1910-1925)고 서술하고 있다

그러나 일본인이 조선인을 멸시하고 업신여기는 의식 자체는 1920년대가 되어 처음으로 나타난 것은 아니다. 1920년을 전후한 이 시기는 조선인이 일본의 일상세계에 나타나기 시작해서 얼마 되지 않은 때였다. 그 규모도 아직은 작았음(1920년에 3만 명 남짓)에도 불구하고 그런 참담한 조선관이 넓게 퍼진 것은 일상세계에 조선인이 출현하기 이전부터 조선(인)을 둘러싼 부정적인 견해가 하나의 관념으로 일본 사회에 심어졌기 때문일 것이다.

국민이라든가 민족으로 묶여진 집단의 타자 인식을 거슬러 올라가면 당장 국민이라는 자타를 구별하는 틀이 만들어낸 시대에 다다른다. 국민의 결집은 부정적인 것이든 긍정적인 것이든 당연히 우리들이 아닌 타자의 이미지 성립 없이는 있을 수 없다. 에도기의 통신사와 교린에 대해 정한론과 탈아론이 대립된 것처럼 근대 일본의 국민 형성 과정에서도 조선인은 미개와 야만, 혹은 「신공황후어일

정(神功皇后御―征)」¹에서 땅의 백성으로 차별적 혹은 배타적으로 정의되는 존재이며, 이는 그 후의 조선관과 재일조선인에 대한 시선의 저류를 형성했다고 할 수 있다.

1. 근세 동아시아의 국제질서와 조일관계

전근대의 동아시아 국제관계는 중국 중심의 화이이념 아래 동아시아의 근린제국이 조공과 책봉 관계로 질서가 잡힌 세계였다. 15세기 초에 성립된 지 얼마 되지 않은 조선왕조와 남북조의 내란이 안정되어 가던 무로마치막부도 각각 명나라의 책봉을 받아 이 국제질서 체계에서 대외관계의 안정을 도모했다.

15세기 초는 그런 중국을 맹주盟主로 하는 동아시아의 조공체제와 화이질서가 광역적인 시스템으로 확립되는 시기였으며, 그것은 4세기에 걸쳐 동아시아의 국제관계를 규율하는 기본적인 틀이 된다. 이전에는 쇄국이라는 독립된 이미지로 다루어졌던 근세 일본도 그런 국제질서의 유기적인 교통 체계 속에 놓여 쇄국이라 하여도 그 실태는 대외관계의 국가권력에 의한 독점과 편성을 의미하는 것이라 하고 있다.(「쇄국론에서 해금·화이질서론으로(『鎖国』論から『海禁·華夷秩序』論へ)」, 아라노 야스노리荒野泰典)

더욱이 중국을 중심으로 하는 동아시아의 화이질서는 종전의 생각처럼 자기 완결적이고 일원적인 것은 아니었다. 중앙과의 관계가 조밀한 면도 있어서 지방, 토사土司·사관土官, 번부藩部, 조공, 교역 등 간접통치에서 대등한 관계까지 다양한 통치유형을 포함한 열린

관계였다. 물론 조공·책봉 관계는 다양하고 열린 중심으로 주변질서 안에서 전형적인 국가관계를 나타내고 있었지만, 이것도 근대적인 종주국이나 식민지 관계에서 보여지는 권력적인 수탈관계는 아니었다. 형식(의례)과 이념(덕치) 등이 중화제국의 표면상의 체면만 유지되면 그 자체로 외교관계는 비교적 자유롭고 호혜적이며 매우 완만한 관계였다.(「중화제국의 근대적 재편과 일본(中華帝国の『近代』的再編と日本)」, 모테기 도시오茂木敏夫)

이런 지역시스템은 조선, 일본, 베트남 등 그 시스템 아래에 있는 사회를 크게 좌우한다. 가령 19세기 서유럽에서 시작된 근대적 세계시스템 사회가 시장을 둘러싼 경쟁과 힘의 대립을 전제로 어쩔 수 없이 국민국가라는 단단한 질서 속에서 조직화되어 간다고 한다면, 중화세계 아래의 단위사회는 이와는 매우 대조적이다. 중화세계를 다스리는 원리는 명분 또는 안정이며 명목적으로 복속되는 단위사회도 분산적이며, 영역을 나누는 경계도 주권도 애매한 채로 방치되어 있어 나름의 자립을 유지할 수 있었다.

그런데 이런 전통적 시스템에서의 대외관계를 조선 측에서 보면 초기에는 사대事大와 교린이라는 외교노선을 펼쳤다. 조선왕조는 명나라에 이소대사以小大事의 예를 다하고, 일본 류큐에는 항례(대등한 예의)에 따른 교린의 관계로 임했다. 대사大事라 하면 대국에 대해 비굴한 추종의 이미지가 있지만, 사실 그것은 조선의 정체성의 근거가 되기도 하며, 전후 한반도에서도 나라의 주체성과 자주성의 반대개념으로 멸시하는 일이 적지 않았다. 그러나 앞서 말한 바와 같이 근세의 지역시스템 안에서 조중관계는 소위 명분상의 상하관계이며, 명나라이든 청나라이든 조선에 대해서는 성교聲敎(왕국에 의한 국민

감화 교육) 자유의 나라로서 그 독립을 인정하고 있었다.(「역사 속에서의 조선왕조(歷史のなかの朝鮮王朝)」, 강재언姜在彦) 한편 조선-일본 간의 교린은 함께 책봉을 받고 중화제국을 매개로 성립하는 대등하고 우호적인 관계로 이미지화된다. 에도기의 통신사는 친선관계의 상징으로 메이지의 정한론적인 상황과 대비되는 경우가 많다. 그러나 그것은 그리 단순하지만은 않다. 특히 임진왜란과 명에서 청으로 세력 교체(1644년)가 일어나고, 동아시아의 지역시스템의 유동화를 거친 후에 재건되는 동아시아 각국과의 대외관계는 매우 비뚤어질 수밖에 없었다.

막부 체제의 일본은 이 유동기를 거쳐 대군외교체제 혹은 나아가 일본형 화이질서로 특징지을 수 있는 자기중심적인 대외관계의 틀을 만들어 간다. 일본형 화이질서는 명일明日 국교 회복의 좌절을 전제로 구교국인 포르투갈·스페인 및 그리스도교 자체의 배제와 주변의 모든 국가·여러 민족에 대한 대우가 일정하게 변화함으로써 1660년대에 성립한다. 또한 명·청으로부터 자립하기 위해 일본의 무위와 천황의 존재를 화華의 근거로 하여 그 증거로 삼고 있다.(앞의 논문, 아라노 야스노리) 요약하면 그것은 일본을 메트로폴리스(화)로 해서 류큐와 아이누는 물론이고 중국인, 네덜란드인도 다양한 명목과 형식에 따라 새틀라이트(이夷)로 거느리는 체제이자 세계관이었다. 이런 대외 관계의 틀은 조선과의 관계에서도 일관되었다. 도쿠가와德川 정권은 율령국가 이후로 국가 이념을 전승하고 조선을 '한 단계 아래'로 간주하여 전후처리를 하고 강화를 맺을 때도 이를 밀고 나갔다. 즉 조일관계를 중개하는 쓰시마번対馬藩의 소시宗氏가 자행한 국서개찬 사건이 발각[2]된 후에 도쿠가와 정권은 조일외교의 관리체제 강화와 국서에 대한 다이쿤고大君號 설정 등의 개혁을 단행하며, 조선 측이 이를 승인하도록 했다. 다이쿤고의 설정은 조선 국왕과 도쿠가와 장군은 대등(적절한 예의)하며 장군 위에 천황을 두어 막번제 국가 전체를 조선 위에 두는 것을 의미한다. 이 논리에 따라 조선통신사도 조선 국왕이 도쿠가와 장군에 대한 예의 또는 조공이라고 하고 있다.

즉, 다이쿤고의 설정으로 상징되는 조일관계의 재편은 중국 중심의 화이질서로부터 독립선언을 한 것이며 일본 중심의 독자적인 세계질서의 형성을 의미하는 것이다. 이와 같은 견해를 갖는 로널드 토비Ronald Toby는 마루야마 마사오丸山真男, 나카무라 히데타카中村栄孝 등의 연구를 근거로 일본형 화이질서로 나타나는 자립적인 중심성 논리와 제도야말로 19세기의 외압에 맞서 효과적인 대처를 가능하게 하여 근대적인 국민국가로 자립하는 기초가 되었다고 주장하고 있다.(『근세 일본의 국가 형성과 외교(近世日本の国家形成と外交)』)

중화질서로부터 자립을 지향한 것은 조선에서도 보였다. 손승철은 아라노 야스노리荒野泰典와 로널드 토비의 견해가 일본 측의 관점에서 보는 편파적인 것이라고 하고 있다. 이 무렵 재건되는 조선과 일본의 관계를 '명의 책봉체제가 붕괴되어 가는 가운데 중국 중심의 전통적인 외교질서를 배제한 탈중화적인 교린체제의 새로운 확립'(『조선시대:한일관계 연구』)으로 보고 있다. 즉, 전통적인 중화세계로부터 자립하여 독자적인 소우주(화이질서)를 만들어 내려고 하는 움직임은 일본뿐만 아니라 조선쪽에서도 비슷하게 존재하며 다이쿤고의 설정도 일본의 우위를 나타내는 것이 아니라, 오히려 '국서개작에 의해 불평등해진 외교서식과 의례를 대등하게 하기 위한 것이었다.'(같은 책).

소중화小中華 의식으로 알려져 있는 바와 같이 명·청 교체 이후에 조선은 자신을 중화문명의 진정한 계승자인 화(중국)라 하고 주변의 모든 나라는 이(오랑캐)라고 하는 세계관을 심화시켜간다. 이 시기 조선은 두 번에 걸친 청의 침략(호란)에 시달린 후에 책봉을 받아들여야만 했다. 무력에 의한 강요는 조선의 문화적인 우월의식을 오히려 강화시켰다고 할 수 있다. 가령 화이의식이 국가의식과 문화의식이라는 두 개의 계기가 조합하여 성립되었다면, 천황의 존재와 무력의 우월성을 주축으로 하는 국가의식의 틀 속에서 문화의식이 성장한 일본과는 달리 조선은 철저한 문화의식을 기초로 하고 있다.

조선 후기의 소중화 체제와 의식에서 나타나는 성격은 송시열의 사상에서 엿볼 수 있다. 송시열은 명·청 교체에 수반되는 대중관계 재편 시에 권력의 중추에 있었으며, 조선 주자학의 대가로서 소중화 주의를 체계화한 인물로 알려져 있다. 송시열은 주자학이 전래된 이래 정몽주를 시작으로 회재 이언적, 퇴계 이황, 율곡 이이를 거쳐 우계 성혼에 이르는 조선에서 주자학의 연면한 발전을 근거로 명이 멸망한 지금 중화문명의 전통을 유지할 수 있는 존재는 조선밖에 없다고 했다. 즉 조선은 요堯-순舜-탕湯-무武-주周-공孔-맹孟-주周-장張-정程-주朱로 수천 년에 걸쳐 이어지는 중화의 전통을 명확하게 계승하는 자격을 가진 유일한 존재라는 것이다'(『삼성세계사상 시리즈·한국의 유학사상』, 이황·이이). 문화적인 가치를 근거로 하는 자기중심성의 자각은 천황가라는 실재를 전통과 정통성을 상징으로 하는 일본의 황국인식과는 매우 대조적이다.

송시열에 의해 재편성된 조선주자학은 조선 후기의 지배적인 이

념으로 정착하고 그 후 1860년대에 이르기까지 유일한 정통 교학敎學의 지위를 차지했다. 실질적으로 청에 복속되면서 관념이었던 자기중심성과의 괴리는 조선 주자학을 더욱 내향화시켰고, 현실세계와의 접점이 결여된 자기 완결적이고 극한까지 정밀하고 치밀해진 논리체계로 순화시키게 된다. 거기에서는 주자를 초월한 어떠한 독창적인 것도 부정되고 북경이라는 매우 한정된 외부세계와의 창구를 통해 유입된 정보·지식만을 받아들였다. 이를 기초로 현실세계와의 모순을 밝힐 서학과 실학이 탄생하지만, 널리 정착할 겨를도 없이 혹독하게 억압받게 된다.(『서양과 조선(西洋と朝鮮)』, 강재언)

독선적인 주자학적 세계관 형성을 배경으로 정착한 조선의 화이론은 당연히 청과 일본에게도 적용되었다. 특히 청에 대해서는 군부인 명을 멸망시킨 숙적일 뿐만 아니라 문화적으로도 열등한 야만인으로 얕보고 있었다. 많은 조선의 관리와 지식인은 예분과 규범을 중시하는 입장에서 일본은 성실하지 않으며 일본인은 이상하다는 일본관을 품고 있었다.(『근세 아시아의 일본과 한반도(近世アジアの日本と朝鮮半島)』, 미야케 히데토시三宅英利) 직접적으로 정책 형성에 관여하는 입장이었던 상급 관료들의 일본관을 보면, 조선은 예의와 문화의 나라인 반면, 일본은 야만스럽다는 소중화사상의 틀에서 벗어나지 못했다. 일본이 통신국인 조선을 한 단계 아래라고 얕보는 것처럼 조선도 일본을 변방의 이민족을 제어하는 기미정책의 대상으로서 한 단계 아래로 여기고 있었다.

조선 후기(일본은 도쿠가와 막부체제기)에 재건된 조일관계는 쌍방의 탈중화를 목표로 하여 기본적으로 대등하고 표면적으로는 우호적인 교린관계로 출발했다. 그러나 조선의 중화주의와 일본형 화이질서는 양립하기 어려운 논리적인 모순을 품은 매우 위험한 것이었다. 현실적으로 통신사의 형식, 장군의 칭호, 빙례(물건을 선물하는 예법) 개정 등을 둘러싸고 양자의 불화가 표면화되는 경우도 적지 않았다.

그렇지만 조일 양국은 여전히 동아시아의 전통적인 지역 시스템 아래 놓여있다. 본의는 아닐지라도 청의 책봉을 받은 조선은 물론, 중국과는 직접적인 국교관계가 없었던 일본조차 청을 교역국으로서 세계질서 속으로 편성시키고 있었다. 일본도 에도시기에는 직할시인 나가사키長崎를 창구로 하거나 조선과 류큐를 매개로 직간접적으로 중국과 무역관계를 유지했다. 이 루트는 에도시기의 경제발전과 해외정보 수집에 빼놓을 수 없는 역할을 담당하게 된다. 일본과 조선 모두 화와 이가 한 쌍인 원리로 표현되는 세계관을 공유하고 있었을 뿐 아니라 적어도 물자와 정보의 흐름 면에서는 중국중심의 동아시아 관계망 속에 편성되어 있었다. 그것은 각 사회가 갖는 본연의 모습과 사상의식 형성, 나아가 근대 세계에 대응하는 방법에 적지 않은 영향을 미치게 된다. 그런 의미에서 일본과 조선의 자기중심적인 소우주 구축은 오히려 그것을 가능케 한 동아시아의 전통적인 시스템의 유연하고 열린 성격을 말해 주고 있다.

이런 동아시아 전통세계의 모습과 근대 세계의 연속성을 주장하는 연구자도 적지 않지만, 그것은 19세기적인 국민국가를 기반으로 구성된 근대적인 세계 시스템의 원리와는 다른 것이다. 시스템 내에서 영역성이라는 분명한 단위를 전제로 하여 국민국가로 조직된 근대 세계의 원리는 전통세계와는 너무나도 동떨어져 있다. 동아시아 각국·각 지역의 전통적인 시스템 내에서의 지위 또는 그 안에서 성립된 제도와 의식은 근대적 국민국가 시스템과의 사이에서 매우 깊은 골을 만들었다.

2. 서양세계의 충격과 정한론

특히 19세기 후반은 서유럽에서 시작된 자본주의 세계경제와 정치적 의미인 국민국가 시스템이 온 세계를 뒤덮듯 발전한 시기이다. 지역적인 미니 시스템 아래서 독자적인 문화와 관계질서를 유지해 온 동아시아 각국은 서양의 충격에 의해 각국의 자립을 모색할 수밖에 없었다.

동아시아에서 유럽 국가들의 움직임에 가장 민감했던 나라는 일본이었다. 앞에 서술한 바와 같이 중국 중심의 화이질서는 매우 개방적인 성격을 가지며, 18세기에는 영국을 비롯한 대부분의 유럽 국가들과 러시아 등도 청의 화이질서를 따르면서 동아시아에 정착하고 교역관계를 맺고 있었다. 그러나 유럽 국가들의 일본 근해 출현과 러시아의 남하에 따른 형세는 일본형 화이질서의 새로운 전개를 촉발시켰다.

18세기말 하야시 시헤이林子平는 『해국병담(海国兵談)』(1786년 완성, 1791년 발행)을 저술하여 러시아 등 서양 국가들의 일본 침략에 대한 위험성을 경고하고 있다. 하야시 시헤이는 일본의 안전보장이라는 견지에서 류큐, 에조蝦夷의 내국화와 조선 침략의 당위성을 시사한 최초의 인물이다. 야자와 고스케矢沢康祐는 하야시 시헤이를 구마자와 반잔熊沢蕃山, 야마가 소코山鹿素行, 아라이 하쿠세키新井白石 등에서 볼 수 있는 조선 멸시관을 전제로 이를 조선 침략론으로 끌어올린 인물로 평가되고 있다.(에도시대, 일본인의 조선관에 대하여(『江戸

時代』における日本人の朝鮮観について)) 미야케 히데토시 또한 정한론의 원점을 하야시 시헤이에게서 찾고 있다.(앞의 책)

조선 주자학의 영향을 받은 도쿠가와 정권이 체제의 이념으로 확립시킨 일본의 주자학은 에도 중기 이후에는 '다양한 역사적 상대주의의 도전을 받아'(『일본의 사상(日本の思想)』, 마루야마 마사오), 반잔(양명학), 소코(고학古学)가 그랬듯이 사상과 문화의 다양화가 이루어졌다. 그러나 문화의 다양화도 일본형 화이질서라는 국가 인식을 전제로 한다. 조선에서 들어온 주자학의 상대화는 소코에게서 전형적으로 나타나는 것처럼 천황 혈통의 연속성에 관련된 일본 중심적인 의식과 표리관계에 놓여 있는 조선 멸시관을 보다 직설적으로 표현한 것이라 할 수 있다. 네덜란드(서양) 학문을 교양으로 익혀 현실적인 국제 감각을 보인 하야시 시헤이도 '진무 천황神武天皇이 처음으로 통일의 위업을 달성하고 신공 황후神功皇后가 삼한을 복속시키고 도요토미 히데요시가 조선을 토벌하여……'(『하야시 시헤이 전집·제1권(林子平全集·第一巻)』)라는 역사의식을 공유하고 있었다. 동시에 하야시의 해방론海防論은 18세기 말 이후 심각한 외압에 맞선 일본형 화이질서의 재편 방향을 이역의 내국화와 황국의 생명선인 조선으로 진출한다는 방향을 시사하고 있다. 해방론에는 서양의 충격에 대한 대처를 표면상 유일한 외교관계를 맺고 있던 조선과 공동으로 대처하지 않고 조선으로 진출한 후에 확대 재생산하는 발상의 틀을 제시하고 있다.

외압에 얽힌 일본형 화이질서의 재편에 관한 문제는 아편 전쟁과 이양선의 도래, 뿐만 아니라 막부체제의 모순이 깊어지는 가운데 한층 명확하게 제기된다. 구미세력의 출현은 화로서의 일본을 중심으로 류큐, 에조, 네덜란드인, 중국인, 그리고 조선을 이로 거느린다는 소우주의 균형을 위협하는 새로운 타자의 출현으로 받아들여졌다. 새로운 미지의 위협에 대항하여 일본의 우위성을 새삼스럽게 부각시킨 것이 천황의 존재이며, 황국과 관련한 가치화 작업이 심화될수록 황국의 가치와 질서의 테두리 밖에서 천황을 위협하는 타자를 향한 멸시와 적의도 높아졌다. 즉 화이華夷라는 경직된 자타를 구별하는 틀에서 새롭고 강력한 군사력을 가진 타자를 가늠하려면 자연히 화의 실체인 황국의 우위성을 내세우고, 황국 이외의 존재는 전면 부정하는 양이론을 고양시켜야 했다. 나아가 황국을 강조하기 위해 황국신화와 연관된 조선에 대한 멸시와 영속의식을 강화시키고 새로운 오랑캐와의 분쟁지역 또는 완충지라는 인식에서도 조선 침탈의 야욕을 드러내게 되었다. 주지하는 바와 같이 이 경향은 후기 미토학水戶學과 국학의 형성과 전개를 배경으로 한 존왕양이론에 전형적으로 나타난다. 따라서 황국의 위협이 되는 새로운 오랑캐의 등장은 일본형 화이사상을 존왕양이론으로 바뀌게 한다.

막부 말기에 복고사상의 분출로 신공황후·도요토미 히데요시豊臣太閤의 위훈을 회고하면서 조선 침략을 꿈꾸던 자들 중, 이를 정치적으로 이용하여 정책화시킨 인물로 알려진 사람이 마쓰카와번松川藩의 유학자 야마다 호코쿠山田方谷이다. 호코쿠는 번주인 이타쿠라 가쓰키요板倉勝淸의 브레인으로서 대륙에 대한 출병을 주장하였다. 쓰시마번의 오시마 마사토모大島正朝의 정한론은 이후 오시마를 통해 기도 다카요시木戶孝允에게도 영향을 끼쳤다. 그러나 근대 조일관계의 고전이라고 할 수 있는『근대 조일관계 연구(近代日朝關係の硏究)』의 저자 다보하시 기요시田保橋潔는 메이지유신 후의 사이고 다카모리西鄕隆盛, 이타가키 다이스케板垣退助 등의 정한론이 당시의 외무성 시보였던 사다 하쿠보佐田白芽의 아이디어에서 시작되었으며, 야마다→오시마→기도 라인의 정한론과는 전혀 관계가 없고 (메이지유신 후의) 실질적인 한일 관계에서 기원한 것이라 보고 있다. 즉 야마다와 오시마 등이 제기한 정한론이 기본적으로 막번 체제의 틀 안에서 고전적인 존왕양이론을 배경으로 하고 있다면, 사다→사이고 라인의 정한론은 유신 후의 지배층이 직면한 내정외교상의 모순에서 출발한 것이라 할 수 있다.

메이지유신 후, 근대국가와 국민 형성이라는 맥락 속에서 정한론의 사상적인 근거를 부여한 인물로는 사토 노부히로佐藤信淵와 요시다 쇼인吉田松蔭을 들 수 있다. 사토는 '황대어국(일본)은 세계에서 최초로 만들어진 나라로 세계만국의 근본이다. 따라서 질서를 정돈하고 이치를 바로잡을 때는 전 세계를 모두 군과 현으로 해야 하며, 세계 모든 나라의 군주 모두는 일본의 신복이 되어야 한다'는 해외웅비론으로 잘 알려진 대양이大攘夷의 사명을 환기시키고, 조선에 대해서는 군사학자의 입장에서 모든 번의 작전 구역에서 병력배치까지 정한 구체적인 공략론을 밝히고 있다.(『사토 노부히로 가학 전집·중권(佐藤信淵家学全集·中卷)』) 사토의 주된 관심은 이런 대외 정책을 추진할 수 있는 국내체제의 변혁이지만 그가 그린 절대주의적 국가통일의 구상은 전통적인 동아시아 지역의 시스템 해체와 중국과 조선에 대한 공략이라는 대외정책과 연결되어 있었다.

잘 알려진 바와 같이 고전적인 존왕양이론이 넘지 못했던 막번체제의 신분질서를 타파하고 황국을 새롭게 만들기 위한 일군만민一君万民체제로 정식화시킨 사람이 요시다 쇼인이었다.

일본의 국체 개념이 잘 드러나고 있는 쇼인의 사상 전개의 핵심은 천황의 존재가 군신을 초월해 설정되는 유학적인 규범에서 벗어나 그 자체를 조건 없이 자족적인 가치로 나타냈다는 사실이다.(「개국과 근대 국가의 성립(開国と近代国家の成立)」, 이노우에 이사오井上勲 및 「근대천황제 국가의 이념 창출(近代天皇制国家理念の創出)」, 고토 소이치로後藤総一郎) 천황의 존재가 모든 가치와 규범의 원천이 된다면 구 사회의 신분질서에 대한 근거는 사라져 황국에 태어난 황국신하는 천황에 대한 충성을 다한다면 모두 평등해진다. 나아가 천황의 절대화 관념은 힘과 법이라는 이원적 작용으로 이루어진 근대적 국제사회에서 자기주장을 하기 위한 강력한 논리가 되기도 한다. 요컨대 쇼인의 논리는 근대적인 국제사회 틀에서 대외적인 주권국가의 확립과 내적인 국민 형성의 논리를 천황주의의 이념 아래 체계적으로 제시한 것이다. 그런 천황관의 전환이 본질적이고 철저할수록 인접교역국인 조선에 대한 지위 전환도 철저하게 되었다. 실제로 쇼인에 의해 기키신화記紀神話에 기인하는 번에 종속되어 있다는 조선관이 고정화되고 집대성된 것이라 할 수 있다.(앞의 논문, 야자와 고스케) 그리고 '미국과 러시아와 강화를 맺은 이상, 일본 측이 강화를 깨고 신뢰를 잃어서는 안 된다. 약속을 엄중히 지켜서 신뢰를 견고히 하고, 그동안 국력을 키워 쉽게 지배할 수 있는 조선·만주·청국을 일본의 것으로 하고 교역에서 잃은 부분은 영토 확장을 해서(조선·만주를 자국령으로 하는 것으로) 만회해야 한다'(『요시다 쇼인 전집·제1권(吉田松陰全集·第一巻)』)고 주장한다. 또한 국체로 일컬어지는 국제사회에서 각 주권국가가 대등하고 불가침의 관계가 신의로써 중시된다. 반면, 주권국가의 요건이 결여되어 쉽게 손에 넣을 수 있는 지역에 대한 침략은 단순히 정통화될 뿐만 아니라 '국가를 잘 지키기 위해서는 지금 어떤 것을 잃지 않는다는 것뿐만 아니라, 지금 없는 것을 늘려가는 것'(같은 책)이라고 하여 나라를 잘 지키기 위한 필수 조건이 되는 것이다.

쇼인의 사상은 이후 메이지 국가건설을 위한 사상적인 저류를 형성하며 '일본의 근대가 그 후, 일본민족이라는 자기제시를 안출해 가는 역사의 과정을 생각할 때 쇼인은 바로 최초의 창시자 역할을 맡고 있다'(『민족 환상의 차질(民族幻想の蹉跌)』, 윤건차). 동시에 거기에 제시된 조선관도 천황제 국가건설을 책임지고 있던 지도자와 관료들에 의해 반복적으로 강조된다. 기도 다카요시는 메이지 국가 출발 시점부터 조선에 대해, '신국(일본)의 위력을 크게 신장시켜서 천하의 악습은 곧 바뀌고 멀리 해외로 목적을 정한다'는 이른바 대내소비적인 정한론자였다. 앞서 소개한 사다 하쿠보의 건의는 조선의 왕정복고에 대한 통지서를 둘러싼 조일간의 교섭 정체를 무력(출병응징)으로 타개하고자 했던 것이었다. 메이지 3년(1870년) 3월에 있었던 사다의 이 건의 자체는 '가쿠도廓堂의 냉소에 부딪쳐 무산되지만 조선 출병을 공공연하게 논의하는 단초를 만들었다'(앞의 책, 다호하시 기요시).

사다가 건의한 다음 달(1870년 4월) 외무성이 '대조선정책 3개조'(『일본근대사상대계12 : 대외관(日本近代史思想大系 : 対外観)』, 가토 슈이치加藤周一·도야마 시게키遠山茂樹 외 편)를 제의하고 황사皇使 파견과 조선 출병을 둘러싼 정부 부처 내의 논의가 갑자기 활발해진다. 그때 일본에서의 조선에 대한 인식은 거의 공통되어 있었다. 기키신화에 기인하는 조선관을 바탕으로 왕정복고의 통지서를 둘러싸고 얽혀있는 조선을 완고하고 고루하며 무례하고 일본을 폄하한다고 보고 있었다. 따라서 중국과 열강 간의 알력을 틈타 조선 공략을 주장하거나 러시아가 조선에 갖는 관심을 강조하면서 조선을 복속시키는 것이 '일본을 지키는 기초이며 이후 세계로 진출할 때 기본이 된다'(「조선논고(朝鮮論稿)」 외무대승外務大丞·야나기와라 사키미쓰柳原前光, 앞의 『일본근대사상대계12 : 대외관』 수록)는 것이었다. 이미 조선을 신공황후어일정의 땅(대조선정책 3개조), 열성어수념列聖御垂念의 땅이라는 의식은 메이지 시대 일본 통치자층의 통념에 의해 거의 정착되어 있었다.

그런데 그런 인식의 전제였던 에도막부 말기의 존왕양이론이 고양된 것과는 반대로 같은 시기의 조선에서는 위정척사론이 맹위를 떨치고 있었다. 이항로李恒老(1792~1868년) 등이 주장한 위정척사론은 조선의 내셔널리즘의 효시로 평가되고 있다. 이항로는 근대조선의 위정척사사상의 원류(앞의 책, 강재언)가 되는 인물이다. 그 사상은 앞서 소개한 송시열의 화이적인 세계관을 19세기 중반의 민족적 위기감 심화라는 맥락에서 재현한 것이다. 이항로는 앞서 서술한 요에서 주에 이르는 도통道統 또는 학통이 주자를 거쳐 조선의 송시열에게 이어진다고 보고 있었다. 위정척사란 그처럼 연면히 이어지는 학통을 정학이라 하여 순결성을 지키고, 사악한 학문인 그리스도교를 배척한다는 사고방식이다. 주지하는 바와 같이 그 사상은 그리스도교도에 대한 유혈 탄압과 단호한 내수외양정책을 펼친 대원군 정권기(1863~1872년)의 정책적인 지침이 되었다.

그러나 화이적인 세계관에 근거한 배외사상의 모습을 띠고 있지만 일본의 존왕양이론과 조선의 위정척사는 그 내용과 역사적인 맥락이 상당히 다르다. 이미 서술한 바와 같이 전자는 황국이라는 존재와 관련된 국가의식에서 기인하고 있으며, 논리의 내용은 유학, 국학, 네덜란드 학문(서양학문)으로 다양했을 뿐만 아니라 봉건적인 막번 체제를 부정하고 근대적인 국민국가를 형성하는 계기도 포함하고 있다. 이에 대해 후자는 도덕과 논리의 관념체계로서 어떠한 이물질의 혼입도 허락하지 않는 기본적으로는 체제보호를 위한 사상이었다.

이러한 위정척사파의 입장에서 메이지유신 후에 이루어진 일본의 문명개화는 양이(서양)에 대한 굴복을 의미하고 그때까지 인접교역국인 일본이 화이로 바뀐 것으로 받아들여졌다. 왕정복고의 통지서를 둘러싼 조선 측의 강한 거부자세도 그런 일본에 대한 불신감을 배경으로 하고 있다. 이윽고 일본의 정한론에 대해 조선 측에서는 화양和洋일체, 위정척사론으로 대치하고 조선과 일본 사이의 근대에 관한 사상의식의 괴리는 극에 달하게 된다.

3. 국가·국민·문명

근대 세계에서의 국가는 진공 속에서 만들어지는 것이 아니라 국가 간 시스템의 틀 속에서 만들어지며(『세계경제의 정치학』, 임마뉴엘 월러스타인Immanuel Wallerstein), 그 속에서 국가의 방향성은 동아시아의 전통적인 조공체제에서보다 훨씬 엄격한 제약을 받는다. 메이지유신을 단행하고 대외화친, 개국진취, 국위선양을 구가하면서 근대 세계 논리에 몸을 맡긴 일본은 국제 사회에서 자각적으로 주권국가로 변별하고 그 의미를 부여한다. 또한 영역을 구획하고 우월적이고 일원적인 국가권력 아래서 통합된 국민을 만들어내기 위해 나아가기 시작했다.

동아시아 지역의 시스템이라는 관점에서 보면 일본의 근대적인 국가 형성과 국민 형성을 위한 이런 행보는 이 지역의 전통적인 지역 시스템이 근대적인 시스템으로 전환하는 과정이었다. 서양 열강이 이 전환과정을 외부적으로 추진했다면, 일본의 근대화는 내부적으로 추진하는 유력한 추진축이 되었다. 그 과정은 전통과 근대가 복잡하게 뒤얽힌 모순에 가득 찬 과정이었다. 이 모순은 일본의 국가 형성의 방향성에 작용하여 조선인식과 중국인식을 재규정하고, 나아가 멸아蔑亞와 탈아脫亞로 나타나 아시아 인식을 확대하고 재생산해 간다. 왕정복고 통지서와 대조선 외교 일원화 과정에서 분출된 정한론과 대만 출병, 류큐 처분 과정에서 발생한 중국과의 알력은 그런 점을 상징적으로 나타내고 있다. 청일전쟁의 패배로 청조는 마지막 속국을 잃었을 뿐 아니라, 중국 본토 자체가 단번에 식민지 분할 대상이 되었다. 그런 의미에서 청일전쟁은 반세기 이상에 걸친 동아시아 지역의 시스템이 전통에서 근대로 전환하는 과정에 종지부를 찍은 사건이라고 할 수 있다. 일본은 이 과정에서 항상 자본주의적인 세계 시스템의 이익을 대변했고, 이른바 다른 아시아의 희생 위에 근대국가로서의 자립(조약개정)을 달성한 것이다.

이상과 같은 동아시아 지역 시스템의 전환은 조공관계에서 조약관계로 전환했다고 바꿔 말할 수 있다. 즉, 1830년대부터 1890년대까지의 동아시아는 전통적인 조공관계와 근대적인 조약관계가 병존하는 전자로부터 후자로 이행되는 과도기적 단계라고 할 수 있을 것이다. 과도기의 복합적인 성격은 동북아시아의 중심에 위치하여 지정학적인 요충지가 된 1970년대 후반 이후의 조선을 둘러싼 관계에서 찾아볼 수 있다. 조선과 중국 간의 종속관계를 부정한 1876년의 조일수호조약 체결 이후에 조선 문제는 중국 중심의 조공체제를 지속하는 데 매우 중요한 문제가 된다. 특히 1879년, 일본이 군사력을 배경으로 류큐를 오키나와沖繩현으로 편입시켜 귀속 문제를 매듭지은 사실은 중국의 양무파洋務派 관료에게 심각한 위기의식을 갖게 했고, 중국이 일본과 러시아에 대항하는 과정에서 조선의 전략적인 가치가 급부상하게 된다.

중국은 일본과 러시아를 견제해야 하는 미국·영국·독일·프랑스 열강을 조선으로 끌어들이는 이이제이(적으로 적을 제압한다) 정책을 취하는 한편 조선에 대한 전통적인 종속관계를 재확인하고 강화를 도모했다. 주지하는 바와 같이 전자는 조미수호통상조약(1882년 5월)을 시작으로 구미 열강과 체결한 일련의 불평등조약에 의해, 후자는 조청상민수륙무역장정(1882년 10월. 이하 장정)에서 각각 구체화 된다. 하마시타 다케시浜下武志는 조선을 둘러싼 복합적이고 다각적인 국가관계를 교섭과 조공 그리고 조약관계를 모두 포함한 것으로 보고 있다.(「조공과 조약(朝貢と条約)」) 그러나 조선과 중국 간의 장정은 임오군란(1882년 7월) 직후 이홍창李鴻章의 북양군北洋軍 3천 명이 서울과 그 근교를 점령하고 대원군을 납치하는 비정상적인 상황 속에서 강요된 것이나 다름없었다. 조공관계라고 하기는 너무나도 권력 정치적이며 교섭이라고 하기는 너무나 강압적이었다. 한국의 김정기는 '이 시기에 이루어진 청의 조선에 대한 속국정책에는 전통적인 문화적 속방 개념과 근대적인 식민지 속방 개념이 혼재되어 있다. 보다 엄격하게 말하면 이 시기의 중국이 행한 동방정책의 흐름은 유교를 중심으로 한 상하 우월관계에 근거한 문화적인 속방정책에서······(서양적인) 식민지 속방정책으로 중심축이 이동하고 있었다'(「청의 조선 정책」)고 서술하고 있다.

이처럼 중국의 동방정책을 권력정치적인 것으로 몰아세웠던 이유는 근대 유럽세계의 압력이라기보다 메이지유신 후에 실시된 일본의 대륙정책에 있었다. 이 지역에서 이 시대를 교섭의 시대라고 보고 있는 하마시타도 유신 후 일본의 대륙정책을 '매우 성급한 조약관계의 추구이며, 교섭의 여지를 전제로 하지 않는 이념을 현실화하는 과정'(앞의 논문)이었다고 하고 있다. 메이지정부는 그 탄생에서 국가 간의 관계를 조약관계로 다루는 만국공법의 준수를 호소하고 있었다. 그러나 자주 지적되는 바와 같이 이와쿠라 도모미岩倉具視, 기도 다카요시와 같은 메이지정부의 핵심들은 19세기적인 국제법 질서의 배경을 꿰뚫는 힘의 논리를 간파하고 있었다. 또한 법규범 자체가 일본을 포함한 문명의 기준을 만족시키지 못하는 반미개국과 미개국에 대한 주권제도와 식민지화를 정당화하는 근거가 된다는 것을 절실하게 인식하고 있었다. 게다가 번을 폐하고 현을 둔 후에 유동적인 국내정세를 무시하고 결행한 이와쿠라岩倉사절단의 구미 회람은 그런 국제사회 속에서 열아劣亞의 자각을 보다 강렬하게 하고 부국강병과 문명개화를 두 기둥으로 하는 탈아입구脫亞入歐를 향한 발걸음을 더욱 재촉하게 했다.

아시아에 대한 관계에서 교섭의 여지가 없는 이념을 현실화시키는 과정은 메이지 일본의 맹렬한 근대화를 향한 의욕을 나타내는 것이었다. 일본은 만국공법의 논리로 일관하고 근대 세계 속에서 지위 상승(조약개정)을 도달점으로 삼으면서 조약관계를 성급하게 추구해 나갔다. 그러나 일본이 서두를수록 전통의 틀 안에서 문제를

해결하려는 조선·중국과의 괴리는 되돌릴 수 없는 지점까지 확대시키게 된다. 이 괴리는 정체, 야만, 나태, 우둔, 비굴이라는 편견의 카탈로그, 야만의 박물잡지(「쇼와의 종언과 현대 일본의 심상지리=역사(昭和の終焉と現代日本の『心象地理=歴史』)」, 강상중姜尚中)라고 할 수 있는 아시아관과 진보, 부강, 독립이라는 긍정적인 이미지로 일컬어지는 서양관이라는 두 가지의 대외관을 더욱 세분화시킨다. 그런 사실은 역으로 근대일본의 국민과 문명의 내용을 규정했다고 할 수 있다.

그런데 메이지유신 후의 일본과 같이 문명 아래서 숙성의 시간을 거치지 않고 억지로 만들어내려고 하면, 어쩔 수 없이 사람들의 생활과 의식에 뿌리를 둔 일본 고유의 전통을 재생하고 활용해야 한다. 문명개화와 서구화라는 슬로건이 근대적인 국민국가 시스템의 표면상의 논리인 만국공법에 대응하고 있었다면, 예부터 내려온 황국의 전통을 재편하고 활용하는 문제는 근대적 국민국가 시스템의 적나라한 힘의 논리에 대응하고 있었다. 이른바 문명국 기준을 만족시키는 것이 조약개정을 위한 전제조건이 되는 것이다. 한편, 만국대치를 고려하여 새로운 국가에 대한 충성이 두루 미치는 강력한 국민통합을 실현하기 위해 메이지 국가는 도덕과 정서를 정립시켜야 했다.(「천황제 국가의 지배원리(天皇制国家の支配原理)」, 후지타 쇼조藤田省三) 즉 '국민국가로서 일본의 독자성 추구와 구미에 대한 평준화라는 두 개의 상반된 방향성을 가진 벡터가 작용하는 곳에 그려진 궤적이 바로 메이지 국가의 제도와 이념이었다'(「메이지 국가의 제도와 이념(明治国家の制度と理念)」, 야마무로 신이치山室信一).

일본적인 국가 형성의 전통적인 측면(복고)은 고대 천황제와 율령국가의 유사한 재현이라는 형태를 취했다. 정통성의 원리는 만세

일계万世一系, 황통연면이라는 역사의식에 얽힌 종축을 기본으로 하고 국민을 가족단위의 호적으로 묶었다. 그리고 천황가를 일본의 모든 가족의 종가로 삼는 횡축의 정통성원리와도 합쳐서 국민적인 일체감과 천황제 국가에 대한 귀속의식을 널리 이끌어내는 역할을 손색없이 해냈다. 1871년(메이지 4년) 호적법이 통과되고 난 후부터 1899년 사이에 아이누 민족, 구미 계열을 포함한 오가사와라제도小笠原諸島의 도민, 오키나와 주민, 구 시마즈번島津潘 이나와시로猪苗代 지역의 조선인[3]에 대하여 호적 편입에 의한 동질적인 국민화가 실시됐다. 호적 제도에서 보이는 천황제 사회의 시스템은 일본적인 전통에 뿌리를 둔 국민이라는 관념이 이질적인 타자에 대해 어떤 의미를 가지는지를 여실히 말해주고 있다.

어찌됐든 근대 세계에서 국가 및 국민은 국민국가 시스템으로 편성되는 국가 간의 관계망 속에서 정의될 수밖에 없다. 일본은 19세기 후반의 국제사회 속에서 한편으로 근대화, 즉 문명개화에 매진하면서, 다른 한편으로 전통의 재발견을 통해 국민의 모습을 만들어냈다.

근대와 전통이 뒤섞이는 과정에서 조선은 문명이라는 맥락에서 미개하고 야만하다고 멸시했으며, 전통이라는 맥락에서는 신공황후어일정의 땅으로 국위선양을 할 수 있는 알맞은 표적이 되었다. 이 양자는 국제 사회가 갖는 본래의 방향성과는 관계없이 독자적이며 시대를 초월해서 일본인의 골수에 뿌리박힌 진리가 되어 마음을 속박하게 된다.

II. 재일조선인의 형성과 커뮤니티
오사카·제주도 – 군대환이 이어준 두 개의 사회

1. 식민지 지배와 노동력 이동

조선인이 인부와 노동자로 일본으로 도항한 일은 1876년의 불평등조약(조일수호조약) 체결까지 거슬러 올라간다. 조약 체결에 의해 부산과 인천 등의 주요 항구가 개항되고 부산-나가사키(1876년), 부산-오사카(1890년), 그리고 부산-시모노세키(1905년) 등의 항로망이 정비되어 간다. 개국 후 일본은 치외법권을 갖는 구미인歐美人과 중국인에게 일본 내의 잡거雜居를 허락하지 않고 거주와 이동을 제한했다[4]. 그러나 조일수호조약은 일본만이 영사재판권을 가지는 불평등조약으로, 조선인은 일본에서 치외법권을 갖지 못하기 때문에 외국인 거류지 이외에서 거주하거나 취업하는 것은 인정되고 있었다. 이런 이유로 이미 1880년대부터 일본인 브로커에 의해 규슈 각지의 탄광을 중심으로 조선인 노동자가 집단적으로 이입되고 있었다. 1903년에는 제주도 해녀가 출가노동을 위해 일본으로 가기 시작했

다.(「재판 조선인의 도항 과정(在阪朝鮮人の渡航過程)」, 스기하라 도오루杉原達)

물론 재일조선인의 존재를 나타내는 1910년 경술국치 이전의 통계와 자료는 불충분하고 단편적인 것에 지나지 않으며 그 수를 확정하는 것도 어렵다. 그러나 재일조선인이 형성된 것은 적어도 한일관계가 근대적으로 재편되면서 시작되었다는 것이며 이 사실은 근대 일본에서 조선인관의 프로토타입(원형)을 탐구하는 데 중요하다.

그러나 조선에서는 전통사회가 근대사회로 통합되는 과정에서 자발적인 대규모 이민이 촉발되었다. 재일조선인의 '이민의 첫 물결' (Michael A. Weiner, *The Origins of the Korean Community in japan*, 1910~1925) 또한 1910년 경술국치 이후에 실시된 토지조사사업(1910~1918년)에 따른 조선 사회 자체의 지각변동에 의한 것이었다. 프롤로그에서 언급한 바와 같이 1910년대에 토지를 잃은 조선인의 주된 유출처는 중국 동북지역이었으나, 표 1에서 보이는 것처럼 제1차 세계대전으로 인한 군수경기가 활성화된 1917년 이후에는 일본 도항도 증가한다. 일본으로 인구가 유출된 것은 전통사회가 자본주의 세계로 통합되는 과정에서 발생하기 쉬운 구조적 강제의 성격을 띤 노동력 이동과도 관련한다.

보스웰과 조르자니는 흑인과 중국인 등의 미국 이민에서 외부사회가 자본주의 세계로 통합되는 과정에 주목하여 그 과정에서 생기는 노동력 이동을 ①강제적 이주coercive migration, ②환류형 이민sojourning migration, ③임금노동형 이민wage migration의 세 가지 유형으로 분류하고 있다.(「불균형 개발과 분할노동시장 차별의 원인 : 미국의 소수민족 이민자인 흑인, 중국인, 멕시코인을 중심으로 비교(Uneven Development and the Origins of Split Labour Market Discrimination : A Comparison of Black, Chinese, and

Mexican Immigrant Minorities in the United States)」)

　조선 농민의 일본 도항은 앞서 서술한 바와 같이 제1차 세계대전을 계기로 1910년대 후반에서 시작되어 1920년대의 산미증식계획기를 거쳐 조선에서 식민지 공업화가 진행된 1930년대의 세 단계를 거쳐 진행됐다. 보스웰과 조르자니의 유형화에 비추어 보면 1910년대부터 1920년대까지는 환유형 이민에 해당하며, 주로 탄광과 건축노동에 종사하는 출가노동형 이민이었다. 말할 것도 없이 그들은 고향의 전통사회와 유대를 유지하고 있었다. 즉 돈벌이를 하러 간 곳에서 되돌아갈 수 있는 전통사회가 근대적인 자본주의와 병존하면서 광범위하게 남아 있거나, 아직 해체되지 않고 과도기적인 상태에 있다는 사실을 전제로 하고 있었던 것이다.

표 1 : 재일조선인 인구 (단위 : 명)

연도	국세조사	내무성 조사	제주도 출신
1911		2,527	
1915		3,917	
1917		14,502	
1920	40,755	30,189	
1921		38,651	
1922		59,722	
1923		80,415	10,381
1924		118,152	19,552
1925		129,870	25,782
1926		143,798	28,144
1927		165,286	30,505
1928		238,102	32,564
1929		275,206	35,322
1930	419,009	298,091	31,786
1931		311,247	33,023
1932		390,543	36,125
1933		456,217	47,271
1934		537,696	50,045
1935		625,678	48,368

연도			
1936		690,501	46,463
1937		735,689	
1938		799,878	
1939		961,591	
1940	1,241,315	1,190,444	
1941		1,469,230	
1942		1,625,054	
1943		1,882,456	
1944		1,936,843	
1945		980,635	
1946		647,006	
1947	508,905	598,507	
1948		601,772	
1949		597,501	
1950	464,277	544,907	

출처:「해설과 통계의 보충(解說と統計の補足)」(김영달金英達),『숫자가 말하는 재일한국·조선인의 역사(數字が語る在日韓国·朝鮮人の歷史)』(모리모토 요시오森田芳夫 저, 아카시쇼텐明石書店, 1996년) 수록. 제주도 출신자는「재판 조선인의 도항과정-조선·제주도와의 관련에서(在阪朝鮮人の渡航過程-朝鮮·濟州島との関連で)」(스기하라 도오루),『증보판 다이쇼·오사카·슬램(增補版 大正·大阪·スラム)』(스기하라 가오루杉原薫·다마이 긴고玉井金五 편, 신효론新評論, 1996년) 수록.

    이에 반해 1930년대에 일본으로 유입되는 조선인은 표 2와 같이 규모가 작고 영세하지만 제조업 부문에서 하층직공 등의 임금노동자로 안정된 직장을 얻는 경우가 많아진다. 보스웰과 조르자니에 의하면 식민지에서 상품경제가 철저하게 진행된 단계에서 생겨나는 임금노동자형 이민은 돌아갈 곳이 없는 정주형 이민이라고 하고 있다. 이 점은 1930년대 조선인의 도항 형태(단신형 도항에서 가족을 이끌고 고향을 떠나는 도항)와 일본의 생활상황(세대를 가진 사람이 증가)에서 뚜렷하게 나타나고 있다. 즉 1930년대에는 일본으로 도항하는 조선인이 수적으로 늘었을 뿐 아니라 구성과 생활 형태면에서도 전후 재일조선인의 형태와 연관되는 중대한 변화가 나타나고 있었다.

그러나 어느 지역의 사례에서라도 많든 적든 지적할 수 있는 점이지만, 조선인의 일본 도항에 관해서도 환류형 출가노동 이민이 정주형으로 대체되지 않는다는 사실이다. 조선에서 일본으로 가는 출가노동의 흐름은 1930년대 후반에도 끊이지 않았다. 정주형 이민의 존재가 일본에서 일에 대한 정보를 얻거나 알선을 받고, 거주를 제공받는 등 출가노동을 보다 쉽게 하는 조건이 되었던 것이다. 결국 재일조선인 형성은 그런 유형론으로는 결론을 지을 수 없는 복잡하게 뒤얽힌 역사의 과정 안에서 이루어졌다. 다음은 제2차 세계대전 전후를 통틀어 최대의 재일조선인 집단거주지역이 된 오사카와 제주도의 관련을 중심으로 살펴보고자 한다.

표 2 : 일본 내 재류조선인 직업별 조사 (단위 : 명)

직업	1934년 전국	1940년 전국	1934년 오사카	1940년 오사카
유식적 직업	1,040	3,589	256	1,002
상 업	26,749	68,993	6,650	15,441
농 업	2,856	7,711	44	324
어 업	266	389	4	42
[노동자]				
광 업	9,191	78,028	0	0
섬유공업				
직공(소계)	25,058	28,280	10,116	10,865
방 적 업	4,825	3,658	2,590	639
직 물 업	7,747	6,867	2,769	2,170
제 사 업	2,194	2,138	388	833
염색가공업	4,002	5,765	2,203	2,524
기타	6,270	9,852	2,166	4,699
잡역(소계)	6,815	14,043	3,105	6,617
금속기계공업				
직 공	12,429	35,475	9,700	20,289
잡 역	6,912	22,165	4,382	12,074
화학공업				
직 공(소계)	20,526	15,728	15,221	15,667
고무공업	5,415	4,250	4,381	2,680
유리공업	6,873	8,382	5,600	6,087

기타	8,238	3,096	5,240	6,900
잡역(소계)	7,927	22,523	4,346	15,742
고무공업	1,702	2,221	1,534	1,507
유리공업	2,145	6,118	1,509	3,895
기타	4,080	14,184	1,303	10,340
전기 공업				
직　공	859	2,060	677	1,308
잡　역	521	1,965	332	1,399
출판공업				
직　공	1,143	1,430	712	692
잡　역	508	1,007	329	650
식료품제조업				
직　공	1,226	2,548	480	1,071
잡　역	919	2,676	340	1,159
토목건설업	85,451	144,512	13,401	21,002
통신교통운수업	5,855	13,857	1,977	4,262
하　역　업	8,961	25,476	3,064	5,119
일반사용인	25,100	28,026	7,633	7,148
기타 노동자	39,528	52,830	11,722	9,415
접객업자	5,055	4,905	2,164	734
기타 노동자	10,740	25,638	5,359	11,567
실업자		510		402
학생	6,093	20,793	612	3,054
초등아동	32,243	129,513	9,381	37,134
재소자	2,365	1,338	542	201
무직	191,359	425,437	58,611	107,889
합계	537,695	1,190,494	177,160	312,269

* 유식적 직업은 공무원·의사·변호사·사무원 등.

출처:『재일조선인 관계자료집성·부표(在日朝鮮人関係資料集成·付表)』(박경식朴慶植, 산이치쇼보三一書房, 1975~1976년)에서 발췌.

2. 다多에스니시티 도시·오사카

1920년대, 특히 1923년 2월 오사카-제주도 항로(제판항로) 개설 이후 오사카로 가는 제주인의 도항이 급증했다. 1922년 겨우 1만 명을 넘을 정도였던 오사카에 거주하는 조선인 수는 10년 후인 1923

년에는 이미 10만 명 정도가 되었고, 1935년에는 20만 명, 1940년에는 30만 명에 달했다. 전국의 재일조선인에서 차지하는 비율도 1934년의 33%를 정점으로 해서 30년대에는 30% 전후(표 3 참조)로, 10% 전후로 추측되는 2위인 도쿄와는 현저하게 차이가 나고 있다.

그런데 이처럼 많은 조선인을 받아들인 오사카는 제1차 세계대전 이후 세계적으로 보아도 가장 역동적인 발전을 이룬 도시 가운데 하나였다. 다이쇼 시기의 오사카 슬럼의 생활 과정을 연구한 스기하라 가오루와 다마이 긴고는 이 무렵의 오사카를 다음과 같이 표현하고 있다.

> 1925년(다이쇼 4년) 시점의 오사카시는 인구 211만 명의 세계 유수의 대도시-『오사카시 통계서(大阪市通計書)』의 집계로는 세계 4위, 도쿄시는 200만 명으로 7위-로, 시 중앙부에 있는 전통적인 상업, 금융 중심지와 그 주변부, 특히 요도가와淀川에서 오사카항에 이르는 일대에 면방직업, 기계 공업 등의 공장지대가 있는 아시아 최대의 상공업도시였다.　『증보판 다이쇼·오사카·슬럼』서장

제1차 대전 이후 일본의 급속한 공업화로 인해 오사카가 차지하는 지위는 매우 높다. 표 4-a에서와 같이 1920년대에는 관동대지진으로 발생한 이재민의 소개疏開 관계로 오히려 인구가 정체되었던 도쿄시(1920년 : 217만 명 → 1930년 : 207만 명)에 대비, 오사카시는 같은 기간에 125만 명에서 245만 명으로 거의 배가 늘었고 생산액도 1위 자리를 지키고 있었다.(1930년에 도쿄 8억 1800만 엔에 비해 오사카는 9억 9600만 엔) 그러나 1920년대, 오사카의 도쿄에 대한 숫자상의 우위에는 실제 수치와의 괴리가 적지 않게 잠재되어 있었다. 이 괴리는 1932

년에 시행된 시역확장으로 300만여 명의 인구를 갖고 있는 정촌町村이 도쿄시로 편입되면서 바로잡히게 된다. 편입지역은 이전부터 '구 시내에서 넘치는 인구를 수용하여 사실상 도쿄시의 형태를 갖추고 있었다'(『일본 인구의 실증적 연구(日本人口の実証的研究)』, 오카자키 아야노리岡崎綾乘)고 하며, 역시 일본에서 도쿄의 지위는 제2차 세계대전 전에도 압도적으로 우월했다고 보아야 한다.

표 3 : 오사카 재일조선인 인구 (단위 : 명, 괄호 안 %)

연도	오사카부	오사카시
1911	232(9.2)	
1915	398(10.0)	
1920	4,494(14.9)	
1921	7,421(19.9)	
1922	13,337(22.3)	
1923	23,635(29.5)	
1924	37,046(31.3)	
1925	31,860(24.5)	
1926	35,278(24.5)	
1927	40,960(23.9)	
1928	55,209(23.2)	35,017
1929	67,972(24.7)	55,603
1930	73,622(24.7)	77,124
1931	85,567(27.0)	69,183
1932	118,466(30.3)	94,338
1933	140,277(30.1)	111,721
1934	177,160(33.0)	134,001
1935	202,311(32.3)	154,503
1936	224,749(32.5)	170,339
1937	234,188(31.8)	175,405
1938	241,619(30.2)	181,682
1939	274,679(28.6)	206,332
1940	312,269(26.2)	227,867
1941	400,656(27.3)	305,806
1942	412,748(25.4)	317,734
1943	395,380(21.0)	
1944	311,480(19.4)	

출처 : 『오사카시 통계서』 각 연도판을 근거로 작성(1930년의 오사카시의 수치는 국세조사에 의함.)

표 4-a : 6대 도시의 인구 추이 (단위 : 명)

연도	1920	1925	1930	1935
도쿄	2,173,201	1,995,567	2,070,913	5,875,667
오사카	1,252,983	2,114,804	2,453,573	2,989,874
교토	591,324	679,963	765,142	1,080,593
나고야	429,997	768,558	907,404	1,082,816
고베	608,644	704,375	787,616	912,179
요코하마	422,942	515,077	620,306	704,290

표 4-b : 1940년 변경 시역을 기준으로 하는 6대 도시의 인구추이
(단위 : 명, 괄호 안 %)

연도	1920	1925	1930	1935
도쿄	3,358,597(100)	4,109,525(122)	4,986,913(149)	5,895,882(176)
오사카	1,768,297(100)	2,114,804(120)	2,453,573(139)	2,989,874(169)
교토	702,339(100)	826,456(118)	952,404(136)	1,080,593(154)
나고야	619,529(100)	783,754(127)	926,141(150)	1,110,314(179)
고베	664,471(100)	704,375(109)	912,179(122)	912,179(138)
요코하마	579,810(100)	595,115(102)	704,236(122)	796,581(138)

표 4-c : 6대 도시의 본토 외의 출신자 비율(1930년)

	인구	본토 외 출신자	%
도쿄	2,070,913	25,302	1.2
오사카	2,453,573	83,939	3.4
교토	765,142	17,396	2.2
나고야	907,404	17,853	1.9
고베	787,616	23,373	3.0
요코하마	620,306	12,318	2.0

출처 : 『일본 인구의 실증적 연구』(오카자키 아야노리, 호쿠류칸北隆館, 1950년)

도쿄시정조사회는 국세연차조사에서 당시에 종종 실시되었던 대도시의 시역 변경을 고려하여 6대 도시의 인구를 1940년 현재의 시역에 재편성했다는 사실을 밝히고 있다. 이에 따라 일본에서 오사카의 대략적인 지위를 살펴볼 수 있다. 표 4-b에서와 같이 오사카는 1920년부터 1935년의 15년간 인구 규모가 도쿄의 약 절반이 되는 제2의 도시이며, 인구 증가율은 70% 가깝게 매우 빠른 속도로 늘고

있는데 80%에 가까운 증가율을 보이고 있는 나고야는 처음부터 도쿄보다 밑돌고 있다.

오사카는 표 4-c에 나타나듯이 유입인구의 구성이 특징적이며 본토 외의 출신자가 3·4%로 전통적으로 국제도시의 특징을 가지고 있는 고베를 웃돌고 있다. 본토 외의 출신자 가운데 대부분을 조선인이 차지하고 있다는 사실은 말할 필요도 없다. 1930년 당시 오사카의 조선인 인구(약 7만7천 명, 표 3 참조) 비율은 3.1%로 본토 외의 출신자의 전체 비율에 육박하고 있다. 이 비율은 그 후 더욱 확대되어 1935년에는 5.4%, 1940년에는 7.3%, 1942년에는 10%를 넘는 수준에 달하고 있다. 나아가 오사카는 조선인뿐만 아니라 인근 농촌의 피차별부락 또는 멀리 오키나와에서 오는 유입인구의 가장 큰 수용처였다. 이 시기에 도시의 형성과 발전이 하층의 이문화 집단에 의해 유지되고 있는 다에스니시티 도시로서의 구조를 띠고 있었다.

이런 하층집단은 오사카에서 각각 집단거주지역과 직업을 달리하는 독자적인 생활 세계를 구축하고 있었다. 예를 들면 피차별부락민의 집단거주지역으로는 서부에 있는 니시하마西浜지구가 잘 알려져 있으며, 그들 대부분은 제1차 세계대전 후에 수요가 급증한 피혁에 관련된 일에 종사했다. 한편 1925년 시역확장으로 오사카시에 편입된 히가시나리구東成区를 중심으로 하는 동부의 신흥 공업지대는 조선인의 집단거주지역으로 알려진 곳이다. 오사카에 사는 조선인의 약 3분의 1이 이곳에 집중되었고, 특히 히가시나리구에는 이미 1935년에 구 인구의 약 13%(4만 명 가까이)가 조선인으로, 그 비율은 1941년에는 약 25%(9만 명 이상)에 달했다. 2차 대전 후 일본에서 재일조선인의 최대의 집단거주지역으로 알려진 이쿠노구生野区(현재도 구

인구의 네 명 중 한 명이 조선인)는 히가시나리구에서 1943년에 분리된 구역이다.

이처럼 히가시나리구에 조선인이 결집되는 과정을 스기하라 도오루는 다음과 같이 묘사하고 있다.

> 1920년대 후반, 이 지역(히가시나리구)은 도시화·공업화를 위한 기반정비가 진전되어 화학 및 금속·기계기구공업이 중심을 이루었던 중소영세공장이 잇달아 지어졌는데, 공장 수가 오사카시에 있는 구 가운데 가장 많았다. 특히 히가시나리구의 고무 공업은 1920년 초부터 계속되었으며, 1930년대 초반은 제2의 고양기였는데 그러한 발전을 유지시킨 노동력은 바로 조선인, 특히 제주도 출신이었다.
> 「조선인을 둘러싼 대면=담론 공간의 형성과 그 위상(朝鮮人をめぐる対面=言説空間の形成と位相)」

일본으로 건너온 조선인의 대표적인 직업(또는 신분)으로는 광부, 인부, 학생 등을 들 수 있다. 스기하라도 시사하는 바와 같이 오사카는 다른 지역에 비해 화학(주로 고무) 및 금속·기계 부문의 중소영세기업에 종사하는 직공이 많다는 점을 특징으로 들 수 있다.(표 2 참조) 말할 것도 없이 직공은 도로와 항만·하천 공사 등 인프라 건설에 종사하는 인부 등에 비해 정착성이 높다. 즉 오사카에 관한 한 특정 지역에 대한 집단거주는 정주화를 수반하고 있었다.

오사카부가 1933년 후반에 조사한 이 무렵 평균적인 조선인의 생활상을 보면 '한 세대가 대략 4인 가족이며, 세대주의 연령이 31세에서 35세로 배우자의 99.2%가 같은 조선인이다. 이들의 대부분은 제주도를 포함한 전라도 또는 경상남북도 출신자(전자 55%, 후자 36%)

로 일본으로 건너와 3, 4년이 지났다. 일본으로 올 때 여비 외에 지참금은 거의 없고, 일용직이나 잡역부로 하루 아홉 시간에서 열한 시간 일하고 1원에서 1원 20전(일본인의 70~80%)을 받는다. 세대주의 60%가 무학이며 서툰 일본어를 하는 사람이 54%(일본어를 전혀 모르는 사람은 23%), 일본이름이 있는 사람이 약 6%로 소수파에 지나지 않았다. 자녀들을 보면 15세 이하의 아동(약 1만6500명) 가운데 절반이 일본에서 태어난 2세로, 학교에 다니고 있는 아동은 학령기 아동(7~17세)의 절반도 되지 않았다'(「재판조선인의 생활상태(在阪朝鮮人の生活狀態)」, 오사카부 학무부 사회과).

1936년의 오사카부 내선융화 사업조사회의 보고도 이 시기 오사카에 살고 있는 조선인의 생활상을 알 수 있는 귀중한 자료이다.

> (조선인은)한 가구당 평균 약 여덟 명 정도가 비좁은 공간에서 살고 있는데다가 집단적으로 거주한다. 조선 재래의 특이한 풍속습관을 보유하며 저급한 생활을 하는 사람이 대다수를 차지한다. 그로 인해 생활권은 일본인의 생활권과 더욱 분리되어 일본인과 조선인 사이의 정신적 간격을 한층 증대시키고 있으니 이른바 조선인 부락, 조선인 시장, 조선인 식당가 등의 발생은 이것을 보여주는 분명한 예이다.
> 「재일조선인 문제와 그 대책(在住朝鮮人問題ト其ノ対策)」

이 시기에 오사카에 살고 있는 조선인은 히가시나리구와 히가시요도가와구(東淀川区) 등의 오사카시 주변에 집단 거주하면서 생활수준과 생활양식, 풍속과 문화면에서 일본 사회와는 동떨어진 조선인 부락이라는 독자적인 생활세계를 만들어냈다. 같은 조사에 의하면 당시 오사카에는 50호 이상이 집단거주하는 조선인 부락이 137지구가 있었다. 이 중 대부분은 제2차 세계 대전 후의 재일조선인 사회를 형성하는 기반이 되었다.

3. 식민지 시기의 제주도

앞서 서술한 바와 같이 1930년대 재일조선인의 정주화는 오사카뿐만 아니라 전국적으로 이루어지는 경향을 보인다. 그러나 정주화와 집단거주의 핵심이 된 사람들은 다름 아닌 오사카·히가시나리구를 중심으로 집단거주지역을 형성한 제주도 출신자들이었다. 재일조선인의 출신지는 전국적으로 거의 일관되게 경상남도가 가장 많지만 오사카에서는 제주도 출신자의 비율이 보다 높다. 식민지 시기의 제주도는 행정구역상으로는 전라남도에 속해 있었기 때문에 통계는 단편적일 수밖에 없지만 오사카에 사는 조선인 중에 제주도 출신자가 차지하는 비율은 1920년대에 30~40%, 1930년대에는 20~30%로 추정되며, 수적으로는 경상도 출신자와 함께 오사카에 사는 조선인의 쌍벽을 이루었다.

같은 오사카라 해도 제주도 출신자와 경상도 출신자는 거주지역과 직업, 생활 형태를 달리하는 경향이 있었다. 1930년대 후반 이후의 오사카에서 자란 양영후梁泳厚에 의하면 경상도 출신자는 인부 등 토목건축 노동자가 대부분인 데 반해, '오사카 시내의 동부 또는 인접한 지역에서 일하는 소규모 공장의 직공이나 잡역부 그리고 기시와다岸和田나 사카이堺 방면에 있는 방적공장의 여공의 대부분은 제주도 출신자였다'(『전후·오사카의 조선인운동(戰後·大阪の朝鮮人運動)』)고 서술하고 있다. 이 시기의 제주도 출신자의 대표적인 남자의 직업은 직공, 여자는 방적공이었다. 그들은 그런대로 영세공장의 임금 노동자가 되어 일본 자본주의 구조 속으로 편입된 존재가 되어 있었다.

이처럼 제주도는 1920년대부터 1930년대에 걸쳐 오사카 동부에서 발전한 중소영세공업지대의 노동력 수요를 조달하는 최대 공급원 중 하나였다. 제주도는 한반도의 남단에서 약 90km, 일본에서 최단 거리로 약 180km 지점에 떠 있는 해안선이 200km 정도 되는 화산섬이다. 도민들은 독자적인 전통으로 맺어져 있고 육지부와는 상대적으로 이질적인 언어와 습관을 가지고 생활하고 있었다. 섬은 용암층으로 덮여 있어서 관계용수가 부족하고 식민지 시기에는 인구의 80%에서 90%가 농업에 종사하는 전형적인 농촌사회였음에도 불구하고 논은 전체 농지의 약 1% 정도 밖에 되지 않는다. 게다가 항상 강풍이 불고 태풍과 저기압이 빈번하게 통과하는 등, 기상재해가 끊이지 않았다.

열악한 자연조건은 섬 특유의 생활양식과 생산관계를 만들어냈다. 무엇보다 여성의 노동력이 농업과 어업에서 중요한 위치를 차지했다. 특히 여성의 나체잠수 어업(해녀)은 목축과 함께 섬의 귀중한 수입원이 되었다. 그리고 토지의 낮은 생산력은 육지부와 같이 농촌 내부의 계층분화를 저해하는 요인으로 작용했다. 식민지 지배가 진전된 1938년에도 자작농 비율이 64.5%(전국 평균 18.1%)로 월등하게 높았고, 섬 주민들은 촌락 단위의 매우 긴밀한 공동체적인 생활을 하고 있었다. 그들은 전통과 문화·언어 면에서 육지부와는 다른 독특한 독자성을 가지고 있었다. 오사카를 중심으로 재일조선인 집단거주지역이 제주도 출신자에 의해 형성되었던 점도 그런 지역적인 독자성(그로 인해 다른 지역 출신 조선인들에게서 차별받음)이 더해져 제주섬에서와 같은 밀접한 공동체적인 유대관계에 의한 것이었다.

그런데 제주도에서 일본으로의 도항이 눈에 띄게 늘기 시작한 시기는 제1차 세계대전 이후이다. 마스다 이치지桝田一二는 제주도에서 일본으로 간 출가노동자에 대한 조사를 1934년에 실시하고 그 배경에 대해 다음과 같이 서술하고 있다.

> 유럽 대전 발발과 함께 우리나라의 공업계는 전대미문의 비약적인 발전을 이루었고 일본 내지 노동력과 직공이 현저히 부족하여 마침내 절해고도 제주에서 찾기에 이르렀다. 즉 오사카 방적 공장과 그 외의 회사 사무원이 직공 모집을 하기 위해 섬을 찾았고 이에 응모해 오사카로 도항한 섬사람은 우량직공으로 인정되어 수요도가 증가했다.
> 『마스다 이치지 지리학 논문집(桝田一二地理学論文集)』

마스다는 1919년에는 '한신阪神공업지대에서 실시한 모집활동과 귀환한 출가노동자들의 향상된 물질생활과 일본 내지에 대한 소개에 자극을 받은 다수의 도항자를 봤다'고 하여, 이 시기 제주도에서 일본행 출가노동이 늘어나는 몇 가지 원인에 대해 서술하고 있다. 그러나 논문에는 출가노동이 증대하는 구조적인 원인에 대해서는 언급하고 있지 않다. 이 시기의 제주도는 토지조사사업에 의한 토지수탈이 한층 더 심각했다. 토지조사사업으로 인해 국유지로 몰수된 토지는 조선 본토에서는 전체 면적의 2.8%(1017만 7358정보)였으나 제주도는 적게 어림잡아도 본토의 10배에 달한다고 한다.(「일제하 제주도의 인구변동과 경제사회 구조」, 이영훈) 그리고 앞서 서술한 바와 같이 제주도에서는 지주와 소작농 관계가 발달하지 않았기 때문에 토지

경작권을 잃은 다수의 도민이 도내의 생산관계에 흡수되지 못하고 임금노동자가 되어 섬 밖으로 유출되는 경향이 뚜렷했다. 이런 구조적인 원인에 더해 1917년에는 제주도에 대가뭄이 발생했는데 이것이 제주도의 인구유출을 가속시켰다.

4. 출가노동 증대와 군대환

표 5 : 일제하의 제주도와 조선 전체의 인구증가수·인구증가율(1913~1943년)

(단위 : 명, %)

기간	전체 조선인 인구증가수	전체 조선인 인구증가율	제주도 인구증가수	제주도 인구증가율
1913~18	1,527,049	10.07	15,314	8.11
1918~23	749,896	4.49	5,688	2.78
1923~28	1,220,421	6.99	-4,316	-2.06
1928~33	1,538,257	8.24	-15,669	-7.62
1933~38	1,477,264	7.31	13,711	7.22
1938~43	2,423,051	11.17	19,549	9.6

출처 : 「일제하 제주도의 인구변동과 경제사회 구조[한글]」, 이영훈, 『제주항쟁』 수록, 실천문학사, 1991년.

제주도에서 출가노동을 위한 도항이 극적으로 증대된 이유는 무엇보다 당시 오사카와 제주의 교통기관 혁명이라고도 불리는 오사카-제주도 간의 직항노선(제판항로)의 개설이었다. 1923년 2월 군대환(아마사키尼崎기선회사)이 취항하고 이듬해에는 조선우선朝鮮郵船이 같은 항로에 참가했다. 1924년에 제주도에서 오사카로 도항한 사람은 1만4278명으로 1922년의 3502명과 비교하면 4배 이상 증대되었다. 같은 항로에는 가고시마우선鹿児島郵船과 조선인이 독자적으로 세운 동아통행조합이 참가하여 격렬한 운임인하 경쟁을 벌인다. 그 결과 제판항로는 제주도에서 일본의 다른 지역으로 가는 노선에 비해 초 염가의 간편한 항로가 되었다.

제판항로가 개설된 1923년부터 1933년 전후에 이르는 10여 년 동안 제주도에서 오사카 도항의 증대가 얼마나 극적이었는지는 표 5의 수치로 확인할 수 있다. 1923년부터 1933년 사이, 조선 전체의 인구가 약 15% 증가하고 있으나 제주도의 인구는 10% 가까이나 감소하고 있다. 같은 시기에 오사카로 도항하는 사람도 약 3500명(1922년)에서 약 3만 명으로 늘어 일본에 사는 제주인은 1만 명에서 5만 명으로 늘게 되어, 1933년에는 제주도 인구의 4분의 1이 일본에 있게 되는 기이한 사태가 벌어졌다. 이런 극심한 노동력 유출은 제주도 경제에 심각한 영향을 끼쳤다. '넓은 경작지가 허무하게 황폐한 상태가 되는 한편, 노동임금의 현저한 앙등으로 유실은 가속화되어 농가 경제는 파멸에 직면하고 있다'고 마스다는 보고하고 있다.

이런 상황을 심각하게 본 제주도 당국은 도항장려책에서 도항제한으로 정책을 전환하게 된다. 1933년 1월부터 이듬해 4월까지 도항 희망자는 섬 인구의 약 60%(12만 명)에 달했으나 그 후 70%가 당국의 뜻에 의해 발이 묶였다. 즉 1934년 이후 제주도에서 일본 도항이 급감(일본의 제주도 출신자 증가 속도 하락)한 이유는 인구유출 원인 자체가 제거되어서가 아니라 제주도 당국이 도항정책을 전환했기 때문이다.

1930년대는 한반도 전체적으로 인구의 해외유출이 격심했는데 제주도의 인구유출은 한반도 전체 인구유출을 훨씬 웃돌고 있었다. 이는 육지부에서는 관동대지진(1923년) 이후 도항 규제조치가 내려졌으나 제주도에서는 제판항로가 열려 도항편이 증가하고, 1933년 까지 오히려 도항이 장려되었기 때문이다. 그러나 섬 인구의 과반수 가 출가노동을 위한 도항을 희망하기에 이르게 된 배경에는 그 외에 도 제주도에 특수한 원인이 있다고 보아야 한다. 제일 먼저 사회경 제적인 상황의 차이를 지적할 수 있다. 한반도 전체적으로는 지주와 의 소작관계가 전개되면서 1930년대에는 식민지 공업화가 진전되 었다는 사실은 앞서 서술했다. 이러한 산업구조의 변화는 근대사회 에서의 노동력 수요를 증대시켰고 '1940년대에는 거의 실업자의 존 재가 무시될 수 있는 정도로 노동력시장이 촉박해졌다'(조선 공업화의 역사적 분석(朝鮮工業化の史的分析)』, 호리 가즈오堀和生).

그러나 공업화는 제주도에는 거의 적용되지 않았다. 1930년대의 제주도에서도 주로 일본인에 의해 수산물 가공을 하는 통조림 공장 등의 제조업이 시작되었다. 그러나 그 규모는 1939년의 경우 공장 수 82개, 노동자수 8732명으로 섬 인구의 0.4%였다. 이 비율은 조선 전체의 10분의 1 정도에 지나지 않았다.(「제주 민중항쟁의 경제사회적 해석」, 고창훈) 요컨대 식민지지배 시기의 제주도에서는 자작농 중심의 자연 경제를 그대로 간직하면서 상품유통만 비정상적으로 비대화되는 생산(전통)과 유통(근대)의 극단적인 괴리가 생겨났던 것이다. 도외로 거대한 인구의 유출을 가져왔던 이유도 다름 아닌 이런 경제의 이중 구조 때문이었다.

군대환이라는 직항항로의 존재는 세계자본주의의 메트로폴리스 오사카와 자급자족적인 자연경제 상황에 있었던 제주도 사이에 굵 은 파이프가 되어 도의 화폐경제화를 촉진시켰다. 화폐경제에 자극 받은 도민들은 농업생산이 자급자족 수준을 벗어나지 않는 이상,

새로운 화폐 획득 수단을 출가노동에 의지할 수밖에 없다. 이와 같이 제주의 유통 부문은 생산 부문의 전개와는 거의 관계없이 누적적으로 비대해진다. 군대환은 이 과정을 촉발시켰을 뿐 아니라 이것을 가능하게 한 조건이 되었다.

제주도 당국에 의해 도항이 제한되기 시작한 1930년대 중반은 앞서 서술한 바와 같이 오사카에 사는 조선인의 정주화가 진전된 시기이기도 하다. 도항 제한은 정주화를 촉진하는 계기 중 하나가 되었다. 이 시기에는 오사카를 중심으로 제주도 출신자의 돈독한 커뮤니티가 형성되었다. 이 커뮤니티는 전후 재일조선인 사회의 핵심을 맡게 되었다. 물론 이 시기에 제주도에서 일본 도항이 끊긴 것은 아니었다. 제주 출신의 도항자는 1933년에 약 3만 명 수준에서 급감해가지만, 그래도 1935년과 1936년 모두 1만 명 가까운 도항자가 있었으며 귀환자를 포함하면 2만 명을 넘었다. 일본에서 동향의 커뮤니티 형성은 그들의 도항을 쉽게 했다. 즉 정착형 이민사회의 존재가 환류형 이민을 지속시키는 조건이 되었다. 비공식적인 금융 조직과 친족원조, 또는 공제조합에 의지해 농한기에 타지로 나가는 출가노동이 이 시기에도 계속된다. 출가노동자들은 제주도 사회와 일본에 있는 제주도 커뮤니티를 연결시킴으로써 조선과 일본 사이의 경계를 뛰어넘는 생활권을 창출하는 매개가 되었다.

결국 제주인은 일본에서는 물론이고 조선에서도 차별받는 존재였으며 그런 사실이 경계에 걸쳐진 생활권 내부의 공동체적인 유대를 견고하게 만들었다고 할 수 있다. 이러한 공동체는 제2차 세계대전이라는 시련의 시대를 살아남아 존속되었다. 그러나 그 후 도래한 평화는 이 공동체에게 전쟁 때보다 더한 시련을 가져다주었다.

註釋

01_ 신공황후는 『일본서기(日本書紀)』에 기록된 추아이 천황仲哀天皇(제14대)의 황후로, 삼국시대에 신라에 원정하여 굴복시켰다고 한다. 이 원정 때에 바다 속에서 큰물고기가 모두 떠올라 배의 진행을 도왔다고 기록하고 있다.

02_ 야나기가와 잇켄柳川一件이라 불리며 경제적으로 조선에 크게 의존하고 조선과 일본의 중개역할을 한 쓰시마의 번주·소시는 이 시기의 강화교섭 과정에서 통신사의 파견을 요구받은 조선이 우선 이에야스家康의 국서를 원했는데 이를 위조하였다. 그 후(1631년) 소시와 중신인 야나기가와와의 내분을 일으키는 과정에서 야나기가와가 이를 폭로한 사건.

03_ 임진왜란 때에 조선에서 포로로 잡혀온 사람들의 자손으로, 에도 시기에는 이민족으로 간주하여 종문인별장宗門人別張(사원이 단가檀家라는 사실을 개인별로 증명한 장부로 호주 이하의 가족, 고용인의 이름과 연령 등이 기재되어 있어 호적의 역할을 하였다)의 적용을 받지 않았다.

04_ 1894년에 조약개정이 실현되어 구미인의 치외법권도 1899년에 철폐되어 일본 내 잡거가 허락되었는데, 같은 해 칙령 352호에 의해 중국인의 거주와 취업은 제한되었으나 조선인에게는 그런 제한이 가해지지 않았다.(『근대 일본의 외국인 노동자 문제(近代日本の外国人労働者問題)』, 야마와키 게이조山脇啓造)

제二장
재일조선인의 전후

Ⅲ. 미국의 점령통치와 재일조선인

　1945년 10월 10일 오전 10시, 후추府中형무소의 문이 열리고 조선인을 포함한 16명의 정치범이 환희로 들끓는 관중 앞에 모습을 드러냈다. 이날은 새벽부터 차가운 가을비가 내리고 있었다. 정치범을 맞는 사람들 가운데 있었던 시미즈 가즈오清水一男는 이날을 다음과 같이 회상하고 있다.

　　이른 아침 다 같이 에노시마江ノ島전철, 오다큐小田急전철, 게이오센京王線전철을 갈아타면서 후추에 도착했다. 비에 몸이 젖었지만 춥다는 생각이 들지 않았다. 우산을 쓰고 있는 사람은 없었다. 모두 생기가 넘치는 표정이었다. 열 시 정각이 지나자 문이 열렸다. 와아 하는 함성, 그리고 박수. 나도 소리를 질렀다. 뭐라고 했는지 지금은 분명하게 기억나지 않지만······. 환호란 이런 것이리라. 정말이지 굉장했다. 우리는 현수막을 높이 치켜들었다. 도쿠다德田 씨, 시가志賀 씨, 구로키 주토쿠黒木重徳 씨, 김천해金天海 씨 등이 모자를 흔들며 모두에게 응답했다. 후추역까지 데모행진을 했다. 역에도 사람들이 많았다. 그곳에 있는 사람도 대부분 조선인이었다. 학대받던 민족이 한순간 일어나면 이처럼 강인해지는가, 저 빛나는 눈동자, 호탕한 웃음. 나는 눈이 부셨다.

「인권지령 전후(人權指令 前後)」 구메 시게루久米茂

이날 석방된 정치범을 맞은 사람들이 대부분 조선인이었다는 사실은 잘 알려져 있다. 약 7백 명 가운데 4백 명 이상이 조선인이었다고 하며[1] 출옥한 사람들을 환영하는 연설을 한 사람도 조선인(김두용金斗鎔)이었다. 패전 후 두 달 가까이 지나 겨우 실현된 후추형무소 앞 광경은 일본의 전후 사회의 질과 그 구조 안에서 재일조선인이 가게 될 운명을 적잖이 암시하고 있었다.

정치범, 즉 1941년 치안유지법 개정에 의해 갇혀 있었던 예방구금자子防拘禁者의 석방은 10월 4일 GHQ에서 발표한 '인권지령'(정치적 민사적 및 종교적 자유에 대한 제한 철폐에 관한 각서)에 근거한 조치였다. 이로 인해 패전 후 두 달 동안, 대부분 국체 수호에 여념이 없어 새로운 시대에 대한 대응을 잘못했던 히가시쿠니東久邇내각은 무너진다. '인권지령'에 들어있는 내용은 일본의 무장 해제, 군부 해체, 전범 체포에 이어 정치범 석방, 시민적 자유로 돌아가는 법규와 사상경찰 폐지 등이었다. 이는 GHQ의 초기 개혁의 중요한 일환으로서 이미 정책에 포함되어 있었다. 그러나 '인권지령'의 실시는 적색혁명을 장려하는 것과 다름없는 내용으로 일본 정부의 간담을 서늘하게 했는데 그 배경에는 로베르 길랭Robert Guillain[2] 등의 외국인 기자와 정치범 석방운동의 주축이 된 조선인들의 역할이 컸다고 한다.(『점령전후사(占領前後史)』, 다케마에 에이지竹前栄治) 바꾸어 말하면 정치범의 존재에 마음 아파하고 일본의 민주적인 혁명을 선도하려는 일본인은 매우 한정적이었던 것이다. 암운이 걷힌 느낌으로 인권지령 소식을 접한 다카미 준高見順이 '그러나 이것을 왜, 연합사령부의 지령 없이 스스로의 손으로 할 수 없었는가, 부끄럽다'(『다카미 준 일기·제5권(高見順日記·第五卷)』)(1945년 10월 6일)고 일기에 적은 것도 그 무렵의 사정을 잘 말해주고 있다.

도쿠다 규이치와 시가 요시오志賀義雄 등 당시의 공산주의자와 조선인은 천황제 권력과 대극적 관계에 있었고, 천황제가 사람들의 정서에 뿌리내려 정통성을 확보할 수 있었던 일본 사회와는 결코 어울리지 않는 존재였다. 후에 자세히 살펴보겠지만 제2차 세계대전 전의 일본 공산주의 운동은 대중적인 기반을 폭넓게 쌓지 못한 채 오히려 조선인 중에서 운동의 전력戰力을 찾아야 했다.

'인권지령'은 패전의 충격 속에서 스스로를 통제하는 규범을 잃어가던 일본 사회의 재건 절차를 제시하였고, 조선인을 포함한 일본의 공산주의자가 새로운 중심축으로서 그 모습을 드러내는 기회를 제공했다. 그러나 '인권지령'에는 전후 일본의 새로운 치안대책을 향한 출발점이 되는 요소도 포함되었다고 할 수 있다. 즉, '인권지령'이 어떤 내용으로 실현될지는 이를 받아들이는 사람들의 역량에 맡겨져 있었다.

그런데 제2차 세계대전을 전후한 세계사의 단계는 내셔널리즘의 마지막 파도가 아시아에 다다른 시대로 특징지을 수 있다. 이 단계에서 아시아의 자립과 해방에 관련된 사람들의 운동과 이념은 민족적 또는 국민적인 것으로 자각되고 있었다. 대동아공영권을 향한 꿈의 차질을 경험한 패전 직후의 일본인의 의식도 이른바 다른 것이 섞이지 않은 순수한 일본인으로 이루어진 국민의식 속으로 틀어박

히기 쉬웠다. 재일조선인은 미군점령 통치기에도 천황제에 대한 가장 비타협적인 저항집단으로서 일본 민주화의 일익을 담당했다. 또한 그들은 '인권지령'이 좁고 폐쇄된 국민의 껍질을 깨고 보다 보편적인 원리로서 구체화되는 것을 원하고 있었다. 그러나 국민 시대의 운동은 좋든 싫든 국민 속에 널리 뿌리 내려야 한다. '인민 대다수가 천황의 존재를 열렬하게 요구한다면 이에 대해 우리는 양보하지 않으면 안 된다'(「민주적 일본의 건설(民主的日本の建設)」)는 노사카 산조의 말은 그런 시대 상황을 잘 반영하고 있다.

전후 재일조선인이 해방된 민족의 일원이기도 하며 일본의 거주자이기도 하다는 양의적인 자기규정에 입각하여 일본 사회에 철저한 개혁을 원할수록 인민 대다수로 이루어진 일본 국민과의 괴리는 심해져 갈 뿐이었다. 저 빛나는 눈동자, 호탕한 웃음으로 기쁨의 날을 맞이한 재일조선인도 이윽고 풀기 어려운 딜레마 속에서 고난을 강요당한다. 이 딜레마는 강화조약의 발효에 수반된 구 식민지 출신자의 일본 국적 상실과 재일조선인운동의 노선 전환으로 일단 매듭을 풀 수 있었다. 본장에서는 그 여정을 GHQ와 재일조선인운동, 국적과 참정권, 그리고 일본공산당이라는 세 가지 측면에서 돌아보고 그 매듭의 의미를 생각해 보고자 한다.

1. 재일조선인의 귀환과 정착

일본의 패전은 식민지기에 고난의 세월을 살았던 조선 민족에게는 해방을 의미했다. 1945년 210만 명으로 늘어난 재일조선인 가운데 대부분이 독립국가 건설을 향해 나아가기 시작한 본국으로 향하는 귀환 길에 올랐다. 오사카, 고베, 시모노세키下関, 센자키仙崎, 하카타博多 등의 주요 항구는 본국으로 귀환을 서두르는 재일조선인들로 들끓었다. 그리고 마이즈루항舞鶴港에서 549명의 조선인과 함께 침몰한 우키시마마루浮島丸호와 같이 귀환에 따르는 비극도 적지 않았다.[3]

GHQ는 재일조선인의 귀환을 둘러싼 혼란을 목격하면서 '임시방편으로 몇 가지 지시는 내렸지만 일본 정부에 대부분의 대책을 맡겼고 그들이 포괄적인 대책을 세우지는 못했다'(「미국의 재일조선인 점령정책(米国の在日朝鮮人政策)」, 김태기金太基). GHQ는 1946년 3월이 되어서야 조선인의 귀환을 위한 구체책을 일본 정부 측에 알렸다. 김영달의 계산에 의하면, '종전부터 시작하여 GHQ의 이러한 지령에 근거하여 계획송환이 시작되는 4월까지 이미 140만 명의 재일조선인이 본국으로 귀환했다고 한다. 이 가운데 40만 명은 자비로 배를 마련하여 귀환했고, 나머지 100만 명은 전쟁터에서 철수시킨 배를 이용하여 일본인 귀환자를 이송할 때 정부와 지방자치 단체가 수배하여 조선인의 귀환에 이용했다.(「점령군의 재일조선인 정책(占領軍の在日朝鮮人政策)」, 김영달)

그런데 계획송환에 앞서 1946년 3월에 후생성이 실시한 등록조사에 의하면 그 시점의 재일조선인 총수는 약 64만7천 명으로 그중 79%에 해당하는 약 51만4천 명이 귀국을 희망하고 있었다고 한다. 그러나 1946년 4월부터 연말까지 계속된 계획송환에 의한 실제 송환자는 약 8만3천 명에 지나지 않았고, 나머지 약 56만 명의 조선인은 계속 일본 땅에 남아있게 된다.

계획송환이 이처럼 부진하게 끝난 데에는 여러 가지 이유가 있다. 애초 GHQ는 조선으로 인계하는 귀환자의 소지금을 천 엔⁴, 휴대할 수 있는 동산을 250파운드(약 114kg)까지로 제한했다. 이 제한은 징용 등으로 일본에 거주했던 독신자는 물론이고 오랜 동안 일본에 살면서 적지만 자산을 모아온 정주자에게는 중대한 방해물이 되었다. 또한 미국과 소련의 분할 점령 아래서 정세불안과 전염병 유행, 식량 위기 등 일본으로 전해지는 본국의 상황과 관련된 정보가 그들의 귀환하려는 의지를 약화시켰다. 역으로 말하면, 만약 GHQ가 재일조선인에게 본국으로 가는 편도 승선권만을 허락하는 것이 아니라 조선과 일본 사이를 왕복할 수 있는 자유를 인정하고 열린 공간에서 이주지를 선택할 수 있도록 허락했었더라면 보다 많은 조선인이 일본 정주를 선택했을지도 모른다.

아무튼 1945년부터 1946년 사이의 약 150만 명의 귀환자는 주로 강제연행 등으로 전시 중에 도일한 일본 거주 이력이 짧은 조선인이었다. 이미 살펴본 바와 같이 1930년대에 일본 생활에 뿌리를 내리고 일본, 또는 일본과 조선 양쪽에 생활권을 만들고 있었던 대부분의 재일조선인은 일본 땅에 머무르게 되었다. 미국 정부도 그런 사태를 예측하지 못했던 것은 아니었다. 예를 들면 1945년 7월에 미국 국무성에 의해 입안된 「조선 : 재일조선인의 귀환」이라는 제목의 문장에서는 노구교盧溝橋 사건이 일어났던 '1937년 7월 7일부터 일본에 계속 재류하고 있는 조선인을 상주인으로 하고, 그들 대부분이 전후에도 일본에 남는 것을 전제로 한 국적 선택 문제가 논의되고 있다' (앞의 논문, 김태기). 그러나 후에 언급하겠지만 그런 국적 속지주의적인 사고방식이 GHQ의 점령정책에서 구체화되는 일은 끝내 없었다.

GHQ는 계획송환이 끝나가는 1946년 11월에 '본국으로 귀환하기를 거절하는 재일조선인은 정당하게 수립된 조선 정부가 조선 국민으로 승인할 때까지 일본 국적을 유지한다'고 발표했다. 이 발표는 재일조선인뿐만 아니라 조선 본토의 조선인들도 맹렬하게 반발하여 다음 달에는 '일본에서 계속 거주할 재일조선인은 일본의 모든 국내법과 규칙을 따른다'는 한걸음 물러선 표현으로 수정되었다.(외무성 특별자료부 편 『일본 점령 및 관리 중요 문서집·제2권 정치, 군사, 문화편(日本占領及び管理重要文書集·第2卷 政治、軍事、文化編)』) 그러나 그 내막은 11월 1일자로 나온 초기의 '기본지령'에 명기된 구 식민지 출신자를 해방민족이라고 하는 규정을 쓸모없게 만든 것과 다름없었다.

한편 1946년 10월 점령기의 재일조선인의 이익을 대표하는 가장 유력한 대중조직인 재일조선인연맹(조련)은 제3차 전국대회를 오사카에서 열고 그때까지 귀국 지원이 중심이었던 활동을 총괄했다. 그리고 귀국이 일단락된 상황에 따라 '결국 잔류동포는 항구적으로 50만 명을 밑돌지 않을 것'으로 예상하고 '동포들을 위해 모든 것을 반항구적인 계획으로 수립해야 한다'고 했다. 바로 '지금까지의 귀국 지향에서 정주 지향의 반항구적인 운동으로 전환'(『전후·오사카의 조선인 운동(戰後·大阪の朝鮮人運動)』, 양영후)한 것이었다.

2. 재일본조선인연맹의 결성

구 식민지 출신자들은 패배로 인한 비참함과 허탈감, 미래에 대한 불안, 또는 반대로 전쟁이 끝났다는 안도감이 뒤섞여 패전 직후의 침체된 분위기 속에서 홀로 의기충천하기도 했다. 특히 후추 형무소 앞에서 보이는 광경에서와 같이 이 시기 재일조선인의 적극적인 활동상이 눈에 띄었다. 그들은 직장과 지역, 암시장과 가이다시 (2차 세계대전 말기부터 전후에 걸쳐 도시인이 농촌으로 쌀·채소 등을 사러 갔던 일), 우익과 폭력집단에 맞선 항쟁, 가두시위와 관청에 대한 항의 행동 등 모든 장면에서 해방된 민족으로서 행동했고 이 기세에 눌린 일본인도 적지 않았을 것이다. 이런 조선인에 대한 일본인의 반발은 1946년 후반이 되면서 분출하게 된다.

대중운동 차원에서는 재일조선인이 아래로부터의 다양한 발의를 통솔하는 자치조직을 일본 전국의 주요 도시에 잇달아 결성하고, 그 생명과 재산을 지키고 원활한 본토 귀환을 추진하기 위한 노력이 이루어졌다. 도쿄와 주변 지구에서는 8월 중에 이미 김두용 등의 재일조선인거류민단연맹, 한덕수韓德銖 등의 관동지방조선인회, 권일權逸 등의 재류조선인대책위원회 등 7개의 단체가 결성되었다. 그리고 오사카, 교토, 효고兵庫 등의 관서에서도 오사카조선인협의회 결성준비위원회 등 각종 조선인 단체가 잇달아 결성된다. 한편 징용과 관의 알선으로 연행된 조선인 노동자의 움직임도 활발했다. 가혹한 노동을 강요했던 관리자의 사죄, 미지불 임금 변제, 강제노동으로 입은 피해보상 등을 요구하는 조선인 노동자의 쟁의는 전국 각지의 탄광과 광산을 중심으로 40~50군데에 달했고 참가자는 9만 명에 이르렀다고 한다.

각지에서 일어난 자연발생적인 움직임은 1945년 10월 15일과 16일 이틀간 개최된 재일본조선인연맹(이하 조련) 중앙총본부 결성대회에서 집약된다. 대회는 조련 중앙의 위원장에 그리스도교인이며 인망이 두터웠던 윤근尹槿을 선출하고 신 조선건설, 세계평화, 재류동포의 생활안정, 귀국동포에 대한 편의, 일본 국민과의 상호 우호,

대동단결 등의 여섯 개 항목을 강령으로 채택했다. 본장의 V에서 자세히 서술하는 바와 같이 이 대회는 '인권지령'에 의해 공산당 간부의 출옥으로 힘을 얻은 김두용, 박은철朴恩哲 등 공산주의자의 선도가 개재된 가운데 진행됐다. 히비야日比谷공회당에서 양국의 공회당으로 장소를 옮겨 열린 대회 2일째에는 협화회協和会, 흥생회興生会 등 조선인의 황국신민화를 목적으로 하는 융화단체의 간부였던 권일 등 4명을 친일우파라고 하여 우격다짐으로 배제하는 장면도 있었다. 신념이 확고한 공산주의자로 알려진 김천해는 출옥 후 6일째인 이날 연단에 서서 '조선의 완전독립과 통일을 달성하고, 일본에서는 천황제를 타도하여 민주정부를 수립하고, 친일반역분자는 엄중하게 처단하여 우리가 살기 좋은 일본을 만들자'(『해방 후 재일조선인 운동사(解放後在日朝鮮人運動史)』, 박경식)고 호소했다. 즉 조련의 결성은 재일조선인의 아래로부터의 다양하고 자발적인 움직임과 조선인 공산주의자의 위로부터의 지도가 결합되는 가운데 실현된 것이며, 이러한 사실은 이 조직의 성격과 그 후의 행보에 중대한 의미를 갖는다.

앞서 언급한 1946년 10월에 열린 조련의 제3차 전국대회는 귀국 지향에서 정주 지향으로 전환한다는 사실을 분명히 밝힌 공산주의자의 지도를 구체화하는 대회였다. 이 대회에서는 김천해가 중앙총본부 고문에 취임한 것을 시작으로 조선인생활권 옹호투쟁 계획요강이 채택되어 현 정부에 맞서는 대결자세를 명확히 하고, 민주주의 모든 단체와 공동으로 투쟁해야 하는 필요성이 강조되었다. 즉 재일조선인의 정주 지향이 분명해진 국면에서 생활권과 관련해 일본 사회의 민주적 변혁이 제기되고, 민주적 변혁에 관한 가장 신뢰할만한 길잡이로서 공산당의 지도가 높이 평가되고 있었다.

　공산당이 조련에 끼친 영향은 상공인과 학생 운동단체 등도 포함하여 재일조선인운동 전체의 좌우 분열을 촉발시키게 되었다. 조련으로부터 배제되거나 그 방침에 불만을 갖는 민족주의자와 구 친일파는 조선건국촉진청년동맹과 신조선건설동맹을 결성했다. 후에 양자는 통합되어 재일본조선거류민단(조선민단. 1948년의 대한민국 수립에 맞춰 재일본대한민국거류민단=민단으로 된다)을 조직하여 조련에 대항한다. 당시 민단의 대중적인 기반은 도저히 조련을 따라갈 수 없었다.

　다만 재일조선인운동의 좌우 분열은 미국과 소련의 분할 점령 아래에 놓인 한반도에서 발생하는 정치정세의 추이와도 밀접하게 관련되어 있었다. 특히 1946년 초의 신탁통치 문제를 둘러싼 좌우의 충돌은 재일조선인 사회에도 심각한 균열을 가져왔다. 1946년 2월에 소집된 조련의 제2차 임시 전국대회에서는 신탁통치안과 남조선 민족주의 민족전선(민전)에 대한 가입문제를 두고 복잡하게 뒤얽히고, '이 대회를 계기로 중앙의 집행부는 좌파와 그 동반자가 차지하게 되었다'(앞의 책, 양영후).

　조련 중앙에서 우파를 배제함으로써 공산당의 조련에 대한 영향력을 더욱 강화시켰을 것이다. 그러나 한편, 공산당이 1930년대 이래에 제시했던 '일 국가 일 당' 또는 속지주의적인 발상과 지도가 조련의 운동방침에 그대로 관철되었다고는 생각하기 어렵다. 원래 조련은 조국의 통일과 독립을 대의로 내세운 민족단체이며 그 방침은 일본뿐만이 아니라 본국의 정치정세와 관련되어 있었다. 공산당의 8월 방침[5]이 조련 내부의 민족적 편향 억제를 강조한 점도 바꾸어 말하면 조련 내부에 그만큼 민족적 과제를 중시하는 세력이 뿌리

깊게 존재한다는 사실을 말해주고 있다. 게다가 조련 내부의 공산당 프락치(당원조직) 사이에서도 '조련의 활동을 본국 인민의 투쟁과 연대시키자'고 주장하는 김천해와 '일본의 민주혁명 하나로 집약시키자'고 주장하는 김두용 사이에서 의견대립이 있었다고 한다.(『재일조선인 혁명운동사(在日朝鮮人革命運動史)』, 고준석高峻石) 게다가 공산당 자체도 1932년 강령의 화신이라고 할 수 있는 도쿠다 규이치의 노선과 1935년 소련 코민테른의 노선 전환의 의미를 잘 알고 있던 노사카 산조와의 사이에 미묘한 동요가 있었던 것이다.

다만 이런 미묘한 노선 문제를 연맹의 일반적인 활동가가 얼마나 인식하고 있는지는 매우 의심스럽다. 당시 가나가와에서 조련 활동을 하고 1948년 10월의 조련 제5차 전국대회에서 중앙의원이 된 김달수金達壽마저 조련의 활동을 일본의 해방투쟁에 연결시킬 것을 호소한 김두용의 『전위(前衛)』에 실린 논문(139쪽 참조) 등은 읽지 않았다고 했고, '대체적으로 우리 조선인은 본국에서도 그랬지만 좌익 경향이 강했다. 지금까지 이어온 저항에서 그렇게 될 수밖에 없었다'(「좌담회 재일 50년을 말한다(座談会 『在日』50年を語る)」)고 회고하고 있다. 조련이 조직적으로 몰두한 민족교육사업(자세한 것은 후에 서술)에서 보이는 것처럼 무엇보다 독립한 민족이고자 하는 마음이 당시 조련의 저류를 형성하고 있던 생각이었고 바람이었다. 그런 소박한 바람도 당시의 일본 사회의 맥락에서는 좌익으로 평가되었고, 그런 사회에 대한 더욱 철저한 비판세력으로 자연스럽게 등장한 공산당과의 연결을 강화시켰다고 할 수 있다. 주지하는 바와 같이 GHQ와 조련의 대립은 이 시기의 동아시아 정세 추이와도 관련되어 한층 더 심해졌다. 역코스라고 하는 정책 전환과정에서 GHQ와 그것을 방패로 삼는 일본

정부는 공산당과 조련을 일본 자본주의 부흥에 대한 최대의 저해요인이라고 적시하여 그 활동을 힘으로 봉쇄하기 시작했다.

3. 점령정책의 전환과 재일조선인

연합군 최고사령부 더글러스 맥아더의 권한 및 지침이 되는 정책을 정한 초기의 '기본지령'(1945년 11월 1일자) 8항 d에 구 식민지 출신자의 처우에 대해서도 언급되어 있다. GHQ의 재일조선인정책과 관련하여 종종 증거로 인용되는 조항인데 이 기회에 소개하고자 한다.

> 귀관은 중국인을 비롯한 대만인 및 조선인을 군사상 안전이 허락하는 한 해방민족으로 대한다. 그들은 본 서면에서 사용하고 있는 일본인이라는 용어에는 포함되지 않는다. 그러나 그들은 지금까지 일본 신민이었기 때문에 필요한 경우에는 귀관에 의해 적국인으로 다룰 수가 있다. 만약 그들 자신이 원한다면 귀관이 정하는 규칙에 의해 귀환할 수 있다. 그러나 연합국인으로 귀환하는 것에 최우선순위가 주어진다.

요컨대 구 식민지 출신자는 승자(연합국인)도 패자(일본인)도 아닌 제3의 범주로 다루어진다는 것이다. 이런 점에서 당시 유포된 제3국인이라는 호칭은 실로 추상적이었다고 할 수 있다. 나아가 제3국인으로 취급하는 점에 대해서는 '군사상의 안전이 허락하는 한'이라든지 '필요한 경우에는'이라는 유보조건을 붙임으로써 폭넓은 재량의 여지를 맥아더에게 주는 형태로 되어 있다. 사실 점령군의 재일조선인정책은 기존의 국제법과 차별 금지라는 막연한 원칙 외에는 분명한 기준이 없는 임시방편적인 성격으로 일관하고 있었다.

앞서 언급한 바와 같이 미국 정부는 전시 중부터 재일조선인의 존재를 인식하고 있었고 그 처우에 대해서도 검토를 진행하고 있었다. 이에 대한 문서로는 국무성의 부국간 극동지역위원회에 의한 「일본 : 군정부 : 재일 비일본인 거류민에 대한 정책」과 육해군성과 전략국(OSS) 등이 중심이 되어 작성된 『민정 가이드·재일외국인』 등이 잘 알려져 있다. 그러나 이런 문서들이 실제로 점령정책에 얼마나 활용되었는지는 연구자에 따라 미묘하게 의견이 나뉘고 있다. 결국 점령정책에서 재일조선인 문제 자체가 독립된 문제로 다루어지지는 않았으며 식민지 출신자의 전후처리 문제가 GHQ의 고려대상이 된 경우는 거의 없었다.

잘 알려진 바와 같이 카이로 선언은 조선 민족의 노예상태에 유의하여 해방과 독립을 'in due course(적당한 절차를 거쳐)'라는 단서를 붙이면서 약속하고 있다. 그러나 미국의 전후 구상 속에서 조선인의 자치능력은 매우 낮은 것으로 예상하고 있었다. 초기의 '기본지령'에 있는 해방민족이라는 규정도 후에 점령 당국인 미국이 인정했듯이 '실질상의 효과는 조선인의 귀환을 장려하고 원조하는 것에 힘썼다'(『「재일조선인의 입지」에 관한 재경미국정치고문발문서 제580호[1948년 9월3일자] 동봉문서 1호(『在日朝鮮人の地位』に関する在京米国政治顧問発文書大580号[1948年9月3日付]同封文書1号)』), 이하 문서 제580호.

시기에 따른 표현 방법의 강도는 다르지만 굳이 GHQ의 재일조선인 정책을 관철하는 기조를 지적한다면, GHQ는 재일조선인을 점령질서를 유지하는 데 중대한 저해요인이 된다고 보고 있었다. 이런 견해는 1946년에 들어서 공산당과 재일조선인운동의 결합이 분명해지고 재일조선인의 본국 송환에 따른 문제해결이 불투명해지면서 한층 깊어진다. 1946년 5월, 특히 제1차 요시다吉田 내각이 수립된 이후는 조선인을 비난하는 대합창이 국회와 언론을 뒤흔든 시기이다. 조선인은 암시장에서 부당한 방법으로 돈을 벌 뿐만 아니라 폭력적이어서 범죄율을 높이고 밀입국을 통해 전염병을 들여오며 '패전과 혼란에서 비롯된 우리의 비참한 상태를 먹잇감'(『재일조선인의 역사(在日朝鮮人の歷史)』, 시이쿠마 사부로椎熊三郎의 발언, 리처드 H. 미첼)으로 하는 사회질서와 경제질서의 파괴자라는 이미지가 이 시기에 빈번하게 유포되었다. GHQ의 검열관은 신문지상을 통해 이루어진 이런 히스테릭한 캠페인을 묵인하였는데, 리처드 H. 미첼에 의하면 그 이유를 GHQ 자신이 반조선인 감정과 친일적인 의견을 갖고 있었기 때문이라고 한다.(같은 책) 남한의 미군정에 있어서 미군이 조선인관을 형성할 때 일본인에 의한 조선인 비난이 미친 영향은 매우 컸다고 지적할 수 있다.

앞서 서술한 일본에 남은 조선인을 일본의 사법권에 따르도록 한다는 1946년 12월의 GHQ의 결정은 그런 배경에서 나오고 있었다. 그것은 구 식민지 출신자를 법의 형식상 강화조약까지는 일본 국민으로 간주한다는 일본 정부의 의향 또한 따른 것이었다. 한편 일본 정부는 1945년 12월에 호적법의 적용을 받지 않는 자의 선거권 및 피선거권은 당분간 정지한다는 호적조항을 마련하여 그때까지 일본 국민이었던 구 식민지 출신자의 참정권을 정지했고, GHQ도 이를 승인했다. 더욱이 1947년 5월에 천황의 마지막 칙령(포츠담선언의 수락에 따라 발생하는 명령에 대한 칙령이라는 형태를 취했다)으로 공포·시행된 외국인등록령에서는 제11조의 간주 규정(41쪽, 주석8 참조)으로 알려진 조항에 의해 재일조선인을 외국인 관리하에 두었다. 따라서 재일조선인은 한편으로는 일본의 사법권에 따라 납세의무를 다하는 일본 국민이면서, 다른 한편으로는 외국인등록령에 의해 등록의무와 그 위반자에 대해 강제 퇴거 조치를 받을 수 있는 외국인이 되었다.

전체 15조로 구성된 외국인등록령은 외국인의 입국관리 및 외국인을 대하는 데 적정을 기할 것(1조)을 그 목적으로 내걸고 있다. 등록의무에 대해서는 외국인의 입국관리와 관련해 부정입국자를 발견하고 보충하는 방법이 된다고 설명하고 있다. 1946년이 되자 패전 직후에 본국으로 귀환한 조선인의 재도항과 밀입국이 증가함에 따라 그에 대한 단속이 검토되기 시작했다. 1948년 GHQ(외교국) 문서에 따르면 패전 때 귀환시킨 90만 명 이상의 재일조선인 가운데 약 2만 명이 일본에 불법으로 재입국한 것으로 보이며, 월평균 650명의 조선인이 불법 입국하여 400명이 조선으로 송환되거나 추방되었다고 보고 있다.(앞의 「문서 제580호」) 1946년 8월에는 오사카 군정부가 오사카부 당국에 '밀항 조선인 단속과 송환지령'을 발표하여 이를 근거로 '조선인 등록에 관한 건'이 오사카부의 조례로 제정되는데 이 또한 그런 상황을 반영한 조치였다고 할 수 있다.

이 오사카의 사례는 외국인등록에 대한 전조로 평가되는 경우가 많다. 그러나 외국인등록령은 단순한 단속 차원을 넘어 남한의 정국을 포함한 보다 넓은 맥락 속에서 제기되고 있었다고 보아야 한다.

이 시기 남한에서는 임시정부 수립을 둘러싼 제1차 미소공동위원회의 결렬(1946년 5월)과 전라남도와 대구를 중심으로 전국적인 민중항쟁(10월)[6]을 거치는 과정에서 미군정과 우익세력의 대립은 이미

돌이킬 수 없는 국면으로 치닫고 있었다. 1947년 3월에는 그때까지 비교적 평온했던 제주도에서도 3·1절 발포사건[7]에 항의하는 관공서를 포함한 유례없는 총파업이 미군정을 괴롭히고 있었다. 조련은 한편으로 일본에서 그런 좌익세력과 조직적으로 연계하면서 대중운동을 펼쳤다. 뿐만 아니라 조련은 생활권옹호를 내걸면서 2·1총파업과 4월 총선거를 대비한 전일본산업별노동조합회의와 공산당에 대한 적극적인 지지활동에 나섰다. 외국인등록령이 재일조선인을 표적으로 하는 치안법규의 성격을 갖고 있었다는 사실은 잘 알려져 있다. 외국인등록령은 치안유지법이라는 재일조선인을 단속할 수단을 잃은 내무성관련의 관료를 중심으로 입안되고 GHQ가 이를 대강 인정하는 형식으로 통과된다. 그뿐만이 아니다. 재일조선인의 등록이 필요함을 GHQ의 조선과를 중심으로 하는 관계기관에 적극적으로 주장했다.(『신판·단일민족 사회의 신화를 넘어서(新版·単一民族社会の神話を越えて)』, 오누마 야스아키大沼保昭)

재일조선인을 대상으로 한 치안입법이 신헌법 시행일인 1947년 5월 3일의 바로 전날인 5월 2일에 천황의 칙령으로 공포·시행되었다. 이 사실은 일본의 전후 개혁의 깊이와 폭을 고려할 때 매우 상징적인 의미를 갖는다. 이 시기에 2·1 총파업에 대한 중지 명령에 보이는 것처럼 점령정책이 역코스로 가는 전조가 보이기 시작한다. 과격한 개혁을 주도해 온 점령정책의 틀도 일본 경제의 부흥과 자립을 중시하는 안정으로 그 역점이 이동하게 되었다. 그러나 이 무렵은 민주화와 비군사화라는 전후개혁의 기조가 뒤바뀐 것은 아니었다. 신헌법의 시행과 방법을 같이하여 총선거에서 제1당이 된 사회당이 중심인 중도정권(가타야마片山내각)이 탄생하고 신헌법의 이념에 따른

통치기구의 재편도 여전히 진행되고 있었다. 맥아더는 중도정권의 탄생을 환영하고 일본은 앞으로 동양의 스위스가 될 것이라고 가타야마를 격려했다. 같은 해 말에는 제2차 세계대전 전에 경찰국가 체제의 핵심관청으로 군림했던 내무성의 해체와 경찰개혁이 단행된다. 한편 1946년에 시작된 천황의 순행은 1947년에도 계속되었다. 2부 20현을 방문했는데 쇼와 천황이 가는 곳마다 국민들은 크게 환영했다. 1946년 2월 일본여론조사연구소가 실시한 여론조사에서는 국민의 90% 이상이 천황제를 지지하고 있다.(『일본동시대사2(日本同時代史2)』, 역사학연구회 편) 천황제에 대한 높은 지지율은 패전의 충격에도 불구하고 이 시기에 실시된 모든 여론조사에서 확인할 수 있었다.

이와 같이 이 시기에 전후 민주주의의 큰 틀과 전후개혁의 한계점에 얽힌 국민적인 합의가 형성되고 있었다. 이 합의란 인간화된 천황을 국민통합의 상징으로 삼고 평화와 민주주의 또는 빈곤탈출이라는 전후의 가치이념을 품은 새로운 국민의 탄생이었다. 외국인 등록령은 새로운 국민 형성과정에서 국민의 의미를 좁히고, 민주주의나 인권이라는 전후의 가치이념이 미치지 않는 사각지대로 재일조선인을 내몰았던 것이다.

4. 한신교육투쟁

법제도상으로 일본 국민이었던 재일조선인은 일본의 사법권 아래서 납세를 비롯한 일본 국민의 의무를 다해야했다. 그리고 한신교육투쟁으로 알려진 민족교육을 탄압하는데 이용된 것도 바로 이 논리였다. 1948년 1월에 문부성은 각 도도부현都道府県 지사 앞으로

'조선인 자녀라 하더라도 학령에 해당하는 자는 일본인과 마찬가지로 시정촌립市町村立 또는 사립 소학교나 중학교에 취학시켜야 한다'고 통보했다. 같은 해 4월, 점령통치기에서는 유일하게 비상사태 선언으로 이어진 민족교육을 둘러싼 공방은 한 통의 통달에서 시작되었다

조련 등의 재일조선인 단체는 황민화교육 정책에 의해 잃어버린 민족 아이덴티티를 회복하고 승계하기 위해 패전 직후부터 민족교육을 중시하는 한편, 전국 각지에 민족학교를 설립·운영하고 있었다. 1947년 10월, 조련 제4차 전국대회에서 행한 활동 경과보고에 의하면 패전 후 2여 년 사이에 초등학교가 541교(학생 수 57,961명, 교원 수 1,250명), 중등학교가 7교(학생 수 2,760명, 교원 수 95명), 그 외 청년교육과 간부교육을 위한 고등학원과 청년학원이 30교(학생 수 2,112명, 교원 수 160명)라는 민족교육의 체계가 형성되어 있었다. 각각의 민족학교는 공립학교 교실과 민간 창고를 빌리거나 조선인이 소유한 건물을 개조하는 등, 재일조선인의 총력을 결집해 만들어졌다. 학교건물이나 시설의 건설은 민단계의 재일조선인과 뜻있는 일본인의 협력을 받았고, 경우에 따라서는 오사카부 등 지자체 당국의 지원도 받을 수 있었다고 한다.(앞의 책, 양영후)

GHQ와 문부성은 당초 재일조선인의 민족교육에 대해 사실상 용인할 태도를 취하고 있었다. 문부성은 1947년 4월, 도카이호쿠리쿠東海北陸지방 행정사무국 장관의 '조선인이 자녀를 교육시키기 위한 소학교와 상급학교 또는 각종 학교를 신설하는 경우에 부현府県은 이를 허가해도 괜찮은가?'라는 문의에 대해 '괜찮다'고 답하고 있다. 그러나 GHQ 민간정보국(CIE)은 1947년 10월에 '모든 조선인학교

는 정규교과의 추가과목으로 조선어를 가르치는 것을 용인한다는 예외사항을 인정하는 외에는 일본의 모든 지령에 따르도록 하라는 지령'을 일본 정부에 내렸다.(『재일조선인과 그 교육 자료집·제1집(「在日朝鮮人とその教育」資料集·第1集)』, 일본교육학회교육제도연구회, 외국인학교제도연구소위원회 편) 1948년 1월에 내려진 문부성의 통달은 이런 GHQ의 지령에 의거한 것으로, 직접적으로는 전년도 8월에 오사카부 학무과의 문의에 답하는 형식으로 각 도도부현의 지사 앞으로 보낸 것이었다.

그 내용은 이미 소개한 바와 같이 조선인 자녀도 공립 또는 사립의 초·중학교에 취학시켜야 한다고 하고 있다. 그리고 초·중학교의 설치에 관해서는 교육기본법(제6조)에 정해진 바에 따라 도도부현 감독청(지사)의 인가를 필요로 하는 점과 더욱이 교과서 및 교과내용은 정치교육을 금지한 교육기본법 제8조를 비롯해 학교교육법에 의한 총칙과 초등학교(제2장) 및 중학교(제3장)의 규정이 적용된다는 점이 명시되어 있다. 즉, 문부성의 통달은 전년도 3월에 제정된 교육기본법과 학교교육법을 구실삼아 조선인학교의 존재를 사실상 부정하고, 민족교육의 핵심이 되는 조선어교육도 학교교육법에 의해 인가를 받은 초·중등학교에서 교과 외로 실시하는 것 외에는 인정하지 않고 있다.

재일조선인은 이와 같은 문부성의 조치를 2차 세계대전 전에 실시되었던 황민화교육의 재현으로 받아들였기 때문에, 이를 강행하려는 각지의 지방 군정부와 도도부현 당국에 맞서 맹렬한 저항운동을 펼쳤다. 한편 조련은 1948년 3월 1일에 조선인교육대책위원회를 조직하고, GHQ에 의한 교과서 검열과 교육 언어는 조선어로 하지만 일본어를 정규과목으로 채택한다는 등의 내용을 담은 4항목의 타협안을 제시하지만 받아들여지지 않았다. 반대로 각 지방 군정부와 도도부현 당국은 조선인학교를 폐쇄하는 조치를 감행해 이를 반대하는 조선인과 충돌하는 일이 각지에서 발생했다.

반대운동이 가장 격렬했던 곳이 고베와 오사카가 위치한 한신지역이었다. 고베에서는 1948년 4월 24일 11시, 비상사태선언(정확하게는 한정부비상사태)이 발표되어, 27일까지 일본인 공산당원을 포함해 1,664명이 검거되었다. 한편 오사카에서는 26일, 학교폐쇄에 항의해 오테마치大手町공원에 3만 명이 모인 집회와 데모대를 향해 경찰이 발포하여 당시 16세의 김태일이 사망하고 27명이 부상당했다.

5월 5일, 조선인교육대책위원회와 문부성은 ①조선인교육에 대해서는 교육기본법과 학교교육법에 따른다. ②조선인학교는 사립학교로서 자주성이 인정되는 범위 내에서 조선인 독자의 교육을 실시할 것을 전제로 사립학교로서의 인가를 신청한다는 각서를 교환함으로써 민족학교를 둘러싼 대립과 혼란은 일단락되었다. 조선인 측의 패배였다. 이와 같이 전후개혁의 중요한 기둥 중 하나인 교육개혁의 성과를 집약한 교육기본법이 조선인에게는 민족교육을 부정하는 법규로 변해 가로놓여졌다.

GHQ는 조선인의 필사적인 저항에 주춤거리던 부·현의 당국자를 뒤에서 밀어붙여 강행진압을 주도했다. 고베에 내려진 비상사태는 점령군이 조선인 문제를 치안 문제로 인식하고 직접 개입에 나섰다는 사실을 말해주고 있다. 점령통치 아래에 있는 일본 내의 미군 시설에 대한 지상방위 책임은 아이켈버거를 사령관으로 하는 제8군이 지고, '고베 사건에 대한 최종적인 책임은 원칙적으로 제8군 사령관에게 있었다'고 하고 있다.(『일본점령사연구서설(日本占領史研究序説)』, 아라 다카시荒敬) 4월 26일, 아이켈버거는 조선인의 저항행동이 진주군의 정책과 점령군의 안전에 유해한 것이었다고 하여 고베에서 취한 조치를 정당화하고, 맥아더도 29일에는 최선의 조치였다고 칭찬했다.

아라 다카시에 의하면 원래 아이켈버거는 조선인과 일본인 공산주의자의 존재와 점령군의 병력 부족, 그리고 미국의 눈이 유럽정세로 바뀌고 있다는 점 등을 이유로 일본의 치안상황에 대해 심각한 위기의식을 가지고 있었다고 한다. GHQ는 특히 5월 10일, 남한에서 실시되는 단독선거를 앞두고 재일조선인의 저항행동이 본국의 단독선거 반대운동과 결부되는 것을 극도로 두려워했다. 때마침 오사카의 재일조선인과 연고가 깊은 제주도에서 단독선거에 반대하는 무장봉기(제주도 4·3사건)가 4월 3일에 발생했다. 남한에서 일어난 단독선거를 둘러싼 움직임이 GHQ의 강경자세를 낳은 배경이었다는 사실은 부정할 수 없다.

한신교육투쟁 이후에 점령 당국은 재일조선인의 문제를 동아시아의 냉전과 결부된 치안 문제로 간주하는 자세를 더욱 강화해 간다. GHQ(외교국)가 재일조선인 조직에 관한 연구 결론으로 9월 3일, 국무성에 보낸 문서에는 다음과 같은 구절이 들어있다.

> ……일본에서 주요한 조선인 단체인 재일(본)조선인연맹은 거의 공산주의자에 의해 좌지우지되고 있다. 조선과 일본 사이를 위법으로 왕래하고 있는 조선인은 일본의 공산주의자와 아시아대륙-조선, 중국, 러시아-의 공산주의자 사이의 연결점 역할을 하고 있다. ……일본인과 거의 동화되는 일 없이, 일본인과 위험한 마찰을 일으키는

원인이 되는 많은 재일조선인은 극동아시아의 중대한 불안요인이며, 일본에서의 점령국 미국에 대해 좋지 않은 사상 선전의 원인이 되고 있다. 앞의「문서 제580호」

재일조선인의 민족운동은 동아시아의 국제냉전 상황의 한가운데 놓여, 점령군과 일본 정부가 합세하여 감행하는 공격에 노출된다. 반대방향으로 정책 전환이 명확해진 1944년 9월, 조련은 제2차 요시다 내각 아래서 제정된 '단체 등 규정령'의 첫 적용단체가 되어, 4년 가까이 계속된 활동에 종지부를 찍었다.

IV. 국적과 참정권

　재일조선인의 일본 국적 상실은 강화조약의 발효(1952년 4월)에 따른 법무부 민사국장이 보낸 한 통의 통달에 의해 확정됐다. 이에 따라 점령기까지 일본 국적을 가졌던 재일조선인은 일률적으로 외국인으로서 관리를 받고, 다시 일본 국적을 얻기 위해서는 일본 정부의 자의적인 선별에 따른 귀화라는 길만이 남게 되었다.
　독립의 회복과 동시에 일본 정부가 내놓은 이 조치는 전후 10년의 여정으로 진행되는 재일조선인을 일본 국민화 하는 과정 중 하나로 중대한 국면을 이루고 있다. 따라서 통달에 이르는 과정을 밝히는 일은 전후 일본이 재일조선인과의 관계에서 국민의 논리로 스스로를 가두는 모습을 부각시키는 일이 된다.
　그런데 전후 일본의 국민화 과정은 일본 국적 상실을 박탈로만 받아들이지 않았던 재일조선인 측에서도 진행되었다. 재일조선인을 '공화국의 해외공민'으로 간주한다는 총련의 규정을 거론할 필요도 없이, 애당초 GHQ 점령 아래에 재일조선인 스스로 해방국민이라 하여 패전국민인 일본인과는 구별하려는 셈이었다. 일본 국적에 얽힌 이 시대의 재일조선인이 품고 있는 생각과 사고방식은 다음 구절에 잘 나타나 있다.

> 한일합병에 따라 조선인에게 주어진 일본 국적은 한반도에 대한 일본제국주의의 식민지 지배를 법과 형식적으로 합법화하기 위한 합병조약에 의해 일방적이고 강제적으로 강요된 것이지, 조선인의 의지에 의해 선택한 것은 아니었다. 그리고 이는 전후에 나타나는 재일한국·조선인의 일본 국적 박탈 또는 일본 국적 회복을 둘러싼 논의와 관련해 간과해서는 안 되며, 다시금 명심해서 생각해야 할 문제이다.
> 『재일한국·조선인(在日韓国·朝鮮人)』, 강재언·김동훈金東勳

전후 반세기가 흘러도 여전히 일본에 정착하면서 비일본 국적을 유지하는 재일조선인(거의 영주권 취득자에 해당)이 50만 명 가까이 되는 세계적으로도 이례적인 사태를 유지해 온 것은 아마도 그런 역사적 인식으로 자리 잡은 국적관 때문일 것이다. 재일조선인 사이에서 뿌리 깊게 이어온 국적과 민족을 분리하기 어렵다는 사상 또한 그런 역사적 경험에 기인하고 있다. 그러나 이미 귀화자가 30만 명 가까이에 달하고(2005년까지 296,168명), 민족명으로 일본 국적의 취득을 공공연하게 주장하게 된 지금, 재일조선인의 국적에 대한 견해도 재검토되어야 한다. 1952년 민사국장 통달에 이르는 경위를 돌이켜보는 이유는 재검토를 위해 원점으로 되돌아가기 위한 것이기도 하다. 이는 재일조선인에게 국적이란 무엇인가라고 새삼 우리에게 되묻고 있는 것이다.

1. 식민지기의 국적과 참정권

경술국치에 의해 일본제국에 편입된 조선인의 국적은 제국신민으로서 일본 국적을 갖는 것이라고 생각되어왔다. 경술국치에 앞서 내각에서 결의된 '합병 후 조선에 대한 시정방침'(1910년 6월)에는 조선인의 국법상 지위에 대해 '조선인은 특히 법령 또는 조약으로 달리 취급되는 것을 정한 경우 이외는 완전히 일본 내지인과 동일한 지위를 갖는다'고 기술되어 있다.(『한국합병사연구자료②[복각판](韓国併合史研究資料②[復刻版]』조선총독부 편) 조선인도 법형식상으로는 일본인과 같은 지위, 즉 일본 국적을 받을 수 있다는 사실이 명시되어 있다. 그러나 합병 후의 조선은 헌법이 미치지 않는 총독의 전제정치 아래(이른바 이법역)에 놓이게 되는 셈이며, 조선인에게 주어진 일본 국적의 실상도 저절로 알려졌다.

다음 구절은 그 점을 숨김없이 말해주고 있다.

> ……한국신민인 자는 합병에 따라 당연히 일본 국적을 취득한다 할지라도 이에 대해 한국인은 완전히 일본인과 동일하지는 않고, 다른 외국이 일본 국적을 취득하는 것에 지나지 않음을 주의해야 한다.
> 『일본의 조선정책사연구(日本の朝鮮政策史硏究)』, 강동진姜東鎭

이는 경술국치에 앞서 당시 제국대학 교수였던 야마다 사부로山田三良가 데라우치 마사타케寺內正毅 총독 앞으로 보낸 조선인의 국적에 대한 의견서의 한 구절이다. 요약하면 합병에 의해 조선인에게 주어지는 일본 국적은 모든 외국에 대해 조선인이 일본 지배 아래에 있다는 사실, 즉 세력 판도의 인적 지표로서 주어지는 것에 지나지 않는다고 하고 있다. 합병 후 조선인은 이렇게 내용이 빈약한 국적을 선택의 여지없이, 일방적이고 강제적으로 강요당했던(앞의 책, 강재언·김동훈) 셈이다. 뿐만 아니라 일본의 국적법이 조선에서 시행되지 않은 것을 이유로 일본 정부는 조선인의 국적 이탈을 인정하지 않았다.(「조선인의 국외이주와 일본제국」, 미즈노 나오키)

국적이 실상에서 나는 차이를 뒷받침하는 법제도상의 구조는 두 가지였다. 하나는 식민지 조선 자체가 다른 법역이어서 헌법의 영향이 미치지 않는 총독이 통치하는 전제정치 상황에 놓여있었다는 사실이고, 다른 하나는 내지(일본)호적, 외지호적(조선호적법 제정 이후는 조선호적)으로 알려진 호적상의 취급이다. 즉 일본인과 조선인의 차별은 다른 법역이라는 지역에 관련된 법제망과 호적이라는 사람과 가족에 관련된 법제망의 조합으로 이루어져 있었다.

조선인이 일본 국민이라는 의미는 다른 법역의 총독 지배 밑에 있는 한, 통치에 참여한다는 중요한 점에서 공동화되어 있었다고 해야 한다. 그런데 조선인이 일본 내지로 도항이 증대하는 것, 즉 재일조선인의 역사적인 형성은 같은 제국 안에서 지역과 사람이라는 쌍방에 정해진 차별 체계의 왜곡을 야기한다. 이 왜곡으로 발생하는 문제가 바로 재일조선인의 참정권 문제였다.

제2차 세계대전 전의 민선의회 선거인 자격을 정한 중의원 선거법은 메이지헌법 체제로 이행하는 것과 함께 1889년에 제정되어, 1925년 보통선거법 개정에 이르기까지 두 번(1900년과 1919년)의 개정을 거친다. 다른 법역이 적용되는 조선에서는 패전 직전(1945년 4월)까지 선거법 시행이 없었고, 그곳에 사는 자는 일본 본토 호적일지라도 참정권은 인정되지 않았다. 문제는 다른 법역을 벗어나 일본에 정착한 조선인의 경우이다.

각 시기의 선거법은 세 가지 자격 요건을 부과하고 있다. 하나는 '일본 신민 남자로서, 연령 만25세 이상인 자'라는 국적과 연령에 관한 규정으로, 이 규정은 최초 개정 이후 일본 신민이 제국신민으로 되었을 뿐 바뀌지 않았다. 게다가 납세액에 의한 제한이 있는데, 이는 보통선거법 제정에 의해 폐지되었다.

재일조선인과 선거법의 관계에서 두 번째 요건인 제2항에 제시된 거주력居住歷에 의한 제한이 중요하다. 최초 선거법에서는 선거인명부 작성기일 이전에 만 1년 이상 부현 내에 본적을 두고 계속 거주하는 자를 요건으로 들고 있다. 여기에서 본적이란 말할 것도 없이 호적이 있는 장소이며, 만약 이 규정이 그대로 남아있다면 조선인에게 선거권은 주어지지 않을 것이다. 이는 설령 조선인이 일본으로 건너가 어느 부현 내에 1년 이상 살더라도 이른바 본적 전속 부자유의 원칙이 있어, 외지호적인 이상 본적을 일본의 부현 내에 두는 일은 불가능한 일이었기 때문이다.

물론 미래에 타지 출신의 일본 신민이 일본 내지로 대거 유입되는 일을 가정하여 본적에 관한 요건을 마련했다고는 생각하기 어렵다. 실제로 어찌된 일인지 1900년 개정 이후는 '본적을 정하여'라는 대목이 삭제되었다. 아마 이 시기에는 일본 신민이며 거주조건을 충족하면서 내지본적을 갖지 않는 경우는 가정할 수 없었을 것이다.

아무튼 선거인 자격에서 본적에 관한 요건이 사라진 이상, 합병에 의해 제국신민이 된 조선인도 내지 일본으로 이주하면 일본인과 같은 요건에서 선거권을 부인하는 법적인 근거는 없어지는 셈이다. 이 점은 시정촌市町村 차원의 공민권(선거권·피선거권)에 대해서도 마

찬가지이며 공민권에도 호적과 본적에 관한 규정은 없다. 그렇지만 재일조선인의 참정권은 그렇게 간단하게 인정되지 않았다. 이에 대해서는 마쓰다 가즈히코松田和彦가 상세히 연구했다.(『제2차세계대전 전기의 재일조선인과 참정권(戰前期の在日朝鮮人と參政權)』) 그에 따르면 재일조선인의 참정권이 일본에서 최초로 문제가 된 것은 1918년 공통법안(내지·외지 간의 법적인 관계 조정을 목적으로 하는 법률로서 1918년에 성립)을 둘러싼 국회심의에서라고 한다. 이 법안의 심의를 계기로, 한때는 재일조선인의 참정권을 없애는 방침이 나왔지만 1920년 총선거에 따른 법 정비 단계에서 갑자기 바뀌어 이를 인정하는 새로운 해석이 나타났다고 한다.

재일조선인의 참정권을 둘러싼 이러한 우여곡절이 일본 정부의 어떤 생각에 의거한 것인지는 확실치 않다. 그러나 1920년 무렵은 메이지유신으로부터 반세기가 지나 만국대치와 부국강병이라는 구호 아래 달려온 일본의 근대 그 자체가 크게 흔들리기 시작한 시기이다. 쌀 소동, 정당정치 등장, 노동조합과 공산당 결성, 민본주의 보급, 그리고 보통선거법 제정과 근대 일본의 거대한 구조변화와 그에 뿌리내린 민주주의의 수위는 이 시기 이후 급속히 높아진다. 아마 재일조선인의 참정권 승인에도 그런 시대 저류의 변화에 뿌리내린 판단이 작용하고 있었을 것이다.

그런 시대의 많은 변화 속에서 정권을 잡은 하라 다카시原敬는 '현재의 급선무는 질서 있는 변천에 따라 국내의 변동을 멈추는 데 있다'(『하라 다카시 일기(原敬日記)』, 하라 게이이치로原奎一郞 편)는 자세로 대처하고 있었다. 무단통치에서 문화통치로 바뀐 조선 지배도 질서 있는 변천의 틀 안에서 이루어지는 변화를 나타내고 있다. 참정권과 관련하여 조선의 부府에서 면面에 이르는 지방행정 자문기관으로서 민선의원을 포함한 협의회를 설치한 점이 시선을 끈다. 같은 시기 총독부는 친일파를 이용하여 중의원선거법을 조선에서 시행하도록 요구하는 청원을 내도록 하고 있는데, 이 또한 같은 맥락이다.

내지연장주의에 서있는 하라 다카시는 외지의 조선인도 적당한 시기에 제국의회에 참가할 필요가 있다고 생각하고 있었지만, 외지에서 독자의회를 열거나 자치를 인정하는 데까지는 이르지 못했다. 같은 시기의 대만의회의 설치를 요구하는 청원에 대해 일본 정부와 제국의회의 대응이 조선의 청원에 비해 훨씬 엄격했던 것도 질서 있는 변천의 한계를 잘 보여주고 있다.

이 시기 일본 정부는 시대의 큰 전환점을 맞고 있었고 민족과 계급을 둘러싼 다양한 모습으로 분출되기 시작한 대중의 요구와 불만을 주로 민주주의 형식과 제도로 만들어 낸다는 방향으로 헤쳐 나가려고 했으며, 재일조선인의 참정권 인정도 그러한 맥락상의 일이다. 즉 조선인의 민족적인 요구를 민주주의의 형식에 따라 슬쩍 변조했다는 의미를 띠고 있었다.

그러나 재일조선인의 참정권 확인이 일본의 정당 내각 출현과 방법을 같이하고 있던 사실은 중요하다. 정당 내각의 등장은 제국 헌법체제 아래서 민선의회의 지위가 크게 변했다는 사실을 의미한다. 즉 정당정치의 등장은 군벌관료의 전제지배를 검사하는 존재에 지나지 않았던 중의원을 사실상 통치의 주체를 구성하는 모체의 지위로까지 끌어올렸다. 정당 내각은 하라 다카시의 암살(1921년 11월)로 수정되지만, 호헌삼파護憲三派 내각(가토 다카아키加藤高明 수상, 1924년)의 성립에 의해 '헌정의 상도'로 정착하게 된다. 이 내각 아래서 실현된 보통선거법(1925년)은 다양한 제약이 있었다 해도 통치 조직 안에서 민의가 차지하는 위치를 비약적으로 높였다는 사실 자체는 부정할 수 없다.

보통선거법의 시행에 따라 재일조선인 유권자 수도 대폭 증가하여 일본의 정당과 노동단체에게 무시할 수 없는 존재가 된다. 마쓰다 도시히코松田利彦의 계산에 의하면 보통선거법에 따라 일본인 유권자가 인구의 약 20%가 된 것에 비해 재일조선인의 수는 거주요건과 그 외의 제약으로 10% 전후에 그치고 있다. 그러나 유권자 수는 1928년 보통선거법에 의한 최초 중의원 총선거(제16회) 때의 11,986명에서 1932년 실시된 제18회 총선거에서는 35,888명으로 증가하여 관서關西 등의 도시부에서는 다양한 정치 세력의 유력한 표밭이 된다.

분명히 정당정치와 보통선거법 아래서도 재일조선인의 참정권은 내선융화의 수단으로서 이용되었다. 조선총독부와 경시청은 조선인의 기권 방지를 호소하고, 국민협회를 비롯한 융화·친목을 목적으로 하는 각종 단체의 선거활동도 활발하여 그 간부가 조선인 유권자를 투표소로 인솔하는 모습을 볼 수 있었다고 한다. 1932년 실시된 선거에 당선되어 재일조선인 가운데 유일한 민선대의사(참사관)가 된 박춘금朴春琴만 해도 내선융화라는 맥락에서 입후보하여 당선된 사실은 잘 알려져 있다. 그러나 친일파에게 강하게 대항하여 선거에 참가하는 개인과 단체도 있었다. 재일본조선노동총동맹과 신간회의 일본지회 등은 일본의 좌파무산정당의 집표 기반의 하나인 중핵이 되었다고 한다. 요컨대 그 당시 적지 않은 재일조선인이 참정권의 행사에서 일본의 지배와 내선융화 정책에 항의하여, 이른바 민족과 계급의 이해에 입각하여 행동한 셈이다.

그러나 선거 투표를 문자 그대로 주체적인 정치참가의 기회로 의식했던 재일조선인은 역시 적었다. 조선어로 투표하는 것이 인정된 제17회 총선거(30년)에 관해 총독부가 조사한 바에 의하면 조선인 유권자의 투표율은 약 48%로, 전체 투표율(약 82%)을 크게 밑돌고 있다.(「조선인의 중의원 의원 선거권 행사 상황과 조선 문자의 사용(朝鮮人の衆議員議員選挙権行使状況と朝鮮文字の使用)」)

제2차 세계대전 전의 정당 내각의 상황을 보면, 5·15사건(1932년)에서 발생한 이누카이 쓰요시犬養毅의 암살로 하라 다카시 내각은 1914년에 호헌삼파 내각이 성립하고 난 후 8년 만에 막을 내린다. 메이지헌법은 천황의 주권을 대전제로 하며, 조문에서 중의원의 권한은 대부분 법률안과 예산안을 수정하거나 부결하는 정도이다. 또한 전후의 새 헌법과는 달리 의회와 정부의 구성에 대해서는 아무런 언급도 하고 있지 않다. 그렇지만 의원내각제, 즉 정당정치의 출현을 부정하고 있었던 것은 아니다. 바꿔 말하면 의원내각제의 실현은 보통선거법과 함께 제국헌법체제 아래서 국회의 위상을 어느 때보다 높였다. 동시에 그것은 국적상 일본인이라는 사실 자체의 의미를 바꿨다고도 할 수 있다.

제국신민이라는 말에 잘 나타나듯이 메이지헌법 상에서 국적이란, 사람이 일정한 국가의 통치를 받는 신분을 말한다.(『일본국제사법론(日本国際私法論)』, 야마구치 히로이치山口弘一) 일본 국적을 갖는 제국신민은 천황과 국가에 충성의 의무를 지고, 그 대가로 국가의 보호를 받는다. 경술국치에 따라 조선인은 그런 의미에서 국적을 강요당한 것이다. 중국 장춘長春 교외에서 일어난 조선인 이주민의 수전공사를 둘러싼 만보산万宝山[8] 사건은 조선인 이주민에게 국적상 일본인이라는 사실에서 유래하는 보호가 어떤 의미를 갖는지를 여실히 말해 주고 있다. 즉 제국헌법 아래서 일본 국적을 갖는다는 것은 어디까지나 피통치자, 즉 통치의 객체로서 천황에게 복종하는 것을 의미했다.

그러나 정당내각과 보통선거의 실현은 일본 국적을 갖는 25세 이상의 남자가 적어도 형식상으로는 통치의 주체로서 국가의 정당 형성에 한 표를 행사하는 권리를 부여했다는 것을 의미한다. 즉 그것은 정치적 권리가 없는 신민의 국적에서 권리를 갖는 국민의 국적으로 바뀌는 큰 행보를 기록하는 것이었다.

천황 친정을 명분으로 하는 제국헌법 아래에서 인민에 의한 통치가 가능했던 것은 제국헌법의 또 하나의 대원칙인 천황의 신성불가침이라는 원칙과 관련이 있다. 즉 메이지 천황이 그랬던 것처럼 천황 자신이 국가의 여러 가지 정책결정에 직접 관여하는 것은 천황이 직접 책임을 지는 것이 되어 천황의 신성불가침이라는 대원칙을 뒤흔들 수 있는 위험성을 안고 있었다. 그런 위험을 피하려면 오히려 천황을 국가 정책을 결정하는 테두리 밖에 둘 것, 즉 실질상의 천황불친정이 요구된 셈이다. 그런 사고방식은 병약하여 처음부터 정치 관여가 어려웠던 다이쇼大正천황 즉위 이후에 굳어졌다고 한다.(「천황과 정부·의회(天皇と政府·議会)」, 스즈키 마사유키鈴木正幸)

정당 정치는 요컨대 의회의 다수 의견에 따라 거의 자동적으로 천황의 신임이 주어지는 체제이고, 이에 따라 실질상의 친정을 하지 않는다는 원칙도 정치 운영에서 상도로 정착한다. 하라 다카시도 '황실은 정사에 직접 관여하지 않고, 자선은상慈善恩賞이 따른다면 평안하다'(앞의 책, 하라 게이이치로 편)고 하여 기능적인 면에서는 전후의 상징천황제를 상기시키는 사고방식을 드러내고 있다.

한편 정당내각과 보통선거로 대표되는 일본의 정치체제 변화는 제1차 세계대전 이후 베르사유·워싱턴 체제로 알려진 국제적 체계와 구분하기 어렵게 결합되고 있었다. 자유무역, 영미와의 협조, 군사감축 등으로 상징되는 대외관계의 기조가 일본의 민주주의를 배양하는 조건이 되고 있었다. 그러나 국제적인 체계는 세계공황이 도래하는 1930년을 전후한 시기부터 흔들리기 시작한다. 1931년 유조호柳條湖 사건으로 시작되는 중국 침략의 확대는 미영과의 협조를 주축으로 하는 일본의 국제적 민주주의 체계를 무너뜨린다. 애초 그동안 정부의 '불확대방침'을 비웃는 듯한 관동군의 독주 자체가 일본의 정당내각이 심각한 위기에 있다는 사실을 말해주고 있었다. 제국헌법체제는 운용 방법에 따라 정당정치를 가능케 하는 체제였지만, 반대로 군국주의와 파시즘을 낳는 온상이 될 수도 있었다.

재일조선인이 60만 명에서 80만 명 규모에 달하고, 일본정주가 틀림없는 사실이 된 것은 1930년대 중반 무렵부터라고 할 수 있다. 그 당시에는 민주주의의 시대도 끝을 고하고, 이미 중의원은 아래로부터의 정책을 형성하는 회로로서의 기능을 거의 잃어갔다. 그리고 모든 합법정당이 해산하고, 대정익찬회大政翼贊會가 결성되는 1940년에는 이미 멸절해가던 일본 국회에 사실상 최후의 제지가 가해진다.

2. 참정권의 정지

일본에 대한 연합국의 점령통치가 독일과 조선에 대한 직접통치와는 달리 간접통치 형식이 취해진 사실은 전후 일본 사회의 지속과 변혁, 그 속에서 재일조선인의 발자취를 생각할 때 작지 않은 의미를 갖는다. 물론 1945년 9월 22일에 발표된 미국의 초기 대일방침(이하, 초기대일방침)은 '천황 및 일본 정부의 권한은 ······최고사령관에 종속하고, 후자는 전자를 이용하고자 이를 지지하는 것이 아니다'라고 하여 일본 정부의 행동 범위가 지극히 한정된 것임을 명확히 하고 있었다. 하지만 이유야 어떻든 일본의 점령통치를 추진하는 데 점령군 측은 천황을 포함한 일본 정부를 이용하지 않으면 안 되는 사정이 분명히 있었다. 이것이 점령통치 아래서 정책을 형성하고 실시하는 데 일본 정부가 독자적으로 주도권을 발휘할 수 있는 여지를 남기게 되었다. 따라서 일본 정부와 관료가 선택한 정책과제는 천황제의 유지(국체의 수호)에 있었던 점은 말할 것도 없다.

일본 정부가 정책수행에서 주도권을 유지하고 그 폭을 다소라도 넓히기 위한 유일한 방책은 GHQ의 정치변혁 의도를 가능한 앞서 정책화하고, GHQ의 개입을 되도록 회피하는 것에 있었다고 할 수 있다. 이 점은 초기대일방침의 분석 등을 통해 미국의 의도를 필사적으로 찾으려 했던 외무성의 인식에서 분명히 찾을 수 있다. 1945년 10월 9일자의 외무성 정무국 제1과가 작성한 것으로 보이는 문서에는 앞으로 일본 정부가 취해야 할 대응에 대해 다음과 같이 서술하고 있다.

> 일본의 변혁갱생을 위한 주체성을 회복하고 자발적으로 통치제
> 도를 정치·경제·문화 등 제반 분야에 걸쳐 시급한 시책요망을 수
> 립하여 그것을 강력히 수행하며, 그렇지 않으면 매사에 진주군으로
> 부터 명령을 받고…… 국가로서의 자주권을 전면적으로 상실하고,
> 기세가 향한 곳은 종전 결정 당시의 포츠담선언에서 항복조항의 수
> 락을 결정한 때, 제국의 의도는 무시되어 항복 후의 독일과 같이 선
> 택할 곳 없는 상태에 이르러 두려움이 매우 크다.
>
> 「자주적 즉결적 시책의 긴급수립에 관한 건
> (自主的即決的施策の緊急樹立に関する件)」, 외교사료관 소장

포츠담선언을 수락할 때, 제국의 의도가 국체 수호였다는 사실은 말할 필요도 없다. 이 국체 수호라는 점은 별개로 하고, 발본적이고 자주적인 개혁을 요구하는 외무성의 인식이 일본 정부·관료 전체에 공통된 것인지 어떤지는 모른다. 패전 처리를 둘러싼 당초의 일본 정부의 대응은 전시에서 평시로의 회귀를 기조로 하는 것이었다. 바꿔 말하면 제국헌법의 체계를 전제로, 근대 일본의 민주주의 절정기인 1920년대에 제시되었던 정당정치의 시대로 되돌아온 것이었다.

그러나 10월 9일은 초기대일방침에 이어, 공산당계를 포함한 정치범의 석방과 사상경찰의 폐지를 담은 '인권지령'(10월 4일)이 발표된 직후이다. 그 충격으로 히가시쿠니 내각이 붕괴된 것에서 엿볼 수 있는 것처럼 일본의 변화에 임하는 GHQ의 자세가 일본 측의 상상보다 훨씬 폭넓고 철저한 것임이 명백해졌다. 즉 외무성만큼 명백하지 않았다 하더라도 일본 정치제도의 근본적인 민주화는 천황제의 유지를 위해서는 솔선하여 진행할 수밖에 없다는 사실이 이 시점

의 일본 정부의 주된 인식이었다.

요는 민주화와 천황제의 유지라는 서로 모순된 원리가 화합하는 경계점을 일본 정부가 자주적으로 모색하고, 이것을 선점하는 것이었다. 신헌법의 입안 과정에서 GHQ 민정국의 개입을 야기한 것은 일본 정부의 자주적인 모색이 가장 중요한 곳에서 실패했다는 사실을 말해주고 있다. 하지만 미소냉전에 따른 점령정책의 전환이 명백해지기 전에도 일본 정부가 문제를 선점하여 그 나름의 자신의 의사를 관철시킨 사례가 없었던 것은 아니다. 패전한 해의 중의원 의원 선거법 개정도 거의 GHQ의 개입 없이 이루어낸 사례 중 하나라고 할 수 있다. 점령기의 재일조선인의 법적 지위가 정해진 것도 일본 정부가 자주적으로 이루어낸 선거제도의 개혁을 통해서였다.(「재일조선인·대만인 참정권 정지 조항의 성립(在日朝鮮人·台湾人参政権『停止』条項の成立)」, 미즈노 나오키)

전쟁 중의 익찬선거翼賛選挙(1942년 4월 도조東条 내각에 의한 제21회 총선거)에 의해 형해화된 의회의 쇄신은 GHQ의 점령통치가 시작되기 이전부터 일본 정부, 특히 내무성에 의해 착수됐지만, 그것이 본격화된 것은 히가시쿠니 내각을 이은 시데하라幣原 내각(10월 9일) 아래에서였다. 시데하라는 1945년 10월 10일 신내각의 기본방침에 대한 기자단의 질문에 대답하던 중, 익찬의회의 조기해산과 총선거의 필요성을 강조하면서 선거법의 발본적 개정에 대해서는 '이것을 하고 있으면……(총선거를 못 하게 된다)'라고 소극적인 자세를 드러냈다.(아사히신문朝日新聞 10월 11일자, 보충은 원문 참조) 하지만 내무성의 대응은 신속했다. 다음날 최초의 내각결의에서 호리키리 젠지로堀切善次郎 내상은 ①선거권, 피선거권의 연령 인하 ②부녀자참정권 ③대선거구제의 세 개 항목을 담은 근본적인 개정방침을 제시하고, 내각의 승낙을 얻었다. 당시 선거법 개정에 관여한 사카 치아키坂千秋 내무차관은 '우물쭈물하고 있으면 사령부에서 어떤 말을 할지 모른다, 말을 듣기 전에 빨리 해치워버리자'는 의식으로 선거법의 발본적 개정을 단행했다고 회고하고 있다.(『전후자치사IV(戰後自治史IV)』, 자치대학교 自治大学校 편)

그런데 10월 14일 아사히신문은 선거법의 개정 요점에 대해 관계 당국의 견해를 소개하던 중, 일본 내지에 거주하는 조선인, 대만인의 참정권에 대해서도 언급하고 있다. 그 내용은 '이 사람들은 국적을 이곳에 갖고 있고, 귀국하려 해도 그리 당장은 끝나지 않고, 또한 일본 내지에 영주하기를 희망하는 자도 다수 있기 때문에 선거권은 종래대로' 인정받는다고 하는 당시의 재일조선인의 실상을 나름대로 배려한 견해가 나타나고 있다. 23일에 정식으로 내각에서 결의된 중의원 의원 선거제도의 개정요강(이하 개정요강)도 대략 12일에 정해진 기본선에 따르는 것이며, 재일조선인·대만인의 선거권도 그대로 인정되고 있다. 그러나 불과 1개월 후인 11월 13일에 내각에서 결정된 개정 요강 안에는 '호적법의 적용을 받지 않는 자의 선거권 및 피선거권은 당분간 정지'한다는 호적조항이 추가된다. 이 재일조선인의 선거권을 부인하는 조항은 12월 15일에 성립된 새로운 중의원 선거법에도 그대로 적용시켜 버린다.

미즈노 나오키는 이 호적조항이 덧붙여진 경위와 일본 정부의 이론을 검토하고 있는데 이를 재일조선인의 문제로 한정해서 요약하면 대략 다음과 같다.

먼저 재일조선인의 참정권을 최초로 인정한 개정요강은 익찬의원의 구성을 남기고 있던 의회와 절충하고 심의하는 과정에서 강한 반대에 직면했다. 특히 도쿄재판에서 도조 히데키東條英機의 변호인으로 알려진 기요세 이치로淸瀨一郎는 극심하게 반발하여, 반대의 논거를 제시한 두 통의 의견서를 배포한다. 그 논거의 주된 내용 중 하나는 항복문서의 조인에 의해 조선인은 일본 국적을 이탈했다는 것이고, 다른 하나는 조선인에게 선거권을 부여하면 천황제를 향한 공격이 심화된다는 정치적 혹은 치안적 관점에 의거한 것이었다. 그런 기요세의 반대는 호적조항 추가에 일정한 영향을 미쳤다고 추정되지만, 그 자체는 재일조선인의 참정권을 둘러싼 내무성의 입장을 바꾸는 것은 아니었다. 미즈노는 이와 같이 번복한 이유를 11월 13일 내각결정 직전에 이루어진 내각법제국의 법안심사와 그 압박에 의한 것으로 보고, 당시 법제국 제2부(사토 다쓰오佐藤達夫 부장)가 작성한 것으로 보이는 '조선인·대만인의 선거권 문제'라는 문서를 제시하고 있다.

그 논지를 간단히 말하면, 조선인·대만인은 평화조약을 체결하기까지는 일본 국적을 갖지만, 일본인과 외국인의 중간적 위치에 있는 존재로 다루어야 한다. 따라서 법률상 표면적으로는 선거권도 갖지만, 권리 행사는 평화조약에 의거하여 조선인, 대만인의 지위가 확정될 때까지 정지한다는 것이다.

이 문서는 기요세의 인식과는 달리 항복문서 조인 후에도 평화조약을 체결하기까지는 재일조선인이 일본 국적을 갖는다는 사실을 일단 확인하고 있다. 게다가 평화조약 때에는 국적선택권 행사를 할 수도 있다는 사실도 시사하고 있다. 그러나 선거권에 대한 결론을 끌어내는 단계가 되면 대부분은 제국신민의 자격을 상실할 운명에 있다는 것이 전제가 되고 있다. 이 문서는 극비로 다루는 내부문서로, 만약 공개가 예정된 문서였다면 이처럼 억지스러운 논법은 취하지 않았을 것이다. 사실 이 문서에는 '정치적 고려'라는 글이 있는데, 미즈노는 그런 고려가 순수한 법률적인 관점에서 법안의 정합성을 심의하게 될 법제국의 논리를 왜곡하고, 내무성도 결국 이에 응한 것이라 보고 있다.

요컨대 내무성은 천황제를 향한 공격을 포함한 정치적·치안적 관점에서 기요세 등의 반대의견에 따라 움직이면서도 조선인이 일본 국적을 유지하는 이상, 참정권을 빼앗는 일은 법이론상 무리가 있다고 생각한 것이다. 정치와 법리를 둘러싼 이런 모순도 어떤 의미에서는 천황제 유지라는 지상명제와 자주적인 민주화를 둘러싼 애로사항을 표현하는 하나의 방법이었다고 할 수 있다. 그리고 정부 간의 법률해석을 전문으로 하는 법제국이 애로사항을 돌파하는 지혜를 짜냈고, 내무성도 그 지혜, 즉 일본인과 외국인의 중간적 지위라는 사고방식에 편승했다는 것이다. 그리고 말할 것도 없이 호적(일본내지호적)의 유무가 지위를 구별하는 기준이 되었고, 그것은 그후 점령통치 아래에서 국적상 일본인이라는 사실에서 비롯된 다양한 권리를 제약하는 기준이 된다. 즉 선거권을 둘러싼 호적조항의 성립은 재일조선인이 국적을 상실하게 되는 중대한 자취를 남겼다.

1945년 중의원 선거법 개정은 여성을 포함한 유권자 수를 단번에 3배인 2,100만 명으로 올려놓았다. 이는 전후 개혁의 금자탑 중 하나라 할 수 있는 성과를 남겼다. 게다가 '선거법 개정은 내무관료가 주도하고 내각의 지지를 받아 추진한 신일본 건설을 위한 개혁이며, 점령 당국에 앞서 이루어진 일본 정부의 자주적 개혁이었다'(「민주화

과정과 관료의 대응(『民主化』過程と官僚の対応)』) 아마카와 아키라天川晃). 선거법 개정에 GHQ가 거의 개입하지 않은 이유를 아마카와 아키라는 초기 총사령부의 체제 미비로 들고 있고, 소마 마사오 杣正夫는 인민의 대표기관인 입법부 존중이라는 이념적인 요인을 들고 있다.(『일본선거제도사(日本選挙制度史)』) 아마카와에 따르면 GHQ내에 정치개혁 담당부국으로 12월에 설치된 민정국에서는 개정 선거법 수정을 요구하는 의견이 많았지만, 조기 총선거 실시가 민주화에 중요하다는 판단에서 그대로 추인했다고 한다. 내무성이 선거제도 개혁의 하나로 채택했던 대선거구제는 익찬의원의 지반 와해라는 의미를 가지면서, 1946년 1월부터 민정국이 추진한 전쟁지도자의 공직 추방과 함께 총선거에 의한 의원구성의 일신을 기대할 수 있었다.

　GHQ가 일본 정부의 자주적인 선거법 개정을 추인한 것은 호적조항도 인정했다는 것을 의미한다. 아마도 민정국 내의 개정의견 중에서 호적에 대한 조항은 없었을 것이다. 미국 정부 자체는 전쟁 전 재일조선인의 상황과 전후 취해야 할 정책에 대해 일정한 인식을 갖고 있었다고 보이지만, GHQ는 적어도 점령 당초에는 조선인의 귀환을 추진하는 것 이외에 이렇다 할 방법이나 정책도 제시하지 않고 있다. 예의 해방민족이라는 규정도 결국 귀환을 위한 편의 제공으로 좁혀진다. 따라서 이 귀환을 추진하는 일을 제외한 재일조선인의 국적과 법적지위에 관한 문제는 전체적인 점령정책에서 보면 사소하고 부수적인 일로밖에 의식되지 않았던 것 같다.

　GHQ뿐만 아니라 애당초 개정선거법의 입안에서 통과에 이르는 모든 과정을 통해 재일조선인의 선거권과 호적조항 문제가 중대한 논점으로 논의되었던 흔적은 거의 없다. 국회의 주된 논점도 선거구제와 선거운동 규제에 관한 것이고, 기요세파의 반대의견도 관심을 끄는 일은 거의 없었다. 이런 사정으로 이 문제가 선거제도사와 점령사를 연구하는 연구자의 관심을 끌지 못했다. 재일조선인의 선거권 정지라는 문제는 전후 재일조선인의 행적에서 보면 중대하지만 점령사의 해명과 점령체제의 본질을 파악하는 데는 부분적이고 부수적인 것에 지나지 않는다고 암묵적으로 양해되고 있었던 것이다. 1945년에 결의된 선거법개정에 대한 현재의 연구 상황이 이 점을 단적으로 말해주고 있고, 이것이 천황제 유지 문제와 관계해서 논의되는 일은 거의 없었다.

그러나 앞서 언급한 바와 같이 만약 간접통치체제에서 초기 일본 정부의 대응이 천황제 유지와 민주화의 경계점 모색이었다면 선거법개정에 따른 호적조항 설정 역시 그 모색 속에서 강구해 낸 점령사의 본질과 이어지는 중대한 논점을 포함하고 있는 것이다. 따라서 선거법개정이 천황제의 논의와는 무관한 영역이고, 일본 정부가 자주적으로 이룰 수 있었던 민주개혁이었다는 견해는 재검토해야 할 것이다.

3. 법무부 민사국장 통달에 이르는 여정

초기의 점령개혁을 둘러싼 천황제와 민주화의 대립이 매우 극적인 모습으로 나타나는 부분은 바로 신헌법 제정과정이었다. 일본 정부의 헌법 개정을 위한 자주적인 움직임은 개정선거법에 대한 법제국 심사가 이루어지고 있었던 1945년 11월 중순부터 시작된다.

정부가 제시한 시안은 다음해 2월에 마이니치每日신문의 특종 기사가 되지만, 그 내용을 보면 '일본국은 군주국으로 한다'로 시작되어 민주화와 인권규정 등 메이지헌법과 다른 부분이 없어 GHQ를 크게 실망시킨다. 맥아더 또한 일본 정부와 마찬가지로 천황을 면책할 뿐만 아니라 전후 일본의 체제 형성에서도 천황제와 민주화의 양립을 생각하고 있었다. 그러나 기본적으로는 다이쇼 민주주의의 차원에 머물러 있는 일본 정부와 GHQ의 양립 내용을 둘러싼 간극이 커져서 일본 정부의 자주적인 민주화는 핵심인 신생일본의 골조와 관련된 부분에서 좌절하게 된다.

강요론으로 알려져 있듯이 그 후의 헌법 개정 작업은 주권재민, 전쟁 포기를 명기한 GHQ의 초안을 기본으로 진행된다. 일본 정부도 이 안은 천황 개인person을 보호하는 유일한 방법이라는 민정국의 설득에 따를 수밖에 없었다.(『신헌법의 탄생(新憲法の誕生)』, 고세키 쇼이치 古関彰一) 당시 연합국 내부에서도 호주와 소련과 같이 쇼와 천황의 전쟁범죄를 지적하는 목소리가 있었고, GHQ도 그런 국제여론을 고려하지 않을 수 없는 입장이었다. 그와 동시에 일본 정부를 설득하는 과정에서 휘트니 민정국장이 만약 이 안을 받아들이지 않으면 이를 직접 국민에게 공표한다고 언급한 점도 중요하다. GHQ가 제시한 선에서 민주화와 천황제를 양립시키는 일은 당시 여론의 동향에 부합된다는 사실을 일본 정부도 인정할 수밖에 없었다. 결국 신헌법은 주권재민이든 상징천황제든 당시 일본인의 국민의식을 나름대로 반영한 것이었다.

이렇게 통과된 신헌법은 궁중, 추밀원, 귀족원, 치안유지법 등 민의에 의한 정책 형성을 저해하고 왜곡해 온 제도적인 모든 요소를 일소하여, 국회를 통치구조의 최상위로 올려놓았다. 그것은 일본 국민이 통치의 객체에서 주체로 전환된다는 의미이다. 즉 국적상의 일본인이 갖는 의미의 전환을 제도적으로 강행하는 결정적인 것이 된다. 그러나 통치의 주체임을 의미하는 핵심이야말로 참정권이며, 재일조선인은 이 시점에서 일본 국민이 되었음에도 불구하고 참정권을 잃어버린 셈이었다. 애당초 상징천황제의 규정이 재일조선인을 이물질로 여겨 떼어내고 다시 태어나려 하는 일본 국민의 모습을 상징하고 있다고도 할 수 있다.

점령통치가 시작되는 시기에는 재일조선인 문제를 중시하지 않았던 GHQ는 일본 정부가 새로운 선거법에 호적조항을 포함시키는 것을 묵인했다. GHQ는 일본 측이 재일조선인에게 적용했던 중간적 지위라는 사고방식에 따른 차별논리에 대해서는 일관되게 수동적인 입장을 취했다. 그러나 GHQ는 신헌법이 시행되는 단계에서는 재일조선인이 완전한 일본인도 아니고 완전한 외국인도 아니라는 일본 측의 논리를 재일조선인의 통제를 위해 의식적으로 활용했던 구절이 있다. 재일조선인은 GHQ에게도 이미 국회를 통해 의사가 확인되는 통치주체의 일원으로는 볼 수 없는 존재가 되어있었다.

재일조선인은 이 단계에서 이미 신헌법이 상정하는 국민 밖에 놓여 있었다고 해야 할 것이다. 그러나 이 시기에 선택의 여지없이 일률적으로 재일조선인의 국적을 빼앗는다는 1952년 법무부 민사국장의 통달 방향이 일본 정부의 속셈으로 정해진 것은 아니었다. 자주 인용되듯이 1949년 12월 당시의 가와무라 마쓰스케川村松助 외무정무차관은 중의원 외무위원회에서 재일조선인의 국적 문제를 언급하며, '대체로 본인의 희망대로' 되리라는 전망을 하고 있다.

공개된 외무부의 내부문서를 이용하여 이 문제를 검토한 마쓰모토 구니히코松本邦彦에 의하면 대략 이 국회답변의 단계에서는 '일관하여 (국적)선택권이 상정되고, 그 경우 일본 국적을 선택하지 않은 자의 귀환 혹은 일본 정부의 송환권이 요망되고 있었다'고 한다.(「재일조선인의 일본 국적 박탈(在日朝鮮人の日本国籍剥奪)」) 예를 들면 1948년 2월에 작성되어 미국 측에 제출된 문서에 다음과 같은 구절이 있다.

> 평화조약의 체결에서 조선인이······ 국적 선택권을 갖을지는 미정이다. 선택권을 인정받는 경우, 조선 국적을 선택한 최대한 많은 조선인이 자국으로 귀환을 요구하도록 일본 정부는 조처하고자 한다.
> 한편 일본 국적을 취득하여 본국에 잔류하는 조선인의 대우에 관해서는, 일본 정부는 그들을 신헌법의 조문과 정신에 따라 공평하고 공정하게 처우하기 위해 일체의 보호를 그들에게 제공할 용의가 있다.
> 　　　　　　　　　　　　　　앞의 논문, 마쓰모토 구니히코

평화조약 대책연구에서 국적 문제는 피할 수 없는 중요문제 가운데 하나로 다루어지고 있었지만 그 경우 일본 정부의 최대 관심사는 식민지와 전쟁지의 재류일본인, 특히 재조일본인의 처우 문제였다. 인용문에 보이는 일체의 보호라는 대목은 그런 일본 측의 저의를 엿볼 수 있게 한다. 이 문서의 다른 부분에는 조선인 사회의 범죄적 경향과 과격주의에 대해 극구 비난하고, 일본 측이 재일조선인을 얼마나 귀찮게 여기고 있었는지가 분명하게 나타나 있다. 요컨대 이 문서는 일본 정부가 조선인 같은 무뢰한들에게도 국적 선택권을 주고, 일본적을 선택한 자는 이를 보호하므로 재일조선인에 대한 일본의 입장에 대해서도 연합국의 선처를 바란다는 것과 다름없다.

이 단계에서 일본 측의 정책은 국적 선택권은 인정하지만 조선적을 선택한 자에게는 본국으로 송환시킬 수 있는 권한을 요구하려는 것이었다. 일본 정부는 재일조선인을 귀찮은 존재로 간주하는 한편 조선에 살고 있는 일본인에 대한 선처를 바라고 있었기 때문에 철저한 배제 논리를 관철하지는 않고 있었다.

마쓰모토는 그런 선택권에 송환권을 더한 방향으로 전환한 것은 한국전쟁 발발 이후라고 하고 있다. 결국 일본 정부는 조선에 살고 있는 일본인의 본국 귀환이 거의 완료된 이후, 평화조약구상안에 재일조선인의 국적규정이 없다는 사실을 알고 국적의 회복과 귀화 문제를 민사국장 통달에서 구체화시키는 방식으로 전환했던 것이다.

GHQ는 강화조약을 체결(1951년 9월)한 후, 일본 정부에 국적 문제를 비롯한 재일조선인의 법적 지위에 대해 한국 정부와 교섭하도록 지시했고, 이를 계기로 1951년 10월부터 한일예비회담이 열린다. 이는 이후 13년 6개월간의 우여곡절 끝에 겨우 타협되는 한일회담의 시작이었다. 이 회담에서 일본 정부는 재일조선인의 국적 문제에 대해 자유재량권을 요구했지만, 한국 측도 '어떤 사람이 자국 국적을 갖는지에 대한 문제 및 귀화의 문제는 국제법상, 국내문제로 국제회의의 의제가 되는 성질의 사안은 아니다'(『전후일한관계(戰後日韓関係)』, 요시자와 후미토시吉澤文寿)는 태도였다. 이미 언급했듯이 혈연주의와 경술국치 그 자체를 부당한 것으로 보는 입장에서 한국이나 북한도 재일조선인은 당연하게 자국적을 회복할 것으로 생각하고 있었다.

1952년 4월 강화조약이 발효함과 동시에 재일조선인은 법무부 민사국장의 한 통의 통달에 의해 일본 국적을 잃었고, 법률 126호[9]에 의해 재류자격을 갖지 않고 일본에 재류하는 것은 가능했지만, 일반 외국인과 마찬가지로 신헌법의 인권규정이 미치지 않는 출입국과 외국인 관련규정의 적용을 받게 되었다. 결국 일본 정부는 재일조선인의 국적 확정에 대해서도 선거법을 개정할 때의 호적조항과 마찬가지로 미국과 한국의 관여를 거의 받지 않고, 그 의사를 관철시켰던 것이다.

4. 국적 상실의 의미

전후 동아시아에서 성립한 국민국가의 틀을 전제로 하면 법무부 민사국장 통달(이하, 통달)에 의한 국적의 상실 자체는 어떠한 비난도 받을 이유가 없을지도 모른다. 혈통주의 입장에 선 남북정부에서도 경술국치 자체가 애초에 무효인 이상, '일본 국적 상실의 조치가 어떠한 법적 근거나 절차에 의해 이루어졌든지 결과 자체는 당연한 것'(『한국·북한의 법제도와 재일한국인·조선인(韓国·北朝鮮の法制度と在日韓国人·朝鮮人)』, 김경득·김영달 편)으로 여겨졌다. 오히려 전후 양 정부는 거의 일관적으로 재일조선인이 외국인이라는 것을 전제로 하고, 그 특수한 역사적 사실을 근거로 한 처우 개선을 일본 정부에 요구해 왔다. 이는 이념과 관계없이 재일조선인 1세와 그에 가까운 세대에서 공통적으로 주장하고 있다. 또한 경술국치를 유효하다고 보는 일본 정부도 이런 주장에 편승하듯 통달에 관련된 법적인 의의에 대해 재일조선인의 국적을 경술국치 이전의 상태로 원상회복시킨 것이라고 합리화하고 있다.

이런 사고방식은 경술국치에서부터 통달에 이르는 40년이 넘는 세월을 살아온 재일조선인의 일상에 대한 고려가 부족한 데서 온 것이다. 전후에 일본에 남은 재일조선인은 전후에 성립된 일본을 비롯하여 한국, 혹은 북한이라는 국가의 틀에서는 명확히 규정할 수 없는 존재였다. 국적 선택권은 당시의 맥락에서는 명확히 규정할 수 없는 것을 정책적으로 구체화하는 유일한 길이었다고 본다.

나아가 경술국치부터 미군점령하의 신헌법 제정에 이르는 시기에 국적이 갖는 의미의 변화가 고려되어야 한다. 여기에서의 논점도 주로 그 점과 관련되어 있다.

교과서적으로 말하면 국적은 근대국가의 성립을 전제로 그 근대국가와 국민의 유대로 설명할 수 있지만, 유대를 형성하는 방식 자체는 시대와 함께 명확히 변해 왔다. 즉 유대는 국가에 강제되어 국가에 복종하는 관계에서 개인의 자유의식에 의거하는 국가와 국민의 관계로 이행하고 있다. 국가의 은혜와 국민의 충성이 오가는 신민으로서의 국적에서 시민의 권리와 의무관계의 국적으로 그 의미가 바뀌고 있는 것이다. 그러나 국적의 의의가 변화하는 것은 의회제도가 중심인 통치 조직의 전체적인 변화에 따른다. 즉, 국적의 의의 변화는 그 국적을 소유한 자가 속한 사회의 양상 혹은 변화에 따른 보장과 관련되며, 선거권의 유무는 시민으로서의 국적과 신민으로서의 국적을 구분하는 시금석이라고 할 수 있다.

기본적으로는 근대 일본도 제국헌법 제정에서 정당정치로, 나아가 점령통치 아래서는 신헌법체제로, 그런 국적의 의의 이행을 따라 걸어왔다고 할 수 있다. 신헌법의 제정은 이 이행을 결정적으로 추진했던 것이며, 재일조선인의 참정권과 국적이 이를 전후해서 상실

됐다는 데 그 의미가 크다 하겠다. 즉, 이 단계에서 재일조선인이 잃어버린 것은 1910년에 강요당한 그것과는 그 내용에 있어서 크게 달랐던 것이다.

물론 결정적으로 라는 표현은 신헌법이 이 이행이 다다르는 최종 지점에 있다는 것을 시사하고 있는 것은 아니다. 솔직히 말하면, 신헌법이 그 이행에서 어느 지점에 위치하는지를 필자는 모른다. 그러나 상징천황제의 규정은 참정권과 국적 상실이 없었다 해도 재일조선인이 국적상 일본인이라는 사실에 상당한 위화감과 압박을 가져왔다. 1세대들에게 그것은 국적의 의의 변화를 상쇄한다는 의미만을 갖는지도 모른다. 더욱이 신헌법이 국적에 얽힌 규정을 입법부에 맡기고 있다는 점도 중요하다. 일본의 국적법이 천황 중심의 단결된 국민 만들기를 위한 유력한 수단이 되어온 사실은 말할 것도 없다. 그러나 상징천황제가 국민의 총의에 의거하고, 국적제도는 입법부에 의해 정해진 이상, 신헌법 그 자체는 단결된 국민 만들기를 지지하는 제도의 변경과 형해화의 가능성을 닫은 것은 아니다. 즉 재일조선인이 국적상 일본인이면서 한편으로 조선인이라는 가능성을 닫는 것은 아니었다.

문제는 통달이 귀화라는 길 이외는 선택의 여지없이 일률적으로 재일조선인을 외국인 관리 아래에 두었다는 것이다. 국적과 국가에 대한 귀속을 둘러싼 여러 가지 선택지가 재일조선인에게 열려 있었다면 좋았을 것이다. 물론 당시의 상황에서 국적의 선택권이 주어졌다고 해서 일본 국적을 유지할 재일조선인이 어느 정도 있었을지 지금은 짐작할 길이 없다. 앞서 언급한 선택권에 송환권을 더하는 방식, 즉 조선·한국 국적을 선택한 자는 본국으로 송환한다는 방식이었다면 일본 국적을 선택한 재일조선인은 많았을지 모른다. 글자 그대로 자유로운 선택권이 주어진 경우라면 역시 일본 국적을 선택하는 재일조선인은 소수였을 것이다. 그렇지만 일본 국적을 선택한 자가 몇 명이든 그 존재가 일본 사회와 재일조선인 사회에서 가질 수 있는 의미는 크다 하겠다.

V. 일본공산당과 재일조선인

　1945년을 포함한 사반세기 동안 대부분의 재일조선인 마르크스주의자들은 일본공산당의 지도 밑에서 활동했다. 재일조선인과 일본공산당의 관계에 대한 최후의 일막을 장식한 것은 1950년대 후반의 화염병투쟁과 산촌공작대로 알려진 극좌모험주의 노선의 전개였다. 1955년에 이루어진 재일본조선인총연합회(총련)의 결성, 즉 재일조선인운동의 노선 전환은 극좌노선을 청산하고 재일조선인을 공화국(북한)의 공민이라 하고, 재일조선인의 운동은 일본공산당으로부터 명확히 자립했다.

　이 노선 전환의 의의는 공산국의 공민이라는 규정 그 자체보다도 재일조선인이 공화국의 공민으로서 일률적으로 규정되었다는 것에 있다. 그것은 정확히 1952년 법무부 민사국장의 통달이 재일조선인도 일률적으로 외국인으로 간주한 것과 표리의 관계를 이루고 있다.

　한편 당사자인 핵심 일본공산당은 당시의 문제를 어떻게 회고하고 있을까. 1955년은 당의 통일과 재생을 이루어낸 육전협(제6차 전국협의회)이 열린 해로, 일본공산당 역사의 큰 획을 긋고 있다. 1955년까지 일본공산당의 발자취 중에서 조선인 당원의 역할은 일의 성과에 상관없이 결코 무시할 수 없다. 1950년대의 극좌노선을 놓고 그 시대의 운동을 경험한 재일조선인 측에서 공산당에 끌려갔다든가 이용당했다는 식의 원망도 들리고 아직도 그 응어리는 풀리지 않고 있다. 무엇보다도 이 문제에 대한 평가는 그 후의 일본공산당의 재일조선인에 대한 견해와 정책에도 깊이 관계하고 있을 터이며 나아가 일본공산당이 지역사회의 일원으로서 재일조선인을 어떻게 평가하고 정책화하는지와도 연관된다.

본 장에서는 그런 문제의식에서부터 일본공산당과 재일조선인의 관계에 대해 역사를 거슬러 올라가 정리해보고자 한다. 주로『일본공산당의 70년(日本共産党の70年)』(일본공산당중앙위원회 저, 상·하2권, 신일본출판사, 1994년, 이하『70년』)에 의거하여, 1955년까지 이어진 일본공산당이 재일조선인과의 관계에 대한 견해와 입장을 생각해 본다.

1. 제2차 세계대전 전 시기

일본공산당은 1922년 7월에 사카이 도시히코堺利彦를 초대위원장으로 추대하며 창립된다.『70년』에 의하면 창립 당시 당원수가 백 명 이상이며, 핵심 당원에는 사노 마나부佐野学, 노사카 산조, 야마카와 히토시山川均 등 50명 정도의 이름을 들고 있다. 이 단계에서는 조선인의 이름은 없지만 이미 이때부터 재일조선인의 사회운동은 시작되고 있었다. 1920년대 초는 쌀 소동의 충격으로 시작된 다이쇼 민주주의의 기운이 높아진 시기이며, 일본으로 도항하는 조선인의 첫 번째 물결을 기록한 시기이기도 하다. 1922년에는 이미 6만 명 가까운 조선인이 일본에 있었다. 그런 가운데 일본공산당이 창당된 같은 해에 도쿄와 오사카에서 조선노동동맹회가 일어나 독자적인 재일조선인 노동운동이 시작된다. 1920년대 중반에는 조선공산당도 창립(1925~1928년)되었고, 재일조선인의 사회운동은 고양기를 맞아 도쿄, 오사카, 효고 등에서 11개의 노동단체가 결합해 재일본조선노동총연맹이 창립(1925년)되었다. 다음해인 1926년에는 조선공산당 일본부(1928년에는 조선공산당일본총국으로 재편)가 설치되어, 그 후에 결성된 신간회와 고려공산청년회 등의 지회와 함께 제1세대 재일조선인운동의 조직적인 진용이 이 시기에 형성되었다.

1920년대의 재일조선인 운동은 사카이 도시히코와 후쿠모토 가즈오福本和夫의 영향을 적지 않게 받았다고 하지만, 그 주된 과제는 본국의 민족적 해방이며, 일본공산당과는 적어도 공식적인 관계를 갖은 행적은 없다. 그러나 일본의 유력한 마르크스주의자와 그 조직 사이에서는 일찍부터 계급적 견지에서 일본인 노동자와 조선인 노동자의 일체화를 피력하는 계급적 해소주의의 관점이 우세했다. 이 점에서 야마카와 히토시의 다음과 같은 견해가 자주 인용된다. 야마카와는 '만약 일본의 노동운동이 이들 조선인노동자를 그 진열 안에 동화하고 결속할 수 없다면 조선인 노동자는 오히려 자본가 계급이 일본의 노동자를 타파하는 도구로 이용당할지 모른다'(『전위』, 1922년 9월)고 논하고 있다. 1920년대 후반에는 일본에서도 레닌의 제국주의론과 민족자결론이 이론으로 받아들여졌지만 '그것이 조선이라는 일본제국주의의 식민지를 대상으로 할 때에는 체계화와 논리 형성이 거의 이뤄지지 않았다'(『근대일본의 사회주의와 조선(近代日本の社會主義

と朝鮮)』, 이시자카 구라이치石坂蔵一). 그러나 일본공산당은 당시의 천황제에 맞서 정면으로 도전하고, 식민지의 해방을 주장한 거의 유일한 정치세력이었다. 그런 까닭에 국가를 생각하는 진중한 재일조선인이 손을 잡을 일본 정치세력을 찾는다고 한다면 일본공산당 외에는 없었던 것이다.

특히 1930년대가 되면 재일조선인 운동이 일본 공산주의운동으로 동화되거나 해산되는 것은 현실이 된다. 이는 코민테른[10]의 권위적인 지도가 결정적이었다. 1928년, 코민테른의 조선공산당에 대한 결정을 주도한 사람은 같은 해에 열린 코민테른 제6차 대회에 일본 대표로 참가했던 사노 마나부로 추측된다.(「코민테른과 조선(コミンテルンと朝鮮)」, 미즈노 나오키) 1925년에 창립된 조선공산당은 수차례 탄압을 받아 궤멸될 위기에 놓인 상태에서도 화요파, 서울파, ML파라는 파벌 간의 불화가 끊이지 않았다. 이에 대해 코민테른은 조선공산당의 재건을 지시하는 한편 코민테른 지부의 승낙을 취소하는 결정을 내렸다. 이 조치로 중국·일본에 있는 조선인 공산주의자는 각국의 공산당에 가입하게 됨으로써 코민테른도 그것을 인정했다고 한다. 이것은 일반적으로 일국일당一國一黨의 원칙으로 이해되지만, 코민테른의 결정이 이 원칙을 적용한 것인지 아닌지는 분명치 않다.

아마도 지부 취소에 관한 코민테른의 조치는 일국일당의 원칙보다는 탄압과 분파싸움으로 당 조직이 피폐해져, 즉 조선인 공산주의 운동의 자체적인 사정에 의해 내려진 것이다. 일국일당의 원칙은 이미 1924년에 마련된 코민테른의 규약에 있고, 만약 그것이 적용되고 있었다면 애당초 1926년에 설치된 조선공산당 일본부의 존재 자체가 있을 수 없었을 것이다.

그러나 현 실태는 일국일당과 계급적 해소주의로 이해되어 온 것 같다. 1930년 1월에 재일본조선노동총연맹이 전협(일본노동조합전국협의회)으로 편입할 것을 지시하고, 이어 다음해 12월에는 조선공산당 일본총국 및 고려공산청년회 일본부의 연명으로 해산성명이 『적기(赤旗)』에 발표됐다. 성명은 재일조선인의 당 조직이 '일본의 프롤레타리아운동과 아무런 유기적 관계없이 독립적으로 존재하고 있었던 점 자체가 변칙적인 사태이며, 애초 성립 초기부터…… 가까운 장래에 (일본의)프롤레타리아운동의 해체를 자신들의 역사적 전망으로 갖고 있었다.(『재일조선인운동사』, 박경식) 그러나 이는 이해관계가 뒤바뀐 것이라 생각한다. 일의 경위에 비추어보았을 때 재일조선인의 일본공산당 합류가 변칙적인 것이다.

일본공산당이 재일조선인을 받아들이는 수용 태세는 해산성명 이전에 이미 준비되어 있었다. 일본공산당은 1931년 5월에 가자마 쇼키치風間丈吉의 통솔로 민족부를 만들어 재일조선인의 지도를 맡게 했다. 소위 민족대책부(민대)의 시작이었다. 그런데 이 시기의 재일조선인은 일본공산당 안에서 어느 정도의 비중을 차지하고 있었을까? 이 점을 치안유지법의 검거자 수로 살펴보면 1932~1934년의 재일조선인 피검거자는 3,044명으로 전체의 9.8%를 차지하였고 오사카에서는 28.6%나 되고 있다. 더욱이 월별 입당자 수에서 피검거자 수를 뺀 잔존 당원 수를 산출한 니시카와 히로시西川洋의 연구(「재일조선인 공산당원·동조자의 실태(在日朝鮮人共産党員·同調者の実態)」)에 의하면, 1932년 9월에는 잔존 당원 수가 500명으로 최대였는데, 같은 달의 조선인 입당은 52명이었다. 즉, 2차 세계대전 전시기가 공산당의 최대 전성기였으며 당원의 10% 이상을 재일조선인이 차지하고 있었다. 조선인 당원들은 대부분 하부세포의 일원으로 활동했고 많은 사람들이 체포되고 희생되는 것을 피하지 못했지만 적극적인 활동으로 당 간부로 승진하는 사람도 적지 않았다.

일본공산당의 조직적인 활동은 1934년 무렵에는 어이없이 허물어지고 만다. 일본이 군국주의와 침략전쟁에 몰두하면서 조선인을 포함한 대부분의 공산주의자는 전향하거나 감옥에 수감된 채 패전의 날을 맞는다. 그러던 중 일국일당의 원칙만은 조선인이 일본공산당에 합류하게 된 사정과는 관계없이 독자적으로 전후라는 전혀 다른 상황 속에서도 계속 살아남았다.

2. 제2차 세계대전 후 시기

패전으로부터 2개월이 지난 1945년 10월 4일에 GHQ가 인권지령을 발표하고, 전후 옥중에 있던 일본공산당원이 풀려나게 된다. 이후 1953년 10월에 북경에서 객사할 때까지 일본공산당을 이끌게 되는 도쿠다 규이치는 시가 요시오, 김천해 등과 함께 10월 10일에 후추형무소에서 석방됐다. 석방되기 전날 미야모토 겐지宮本顯治가 아바시리網走형무소를 나오고, 이보다 조금 늦은 19일에 하카마다 사토미袴田里見가 미야기宮城형무소에서 출소했다. 노사카 산조는 이 무렵 중국의 연안延安에 있었고, 1946년 1월에 일본으로 귀국한다.(일본공산당의 조사에 의하면 노사카는 그동안 모스크바를 극비리에 방문하여 소련 공산당과 접촉했다고 한다) 12월 1일에는 19년 만에 당 대회(제4차)가 열리는데, 이 대회는 일본공산당이 역사상 처음으로 공개적으로 개최한 당대회가 된다. 대회에서 선발된 중앙위원 7명 중에는 김천해의 이름이 있고, 마찬가지로 7명으로 이루어진 중앙위원 후보 중에 관서지역 조선인의 지도자 격이었던 송성철의 이름이 올라와 있다. 또한 중앙위원회의 전문부專門部 속에 조선인부(훗날의 민족대책부)가 설치되어 김천해(부장), 김두용(부부장), 송성철宋性徹, 박은철 등이 배속되었다.

제4차 당대회에 앞서 10월 15일, 16일 양일에는 재일본조선인연맹(이하, 조련)의 중앙총본부의 결성대회도 열렸다. 이 대회는 공산당 간부의 출소에 힘을 얻은 김두용, 박은철 등 공산당원의 주도권이 개입한 가운데 진행되어, 대회 이틀째에는 협화회, 흥생회 등 제2차 세계대전 전부터 일본과의 융화를 도모하는 단체의 보직에 있었던 일원이 힘으로 배제당하는 장면도 있었다. 조련의 결성을 요약하면 일본 각지의 재일조선인의 아래로부터의 다양한 자발적인 움직임과 조선인 공산주의자의 위로부터의 지도가 결합하여 실현되었다고 할 수 있다. 적어도 초기의 조련은 다양한 타입의 민족주의자를 포용하고 있어서 일본공산당의 지도 방식도 그다지 직설적이지 않았다. 운동 방향도 본국 지향과 일본의 민주화 지향 사이에서 적잖이 흔들리고 있었다. 박경식과 양영후에 의하면 조련이 후자의 방향, 즉 공산당과 연동한 형식의 운동으로 급속히 빠지게 되는 것은 1948년 1월에 조련 내의 민족파라고 불렸던 백무白武가 제명된 무렵부터라고 한다.(『체험으로 말하는 해방 후의 재일조선인 운동(体験で語る解放後の在日朝鮮人運動)』, 박경식·장정수張錠壽·양영후·강재언)

다만 1947년까지는 본국 지향인지, 일본의 민주화 지향인지를 나누는 경우, 본국 지향은 남한의 좌파세력과의 결속을 의미하고 있었다. 조련은 1946년 2월에 결성된 남조선민주주의민족전선(민전)

에 가맹하고, 서울에 출장소를 두어 인력도 파견하고 있었다. 조련이 일본의 민주화 지향으로 기운 것은 1946년 대구를 중심으로 일어난 10월 항쟁(158쪽, 주석6 참조)에서 패배함에 따라 남한의 좌파세력이 심하게 쇠퇴되는 것과도 관계가 있다. 그러나 조련은 1948년경이 되면 김두용과 송성철과 같은 간부가 북한으로 건너가 북한노동당과의 결속을 강화시킨다. 나아가 코민포름[11]의 창설(1947년 9월)과 중국혁명의 승리(1949년 10월)를 거쳐 1950년대가 되면 일본공산당의 활동 자체가 동아시아에서 행해지는 전체 혁명운동의 맥락에 위치하게 되어, 본국 지향인지 일본의 민주화 지향인지라는 논점 자체가 의미를 잃어갔다.

점령 정책이 이미 역코스의 한가운데에 와있었고, GHQ와 그 뒤에 있던 일본 정부는 좌경화된 조련을 매우 성가신 존재로 여겼다. 본장의 Ⅲ에서 기술한 바와 같이 1948년 4월에는 한신지역을 중심으로 조선인학교에 대한 대탄압이 이루어졌고, 조련은 탄압에 맞선 조직적인 대응[12]으로 이듬해 4월에 한신교육사건 1주년 기념대회(고베)에서 조선인의 일본공산당 집단 입당을 호소해 이날 하루에 358명, 7월까지 1,300여 명이 입당했다.(같은 책, 김태기) 이러한 「일본 내의 조선 소수민족의 불복종(maladjustments)」(Recent Korean Activities in Japan)은 일본 정부와 GHQ를 초조하게 만들었다. 1949년 9월 '단체 등 규정령' 제2조 1호의 점령군에 맞서 반항하거나 혹은 반대하거나 또는 일본 정부가 연합국 최고사령관의 요구에 의해 발표한 명령에 맞서 반항 혹은 반대한 단체인 조련은 해산당하고, 김천해를 비롯한 조련간부 19명은 공직 추방 처분을 받는다.

전후의 재일조선인에 대한 일본공산당의 방침은 김두용의 『전

위』창간호(1946년 11월)에 게재한 논문(「일본의 조선인 문제(日本における朝鮮人問題)」)과 1946년 8월의 공산당 제4차 확대중앙위원회에서 채택된 '8월 방침' 등에 드러나 있다. 1930년대의 사상이 거의 그대로 이어져 '지금까지 조선인이 이루어온 민족 투쟁을 일본의 인민해방 투쟁 방향으로 연결'(김두용 논문)시키거나, '조련은 가능한 하부조직의 노골적인 민족적 편향을 억제하고 일본의 인민민주혁명을 지향하는 공동 투쟁의 일환으로서 그 민족적 투쟁방향을 제시할 필요'(8월 방침)가 있다는 점이 강조되고 있다. 『전위』에 논문을 게재한 김두용은 1930년대에도 조선인 노동단체가 일본공산당계 노동조합(전협)으로 흡수되는 데 힘썼던 인물이다. 그는 계급적 해소론의 대명사와 같은 인물로, 일본공산당의 제5차 당대회(1946년 2월)에서는 중앙위원 후보에 선출되지만, 1948년에는 완전히 바뀌어 북한노동당의 중앙위원 후보가 된다.

일본공산당의 조선인 정책이 1930년대 전반의 방침을 이어받고 있었던 것은 1930년대 후반부터 패전에 이르는 10여 년 동안, 당의 활동이 거의 공백기(혹은 사고정지의 가사상태)에 있었기 때문이라 여겨진다. 코민테른의 제7차 대회(1936년)가 다양한 형태의 운동이 존재한다는 사실을 인정해서, 통일전선과 인민전선을 제기했을 때는 대부분의 일본공산당 간부는 옥중에 있거나 여기저기 흩어져 자취를 감추고 있어서, 그 뜻을 정확히 받아들인 자는 많지 않았을 것이다. 패전 후 출옥에 맞춰 공산당의 수뇌진은 우선 1932년 강령선에 서라는 의사 통일이 이루어졌고 '도쿠다를 비롯한 당 수뇌부의 발상은 1932년 강령에 규정되어 있었다'(『어느 환희의 노래(ある歡喜の歌)』, 오쓰카 시게키大塚茂樹). 1932년의 강령은 일본 자본주의의 절대주의

적인 성격을 강조하여 2단계 혁명론을 제기한 것이지만, 사회파시 즘론으로 알려진 시야가 좁은 분파주의의 성격을 적잖이 갖고 있었다.

노사카 산조는 패전 후, 일본공산당 노선의 궤도 수정에 일정한 역할을 했다. 노사카는 일본공산당의 공백기에는 모스크바, 미국, 연안 등에 있으면서 1936년 이후의 국제공산주의운동 방향 전환에 직접 입회하여 의미를 숙지하고 있었다. 『70년』은 노사카가 가부장적이고 독선적인 도쿠다를 추종하고 있었다고 하지만, 이 시기에 평화혁명론이라는 유연노선이 일본공산당의 방침으로 이어지고 있다는 사실은 노사카의 역할이 컸기 때문으로 보인다. 유연노선은 1949년 1월 총선거에서 대약진(1947년 선거에서의 약 100만 표, 4의석에서 약 300만 표, 35의석이 되었다)으로도 이어지지만, 점령 정책이 역코스로 전환되어 더욱 엄해짐에 따라 그 모순점도 눈에 띄기 시작한다. 9월에 단행된 조련의 해산에서도 점령군과의 대결을 회피하려는 일본공산당의 입장을 드러낸 어정쩡한 자세가 보인다. 와다 하루키和田春樹에 의하면 이에 대한 조선인 당원의 불만이 심했으며, 조련 해산 후에도 조선인 공산당원의 활동은 당분간 일본공산당의 직접적인 지도 아래서 계속되었지만 공산당은 조선인의 집단입당을 환영하지 않았다고 한다.[13](『한국전쟁(朝鮮戰爭)』)

3. 50년대

조련 해산에 효과적으로 대처하지 못했던 일본공산당은 이 무렵에는 노동운동에서도 지도적인 영향력을 잃어 가고 그 활동은 확연

히 정체상태에 빠져 있었다. 코민포름비판(코민포름 기관지의 옵서버 논평「일본의 정세에 대하여(日本の情勢について)」[1950년 1월]이하 논평)이 일본에 전해진 것은 바로 이런 시기였다. 이 논평은 노사카를 지명해서 비판하고 평화혁명론을 심하게 비난함과 동시에 점령군에 맞서 대결할 것을 당부했다. 이를 둘러싸고 주류파인 도쿠다와 노사카는 기존의 입장에 서서 코민포름비판을 거부한다는 '『일본의 정세에 대하여』에 관한 소감'(이하, 소감)을 중앙위원회정치국의 이름으로 발표했다. 기존당의 주도권을 갖지 못했던 시가와 미야모토는 그런 당주류의 자세를 비판하고 코민포름비판을 수용하도록 요구했다.(앞의 책, 와다 하루키) 이른바 소감파와 국제파의 당내 대립이 이렇게 시작되었다. 그러나 1950년 1월 17일, 중국공산당의 코민포름비판에 동조하는 논설이 인민일보에 게재됨으로써 소감은 철회되고, 노사카는 자기비판을 할 수밖에 없었다. 혁명 후 얼마 지나지 않아 중국은 소련 지향 일변도를 걷고 있었고 중국과 소련 양 공산당의 결합은 매우 강했다.

　이 무렵 동아시아는 중국혁명을 진원지로 하는 반제反帝민족혁명의 고양기였다. 중소 양 공산당의 권위와 강경노선에 선동되어 동아시아 각지의 혁명운동이 단숨에 급진화하고 있었다. 코민포름비판에서 보이는 중소 양 공산당의 자세는 중국혁명 이후의 아시아 정세를 미국에 대한 전면적인 공세기攻勢期라고 보고, 미국의 거점이었던 일본 내에서 일본공산당이 적극적인 반제투쟁에 나서는 것을 촉구했다. 민족운동의 열기가 온 아시아의 대지를 뒤덮는 가운데, 일본공산당만 홀로 독자노선을 밀고 나갈 수도 없었을 것이다.

　일본공산당중앙위원회는 1950년 3월 22일에 전면강화와 민주민족전선정부수립을 호소하는 호소문(민족의 독립을 위해 전인민제군에게 호소한다)을 발표한다. 이것은 일본공산당이 코민포름비판을 받아들여, 점령군과 대결해 갈 것을 공식화하는 것이었다. 이는 소감파와 국제파의 논쟁점은 해소한 것이지만, 양 파派 간의 틈은 메워지지 않았다. 한편 맥아더는 5월에 일본공산당을 강하게 비난하면서 비합법화를 암시하는 성명을 발표하고 6월에는 공산당간부 24인의 공직 추방을 단행한다. 결국 도쿠다, 노사카 등의 주류파(소감파)는 시이나 에쓰로椎名悅郎를 의장으로 하는 임시중앙지도부에 표면상 당의 지도를 위임하고 자신은 지하로 잠행할 수밖에 없었다. 동시에 주류파는 GHQ의 탄압이 감행되는 북새통을 이용해서 부당하게도 미야모토 일당의 비주류(국제파)를 분파주의자라는 이유로 배제했다는 것이 『70년』의 변명이다.

한국전쟁의 발발은 이런 시대의 흐름을 단숨에 가속시켰다. 일본공산당의 민족대책부(이하, 민대民對)는 6월 28일, 조국방위중앙위원회를 조직함과 동시에 각지에 조국방위위원회(이하, 조방위祖防委)와 그 아래에서 활동하는 조국방위대를 설치하기로 결정했다. 이 시기에 김천해는 일본 내 조선인당원의 지도를 박은철에게 위임하고 북한으로 건너갔고(6월 15일이라고 보고 있다), 조방위를 조직할 때는 북한의 지시가 있었을지도 모를 일이다. 박경식은 조방위를 '조국의 방위와 조직의 방위강화를 목적으로 한 군사활동 기관'(『해방 후 재일조선인운동사』)이라고 하고 있지만, 공산당 주류파가 중국혁명형의 군사방침을 주장하기 시작한 것은 10월 경부터였다. 도쿠다는 8월말, 노사카는 9월에 북경에 건너가 북경기관을 조직하고 중소 양 공산당의 영향 아래서 일본 혁명운동을 지도하기 시작했다. 일본공산당

자체의 군사방침은 그런 중소 양 공산당의 의향에 따른 것이었다. 북경기관이 조직된 이후에 일본공산당의 활동은 동아시아에서 이루어지는 전체 혁명운동의 맥락에서 평가받게 된다.

1951년 2월의 4전협(제4차 전국협의회)에서는 군사방침이 정식으로 결정되고, 이후 재일조선인도 군사방침의 선두에 서서 실력투쟁에 나섰다. 1951년 1월에는 조련의 후계조직으로서 한국전쟁 시작 전부터 현안이었던 재일조선통일민주전선(이하, 민전民戰)이 결성되었다. 4전협은 민전에 대한 일본공산당의 방침을 제시하는 회의이기도 했다. 민전 결성대회에서는 '우리들은 조선민주주의인민공화국을 사수한다'라고도 밝혔지만, 사전협은 재일조선인을 일본의 소수민족으로 간주 있었다.(「민전시대와 나(民戰時代と私)」, 강재언)

조방위를 중심으로 하는 군사노선은 공산당의 5전협(제5차 전국협의회 1951년 10월) 이후에 점차 확대되어, 1952년 5월의 황거皇居 앞에서 일어난 피의 메이데이 사건, 6월의 오사카의 스이타 · 히라카타 사건 吹田 · 枚方事件,[14] 7월의 나고야의 오스大須 사건[15] 등으로 정점에 이르고, 화염병과 황산병은 물론, 히라카타 사건에서는 시한폭탄도 사용되었다. 그사이에 비주류인 국제파는 거의 당 활동에서 소외되어 하카마다 사토미처럼 자기비판을 하고 주류파로 전환하는 자도 적지 않았다. 미야모토 겐지는 1951년 1월에 급서한 미야모토 유리코 宮本百合子의 『전집(全集)』의 해설을 쓰고 있었다.(『70년』) 조선인 당원 대부분은 주류파에 속해 있었지만, 극소수이기는 하나 국제파와 행동을 함께 하는 자도 있었다. 1951년 5월 10일자의 민대 전국대표자회의에서 결정된 「재일조선인운동의 당면 임무」에는 '야마구치山口 현과 후쿠시마福島 현에 있는 분파에 가맹한 조선인당원은 월간투쟁

중에 대량 돌아왔다. ……각 지구 민대의 원래 책임자도 한 곳을 제외하고 전원 복귀했다'라는 한 구절이 있다.

민전 내부에서도 일본혁명을 중시하는 주류파(공산당파)와 조선민주주의 인민공화국의 사수를 호소하는 조국파의 대립이 있었는데, 전자가 주도권을 잡고 있었다고 한다.(앞의 책, 김태기)

일본공산당의 군사노선은 당과 재일조선인을 일본 사회 속에서 절망적일 만큼 고립시켰다. 1953년 4월에 실시된 중의원선거에서는 재일조선인도 조직 전체가 공산당의 지원활동에 몰두했지만 당선자는 겨우 한 명이라는 참담한 결과로 끝났다. 7월에는 한국전쟁이 휴전되고, 10월에는 도쿠다 규이치가 북경에서 객사하여 1954년에는 북경기관 자체에서 군사노선을 재검토하기 시작했다. 1954년 8월에는 북한의 남일南日 외상이 '재일조선인을 공화국의 공민'이라 발표한 성명의 영향으로 민전의 방침이나 일본공산당의 조선인정책이 흔들리기 시작했다. 1955년 1월에 「재일조선인운동에 대하여」라는 일본공산당 중앙지시가 내려졌는데, 그 내용은 '재일조선인에게 일본혁명에 협력하게 하려고 의식적으로 끌어들인 것은 분명히 잘못'이라고 하는 한편 '단, 당에 입당한 모든 동지들은 당의 목적과 규율에 따라서 행동해야 한다는 사실은 말할 필요도 없다'고 할 만큼 매우 혼란스럽다.

그로부터 2개월 후인 3월 3일에 발표한 민대중앙확대회의의 맺음말에서는 '신강령은 일본혁명을 위한 것이며, 우리들은 조국을 유지하기 위해 활동해야 하고, 그 목적이 달라졌으므로 당적을 이탈한다'고 한다. 신강령은 1951년 10월 5전협에서 채택된 일본공산당의 당면요구-새로운 강령을 지칭한 것이다. 그렇다면 3년 이상이나 지난 지금에 와서 새삼스럽다는 감정을 부인할 수 없다. 1955년 5월의 노선 전환=재일조선인총연합회(이하, 총련)이 결성되어, 7월 하순에는 민대의 마지막 전국대표자회의가 열리고, '재일조선인운동의 전환에 대하여'가 채택된다. 거기서는 '외국거류민으로서의 틀을 넘어서 일본의 내정에 간섭하고, 일본의 주권 타도에 재일조선인을 동원한 과오를 범한 것을 인정하고, 종래 일본공산당에 속했던 조선인 당원은 일본공산당에서 그 적籍을 이탈해서, 재일조선인운동의 성격과 내용에 적합한 독자의 전위세력으로 조직하지 않으면 안 된다'고 하고 있다.

그리고 7월에는 미야모토 겐지 등의 비주류파도 참가하는 6전협(제6차 전국협의회)이 개최되고, 그때까지의 극좌모험주의 노선과의 결별이 분명해졌다. 코민포름비판 이후, 5년에 걸친 분열과 혼란에 일단은 종지부를 찍은 셈이었다.

4. 『일본공산당 70년』

『70년』은 지금의 일본공산당이 창립 이후의 행보에 대해 어떤 생각을 하고 있는지를 공식적으로 표명하고 있다. 1988년에는『일본공산당 65년』이 간행되었지만, 그 후에 소련이 붕괴되는 세계사적인 사건이 일어나서, 『70년』의 기술에서는 구소련이 은밀히 가지고 있던 일본공산당과 관계된 자료가 이용되고 있다. 특히 노사카 산조에 대한 기술이 눈길을 끈다. 노사카가 스탈린의 대량숙청의 시기에 코민테른에서 활동하고 있던 야마모토 겐조山本懸蔵를 근거도 없이 고발하고 죽음으로 몰아넣었다고 하고 있으며, 노사카 자신도 고발한 사실을 인정한 것으로 보인다. 또한 노사카는 2차 대전 후에도 '소련 정보기관의 공작원, 즉 내통자로서의 임무를 띠고 모든 의미에서 도쿠다 못지않게「50년 문제」에서 유해한 역할을 했다는 사실도 한층 분명해졌다'고 한다.「50년 문제」즉, 코민포름비판으로 시작되는 일본공산당이 분열할 무렵 '스탈린이 일본공산당에 대한 간섭 의도를 간파하고 가장 충실하게 추진한 사람이 소련 정보기관과 결탁한 노사카였다'는 것이다. 일본공산당은 야마모토 겐조 사건과는 별도로「50년 문제」에 대해서도 1992년, 상임간사회가 주최하는 노사카의 백세를 축하하는 모임에서 자기비판을 요구했다. 그러나 노사카는 '도쿠다에게 동조했던 이유는, 도쿠다의 난폭한 성격을 눌러서…… 분열 후의 당을 크게 남길 수 있다고 생각했기 때문이며, 그것이 실수였다'는 범위에 머무르고 있다.

어쨌든, 일본공산당은 조선인운동과의 관계를 어떤 식으로 회상하고 있는 것일까? 놀랍게도『70년』에서는 이 문제가 대부분 누락되어 있다. 이미 서술한 바와 같이 30년대 전반의 일본공산당원의 10% 정도는 조선인 당원으로 추측되지만, 당의 창립에서 패전까지의 2단계 조직으로 150쪽에 이르는 기술 속에 조선인 당원에 대한 기술은 단 한마디도 찾을 수 없다.『70년』은 전후에 대해서도 후추형무소에서 출옥한 지도적인 간부나 당원으로 도쿠다 규이치 외에 7인의 이름을 들고 있지만, 그 가운데 김천해라는 이름은 보이지 않는다. 김천해라는 이름은 당간부들이 출옥한 직후에 만들어진 당확대강화촉진위원회의 7인 중에 한 사람으로 처음 등장한다. 1945년 12월, 제4차 당대회에서 선출된 중앙위원 가운데 김천해와 중앙위원후보에 송성철이라는 이름이 있으며, 1946년 2월의 제5차 당대회에서는 중앙위원후보에 김두용, 박은철이 새로이 추가 된 것이 확인되지만, 왜 당간부에 조선인이 있는지에 대한 설명은 전혀 없다. 게다가 『70년』에서 조선인에 대한 기술은 이것이 전부이다.

이처럼 함구해 버리면 행간에서 조선인 문제에 관계된 논점을 찾아낼 수밖에 없다. 아무튼 조선인의 운동도 큰 타격을 입었던 「50년 문제」의 관점에 대해 살펴보겠다. 와다 하루키도 언급(앞의 책)한 바와 같이, 일반적으로 이 문제는 코민포름비판을 동기로 하는 주류파인 소감파와 비주류이며 소수파인 국제파로 분열되고, 전자가 주체가 되어 중소 양 당을 추종하는 극좌노선을 펼친 것으로 이해된다. 지금까지 서술해 온 바와 같이 조선인 당원의 비극도 그런 가운데 일어났다. 그러나 『70년』은 이것이 통속적인 저널리즘의 견해일 뿐이며, 문제의 중심을 슬쩍 바꾸어 놓는 유론이라고 한다. 『70년』에 의하면 '사태의 본질은 노선논쟁보다도 당의 규약이나 결정을 무시한 수법이 불러일으킨 도쿠다·노사카 분파의 발생과 당중앙위원회의 해체에 있다'고 한다. 이 시기의 중소 양 당에 대한 추종과 극우노선도 도쿠다·노사카 분파에 의한 것이며, 미야모토 겐지 등의 비주류파는 전혀 알 수 없는 일이었다는 것이다. 따라서 '재일조선인을 일본혁명에 협조하게 하기 위해 의식적으로 끌어들인(앞의 책, 1955년 1월의 일본공산당 중앙지시) 것은 미야모토 겐지 일당에게 책임이 없다는 것이다.

『70년』은 미야모토 겐지와 시가 요시오를 동일시하여 국제파라고 하는 것을 싫어했던 것 같다. 시가의 방법에는 분명히 분파활동이라고 할 만한 부분이 있지만, 미야모토 겐지는 그런 시가에게는 비판과 경계의 태도를 취하고 있었다고 한다. 그러면 미야모토는

좋게 말하면 국제파이고 나쁘게 말하면 중소 양 당에 대한 추종과는 관계가 없던 것일까. 『70년』은 이 점에 대해서도 거의 함구하고 있지만, 다음과 같은 미야모토의 반성으로 받아들일 수 있는 한 구절이 미야모토가 1988년에 쓴 책(『50년 문제의 문제점에서(50年問題の問題点から)』)에서 인용되고 있다. 즉 코민포름비판에서 1951년 8월의 '4전협에 대한 코민포름의 보도가 나올 때까지 내 자신의 코민포름관은 크게 변하지 않을 수 없었다'고 하고 있다.

와다 하루키는 미야모토의 논평(1950년 3월 5일자 「붉은 깃발」)이나 미야모토가 주도했던 비주류파인 전국통일위원회의 성명(8월 31일) 등을 근거로, '분명히 국제파 쪽이 중소 측과 북한 측에 서서 미국과 싸운다는 방향성'(앞의 책)을 가지고 있었다고 한다. 이에 대해서 노사카 일당은 소감이 바로 그런 것처럼 코민포름비판을 받아들이는 것을 망설이고 있었던 것 같다. 그런 의미에서 상대적으로는 노사카 쪽이 오히려 자주적인 방향을 모색하고 있었다고 할 수 있다. 노사카 일당인 주류파가 완전히 중소 양 당을 추종하고 군사방침에 착수한 것은 1950년 10월로 북경기관이 만들어질 무렵부터이다.

『70년』이 노사카가 당초부터 소련의 정보기관의 앞잡이였다고 일부러 강조한 것은 중소 양 당에 대한 추종을 오로지 주류파가 범한 과오로 그려내려고 하는 의도에 의한 것이리라. 그러나 이미 소개한 바와 같이 노사카의 「50년 문제」에 대한 자기비판은 도쿠다에 대한 추종이라는 범위에 머물러 있다. 노사카는 그에 대해서는 어쨌든 소련의 앞잡이 운운하는 것은 생트집이라고 생각했을 것이다.

아무리 조심스럽게 보아도 중소를 향한 추종이라는 자세는 주류, 비주류의 양 파兩派가 함께 공유하고 있었다고 할 수 있다. 그만큼 당시로써는 중소 양 당의 권위는 절대적이었다. 미야모토 일당의 비주류파는 간혹 파벌싸움에서 패배함으로써(즉, 중소 양 당이 주류파의 승리를 판정한 일에서) 그 후의 극좌노선의 주체가 되지 않아도 되었다. 그러나 당시의 상황에서 중소를 추종하는 문제와 극좌노선의 문제를 분리해서 생각할 수가 없었던 것일까.

이렇게 해서 『70년』에서 「50년 문제」를 보는 시각은 당시의 주류파의 분파행위에 대한 비판과 그 연장선상에 있는 중소 추종과 극좌노선 비판, 그에 대한 미야모토 겐지를 옹호한다는 것으로 일관하고 있다. 조선인과의 관계에서는 「50년 문제」가 없어도 1930년대 이후의 조선인 당원의 존재를 어떻게 생각하는가 하는 문제가 남는데 『70년』은 이 문제에 대해서는 일체 함구하고 있다. 호의적으로 해석하면 그것은 조선인 자신의 문제이므로 일본공산당으로서 왈가왈부하는 것은 내정간섭이라고 인식할지도 모르겠다. 「50년 문제」에서 시작되어 대국의 간섭에 의한 일본공산당이 전후의 행보 속에서 입은 상처의 깊이를 생각한다면 일본공산당이 내정간섭 문제에 신경을 곤두세우는 것은 나름 이해를 할 수 있다. 총련의 결성이나 6전협 등의 「50년 문제」의 뒷마무리 과정에서 끊임없이 강조된 것도 내정간섭의 문제, 구체적으로 상호의 불간섭을 취지로 하는 주권국가 또는 국민의 원리였다.

한국전쟁이 분단의 아픔으로 끝났던 1950년대의 중반이 되면 동아시아혁명의 폭풍도 가라앉고 평화5원칙인 주권존중과 평화공존, 영토보전과 내정불간섭이라는 주권국가의 이념이 아시아 지역의 시대적 사조가 되기에 이른다. 아시아의 자립과 해방 문제가 이른바 국가라는 틀을 뛰어넘는 영속혁명의 문제에서 국민국가로서의 자립 문제로 자각되기 시작했고, 「50년 문제」 뒷마무리도 그런 시대의 기운 속에서 이루어졌다고 할 수 있다. 한국인과 일본인의 관계도 1955년 이후에는 서로 다른 주권국가의 국민 간의 관계, 즉 우호·친선이나 민족연대 문제로서 다루어지게 되었다.

그리고 50년 가까운 세월이 지난 지금 우리들은 그런 국민국가의 틀 자체가 크게 동요되기 시작한 시대를 살고 있다. 지방참정권이나 공무취임권의 문제에서 보이는 것처럼 우리들 재일조선인과 일본인의 관계를 국민의 논리로만 다루는 것은 지금은 분명히 무리한 일이다. 새로운 상황에는 새로운 발상으로 대응해야 한다. 그렇게 하기 위해서는 과거에 대해 침묵하지 말고 직시하는 것이 그 무엇보다도 요구된다.

註釋

01_ 박경식은 이날 석방된 정치범을 맞은 것은 약 4백 명의 조선인이었는데 일본인은 20~30명 정도였다고 하고 있다.(『해방 후 재일조선인 운동사(解放後在日朝鮮人運動史)』)

02_ (Robert Guillain, 1908~1998년): 상하이사변(1937년)을 시작으로 제2차 세계대전 때 일본, 한국전쟁, 인도차이나 전쟁, 독립 전후의 인도, 건국 전후의 신중국, 고도성장하의 일본 등을 취재한 프랑스인 기자. 일본어 번역 저서로『아시아 특별전보 1937~1985-과격한 극동(アジア特電一九三七~一九八五―過激なる極東)』(헤이본샤平凡社), 『일본인과 전쟁(日本人と戦争)』(아사히신문사) 등이 있다.

03_ 징용자를 포함한 3천 7백여 명의 조선인을 태우고 아오모리에서 부산으로 향한 우키시마루호(4,730톤)가 GHQ의 항행금지 지령을 받고 마이즈루항에 정박하려다가 기뢰와 충돌하여 침몰한 사건. 상세한 것은『우키시마루 부산항으로 향하지 않았다(浮島丸部富山港に向かわず)』, 김찬정 참조.

04_ 1946년 초기에 천 엔이 현재의 화폐가치로 어느 정도인가를 추측하기는 어렵다. 닷지 라인(Dodge Line)에 의해 1달러 360엔의 환율이 확정된 것이 1949년의 일이며, 이듬해의『경제백서』의 자료에서는 1934~1936년의 공업노동자의 명목평균임금이 51엔이 조금 넘는 정도였던 것에 비해 1947년에는 1,627엔, 1948년에는 4,548엔으로 늘어났다. 마찬가지로 1934~1936년 당시에 1로 하는 물가지수는 1947년=59, 1948년=123이 되어 심한 인플레이션이 일어나고 있었다는 사실을 알 수 있다.(『자료 경제백서 25년(資料 経済白書25年)』, 경제기획청조사국 편) 1946년 2월 통합 인플레이션 대책의 일환으로 신 엔화 교체(교환비율은 1대 1)가 단행되었으나 그때 대장성大蔵省은 도시의 5인 가족의 한 달 표준 생계비를 5백 엔으로 산출하여 '5백 엔 생활'이라는 표현이 유행했다.(『쇼와사 전기록 연대기 1926~1989(昭和史全記録 Chronicle 1926~1989)』)

05_ 1946년 8월에 있었던 일본공산당 제4차 확대중앙위원회에서 제기된 방침으로 조련의 활동을 일본의 인민민주혁명으로 이끄는 방향제시를 하고 있다. 자세한 사항은 **146쪽 참조.**

06_ 미군정하의 남한에서 파업노동자와 군정경찰의 충돌을 계기로 농촌지역을 포함한 거의 모든 지역에서 백만 명 이상이 참가한 민중항쟁으로 '10월 항쟁'이라고도 불린다. 군정과 우익의 진압에 의해 좌파세력의 조직적인 약체화를 초래했다.

07_ 1947년 3월 1일, 제주도에서 실시된 3·1절(1919년 3월 1일에 거행된 3·1 독립 운동 기념일) 집회 후에 경찰이 시위대에 발포하여 사상자를 낸 사건. 자세한 것은 문경수 『한국현대사(韓国現代史)』 참조.

08_ 1931년 7월 조선농민이 건설한 수로를 중국 농민이 파괴한 데서 비롯된 양국 농민 간의 충돌사건. 그 당시 일본의 영사관은 조선인 보호를 명목으로 경찰을 출동시켜 수로건설을 진행하고 일본은 사실상 그 지역에서 수리권을 얻었다.

09_ 출입국관리령의 일부 개정 등을 정한 법률로, 정식으로는 '쇼와27년 법률 126호'라고 하며, 강화조약의 발효(1952년 4월)와 함께 제정되었다. 2조6항에서 재일조선인은 재류자격을 갖지 않고, 따로 법률로 정할 때까지 일본에 재류할 수 있게 되었다.

10_ 1919년 러시아 공산당을 중심으로 하는 각국 공산당 및 좌파사회민주주의자 단체에 의해 모스크바에서 창설된 국제적인 노동자 조직. 소련 공산당 지도 아래 세계혁명을 목표로 하는 급진적인 정책을 펼쳤다. 1943년에 해산.

11_ 공산당·노동자당 정보국. 유럽 각국 공산당·노동자당의 정보연락기관으로 1947년 9월에 결성된 국제공산주의노동의 온건한 연대조직이라 할 수 있으며, 소련 공산당의 강한 선도권 아래서 활동했다. 1956년에 해산.

12_ 이듬해 열린 1주년 기념대회에서 조련중앙의 조직선전부장인 윤봉구가 공산당에 집단으로 입당할 것을 호소할 때에 발언한 말(『전후 일본 정치와 재일조선인 문제(戰後日本政治と在日朝鮮人問題)』, 김태기).

13_ 환영하지 않은 이유에 대하여, G2(GHQ 참모 제2부. 정보·검열 등을 담당)는 집단입당으로 조선인 당원이 전체 당원의 1/4을 넘어서 공산당 그 자체가 해산지정을 받을 수 있다는 사실과, 나아가 '난폭한 기질을 가진 성질 급한 조선인이 공산당을 폭력집단화시키는 것을 공산당 간부가 우려했기 때문이라고 분석했다'(앞의 책, 김태기).

14_ 1952년의 6월 24일부터 25일에 걸쳐서 오사카에서 일어난 한국전쟁 협력에 대한 반대와 반전을 위한 항의행동. 24일 새벽에 발생한 구육군 오사카공장 히라카타 제조소 폭파 미수(히라카타 사건)와, 25일 이른 아침에 조선으로 보내는 군사수송의 거점이었던 스이타 조차장으로 시위대가 돌입(스이타 사건)한 행동 등을 말한다.(『오사카에서 투쟁한 한국전쟁(大阪で戦った朝鮮戦争)』, 니시무라 히데키西村秀樹 참조)

15_ 1952년의 7월 7일에 나고야시의 오스구장에서 열린 호아시케이(사회당) 등이 소련·중국시찰보고회를 한 후에 시위대와 경관대가 충돌하여 다수의 부상자가 발생한 사건. 경찰의 발포로 조선인 청년이 사망했다.

제3장

전후 세계의 변용과 재일조선인

VI. 전후의 한일관계와 상호인식

반일과 혐한, 그리고 한류

　근대 이후 한국과 일본의 상호 전망은 기본적으로 상극적인 것이며 서로 주고받는 말은 멸시나 경멸, 원망이나 적의의 감정을 드러내는 일이 적지 않다. 제一장 I 에서도 서술했지만 그런 서로를 향한 시선은 국민으로서의 일체감이 길러 낸 것으로 근대에 들어 양자의 불행으로 뒤얽힌 관계에 뿌리를 두고 있다. 이런 감정은 일본이 신헌법 아래서 민주국가를 지향하고, 한국이 독립국가의 길을 내딛기 시작한 제2차 세계대전 후에도 오래도록 풀리지 않았다.
　전후의 한국은 모든 영역에서 세계국가가 된 미국의 압도적인 영향 아래에 놓여 일본과의 관계는 적어도 처음에는 부차적인 것에 지나지 않았다. 그 사이 한국은 일본의 식민지지배가 남긴 경찰·행정기구를 그대로 온존·이용하면서 국가건립을 추진하는 한편 반공과 병행하여 반일을 국민통합의 중심으로 삼았다. 애증이라든가 양가감정으로 종종 표현하는 한국인이 일본인을 대면하는 방법은 한일조약 체결(1956년) 이후 각 영역에서 양국관계가 깊어지는 가운데서도 크게 변하지 않는다.

　1980년대 이후 일본과 한국은 발전에 있어 격차는 있지만, 양국 모두 도시적인 생활양식·의식이 넓게 분포되는 고도의 산업사회가 되었다. 1990년대 이후에는 글로벌화가 진전되어 사람들은 서로를 바라보게 되며 이런 상황은 무시할 수 없는 변화를 가져오게 된다. 상세한 것은 본장의 Ⅷ에서 서술하는 바와 같이 필자는 이 변화를 국민이라는 관념의 동요와 그에 따른 반동이라는 문맥에서 생각하고 있다. 물론 이 동요의 폭이나 진행상황도 각기 일본과 한국에서는 다르게 나타난다. 그러나 근대기 국민으로서의 일체감을 창조하는 것이 바다를 사이에 두고 서로 인접한 사람들에 대해 오해와 편견의 구조화를 필수 요소로 갖고 있다면, 그 동요는 한일 양국의 사람들이 서로 바라보는 관계에 역사적인 전환기를 가져올 수도 있다. 무엇보다도 어느 정도의 국민성과 연결된 국민의 존재를 전제로 교차해 온 언설, 그 자체의 의미를 다시 물어야 할 것이다.

1. 패전과 국민의식

　제2차 세계대전에서 일본이 패배한 것은 근대기 일본인이 처음으로 경험한 좌절이며, 그것이 일본인의 의식에 가한 충격은 가늠할 수 없다. 일본이 전쟁에서 졌다고 들었을 때, 당신은 어떻게 느꼈습니까? 라는 미군의 조사에 대해 당시의 일본인은 다음과 같이 답했다.

　　　후회·비탄·유감(30%), 놀람·충격·곤혹(23%), 전쟁의 끝, 고통
　　도 끝났다는 안도감 또는 행복감(22%), 점령하의 취급에 대한 위

구·걱정(13%), 환멸·고통·공허감, 승리를 위해 모든 것을 희생했지만 모두 허사였다(13%), 부끄러움과 동시에 느끼는 안심감, 후회하면서도 수용, 예상했지만 역사상 오점이라고 느낀다(10%), 각오하고 있었다. 이렇게 될 것이라는 것은 알고 있었다는 관념(4%), 천황폐하에 대한 걱정, 천황폐하에게 부끄럽다. 천황폐하에게 미안하다(4%), 응답 없음, 또는 그 외의 반응(6%)

『자료 일본현대사2(資料 日本現代史2)』,
아와무로 겐타로粟室憲太郎 편

말할 것도 없이, 일본인은 패전이라는 미증유의 경험에서 모두가 한결같이 깊은 충격을 받았지만, 그 받아들이는 방법은 다양하고 혼란스러운 것이었다. 일본공산당원이나 조선인은 별개로 하더라도 전쟁이 끝났다는 안도감이나 해방감을 느꼈던 일본인도 적지 않았다. 문제는 패전 후 수반된 충격이 일본인의 태도나 의식에 어떤 변화를 초래했는가라는 것이었으며, 조사를 실시한 미군은 이 점에 대해 다음과 같이 기록하고 있다.

(패전에 의한)국가의 대변동은 국민의 태도를 크게 동요시켰지만 그래도 일본 문화의 근간은 붕괴하지 않았다. 전쟁이 끝난 후의 일본 국민은 그 가치관에 있어서도 그 견해에 있어서도 의연하고 일본적이었다. 전후의 부흥에 대한 일본인의 반응도 이 틀 안에서 나타났던 것이다. 앞의 책

물론 패전의 충격이 일본인의 의식이나 가치관에는 아무런 변화를 초래하지 않았다고 한다면 지나친 말일 것이다. 국체의 유지를 내세운 히가시쿠니 노미야東久邇宮 내각(8~10월)은 패전을 종전으로,

점령군을 진주군으로 바꿔 말하며 패전의 의의를 힘을 다해 왜소화하여 표현하는 데 힘썼다. 그러나 남양이나 만주 등 전쟁터에서의 육탄전이나 기아, 오키나와전, 도시공습, 원폭투하와 같은 전쟁으로 인한 일본인 자신의 엄청난 희생은 그런 미봉책으로 잔꾀를 부린들 얼렁뚱땅 넘길 수 있는 일이 아니었다. 아쓰기厚木에 내려선 맥아더의 자세나 미주리함정艦艇에서의 항복문서의 조인, 나아가 일본 각지에 대한 점령군의 진주進駐는 많은 일본인에게 그들의 뒷방패로 군림했던 국가의 몰락을 실감하게 했다. 결국, 전시 중의 대본영大本營의 발표가 거짓으로 드러나고 이 무모한 전쟁을 이끈 구사회의 권위도 실추되었다. 나아가 전쟁 범죄인의 지명에서 비롯된 초기 대일방침의 발표, 인권지령 등 패전한 해의 9월부터 11월에 걸쳐서 점령군이 보인 비군사화나 민주화를 향한 강력한 자세는 일본의 지배층에게 큰 타격을 주었을 뿐만 아니라 일본인의 의식이나 가치관에도 커다란 변화를 가져왔다.

　패전은 일본인을 결속시켜왔던 공통의 목표, 공통의 조직과 리더십을 빼앗았지만, 그 한편으로는 전시하의 사상의식이라는 감옥으로부터 그들을 구원해 냈다. 말단조직의 대중이었던 많은 일본인에게는 목전의 오늘·내일의 식량을 어떻게 구할 것인가가 최대의 관심사가 되었다. 배급제도의 파탄이 기정사실화되면서 집을 잃은 도시민에게 양식을 공급해준 것은 가이다시나 암시장이었다. 특히 암시장은 폐허 속에서 탄생한 질서 없는 질서를 상징하고 있었다.

　도쿄의 암시장을 지배한 것은 일본의 알 카포네Al Capone라고 불렸던 전통적인 노점상을 경영하는 장사꾼의 우두머리(오즈 기노스케尾津喜之助)이며 오사카에서는 협객들이 우세하였다고 한다. 잘 알려진 바와 같이 암시장에서는 재일조선인을 비롯한 구 식민지 출신자가 제3국인으로서 일본인과 종종 대립하는 일이 발생했다. 해방민족이 된 그들을 단속하는데 어정쩡한 태도를 취했던 경찰당국은 노점상이나 협객과 결탁하여 재일조선인들을 암시장에서 대두하지 못하게 했다.

암시장이 비합법적인 공간으로 확대되는 가운데 공권력의 뒷배나 공동성의 뿌리를 빼앗긴 사람들은 말 그대로 자신만을 믿었으며 불문곡직하고 자립을 강요당했다. 노골적인 개인주의가 허락되어 사람들은 예전에 경험하지 못한 자유를 의식했던 것이다. 물론 여기에서의 개인주의나 자유는 시야가 좁은 방자한 욕망의 자유주의라고 야유받는 것으로, 신헌법이 강조하는 개인주의·자유와는 별다른 차이가 없다. 그런데도 이 시기에 사람들이 기아에 허덕이며 손에 넣은 자유는 당시의 GHQ나 혁신정당의 설법 이상으로 폐허 속에서 민주화를 배양하는 토양이 되었다.

일본인에게 패전은 무엇보다도 미국에 대한 패배라고 의식하고 있었다. 그것은 러일전쟁 이후의 대국의식(신국의식)에 타격을 줌과 동시에 미국적인 합리주의나 생활양식으로 일본인을 끌어당기는 일이 되었다. 풍채 좋고 혈색 좋은 점령군 병사들은 흘러넘칠 것 같은 풍부함을 상징하는 존재였다. 그런 풍부함에 대한 동경을 기본으로 하는 미국적인 생활양식은 '재즈나 네거티브의 유행처럼 풍속 차원에서도 침투하고 동시에 민주적인 가족생활에도 침투하여 일상생활에서의 사상변혁을 촉진시키는 힘으로 작용하는 면'(「사회의 변화와 전후사상의 출발(社会の変化と戦後思想の出発)」, 아카자와 시로赤沢史郎)도 있었다고 한다.

패전 후 일본인의 가치관과 그 견해가 의연하고 일본적이었다는 평을 한다면, 그것을 가장 잘 상징하는 것이 일본인의 천황제에 대한 태도일 것이다. 패전 직후에 실시된 각종 여론조사에서도 천황제를 지지하는 자들이 거의 80~90%에 달했고 천황제의 폐지를 주장하는 자들은 5~10%에 지나지 않았다. 물론 일본의 천황제가 패전으로 받은 타격은 컸으며, 민주화나 인간화라는 방향으로 재편하는 것은 피할 수 없었다. 1945년 10월에 정치범 석방으로 출옥한 도쿠다 규이치·시가 요시오 등은「인민에게 호소한다」라는 기초起草에서 천황제 타도를 공공연히 주장했으며, 당시의 폭로잡지로 알려졌던『진상(眞相)』은 지방 순행하는 천황을 빗자루에 비유하여 비아냥거리기도 했다.

비판을 봉쇄해서 천황제에 대한 충성을 억지로 끌어내려는 시스템은 해체되고 처음으로 천황제가 공공연한 의론이나 분석의 대상이 되었다. 그러나 압도적 다수의 일본인은 그런 억지가 아니더라도 이것을 지지했던 것이다. 이 점에서 상징천황제는 주권재민主權在民으로서가 아닌 다수결주의로 이해되었던 전후 민주주의와 잘 융화되어갔다.

또한 일본의 문화는 한층 더 순화된 형태로 재현되었다고 할 수 있다. 전후의 상징천황제를 천황제의 최고 형태라고 했던 간 다카유키菅孝行의 인식은 이것을 잘 설명하고 있다. 간은 '천황에 대해 가시화 된 충성에 의해서만 천황제가 유지되는 것은 아니다'라고 하고 나서, 전후의 상징천황제를 다음과 같이 특징지었다.

천황을 의식하지 않는 천황제는 고도로 조직화된 천황제이며 그것은 권위의 가시성을 버림으로써 점점 익명화되어 가고 내재화 되는 천황제이다. 의식된 영역에서는 천황은 거의 비재화非在化되어 있으면서, 구조적으로는 전시하의 열광적인 천황제의 조직상황을 훨씬 상회하는 강력한 조직성을 유지하고 있는 것이다.

『천황론 노트(天皇論ノート)』

이렇게 해서 일본의 천황제는 전후 민주주의라는 토양 안에서 더욱더 내면화되고 순화된 형태로 사람들의 의식을 옭아매게 되었다. 상징으로서의 천황제 존속은 일본적인 화和 의식에서 발염된 일본 국민의 보다 일원적으로 순화된 가치의식을 상징함과 동시에 전후 일본의 비非아시아적 더 나아가 바로 반反아시아적 체질을 상징하고 있었던 것이다.

GHQ도 그런 국민의식의 동향을 고려하지 않으면 안 되었다. 일본의 패전은 무조건적 항복이라는 면에서, 미국 측도 패자 측의 내정에 전면적으로 개입하여 그 제도뿐만 아니라 정신개조와 같은 점령개혁을 단행하려는 등 마지막까지 자유롭지 못하였다. 초기의 대일방침이나 기본지령에 나타났던 미국의 대일점령정책의 기본적인 틀은 일본의 군국주의체제는 물론 메이지 헌법체제와 그 사회적 기반을 해체하는 천황제국가의 대개조를 목표로 했던 것이다. 즉 미국이 일본인과 그 지배층에 요구했던 것은 자유민권이라든가 다이쇼 데모크라시라는 민주주의와 관계된 일본인의 역사적 경험을 훨씬 능가하는 민주화이며 비군사화였다.

그러나 세계국가로서 전후 세계질서의 유력한 책임자였던 미국이 대일점령에서 사용할 수 있었던 인적·물적인 비용은 한정되어 있었다. 또한 미국은 천황이 일본인 사이에서 갖는 강한 영향력을 충분히 알고 있었다. 따라서 일본 점령의 형태는 천황과 기존의 행정기관을 이용하는 간접통치 방식이 취해졌다. 즉 미군의 점령통치는 전후 일본의 틀을 정했다고는 하지만, 이것에 피와 살을 부여하여 그 알맹이를 최종적으로 좌우한 것은 일본인 자신이었다고 할 수 있다. 결국 천황제는 미국이 요구한 민주주의와 조금도 모순되지 않았던 것이다. 그러나 그것은 일본에 남아 머물러 있던 재일조선인이 갈구하던 민주주의와는 거리가 먼 것이었다.

2. 한국·조선관의 지속과 변화

패전은 일본이 아시아의 일원으로 거듭나고 내면에 있는 아시아라고 할 수 있는 재일조선인에 대한 인식을 전환하는 호기였다. 그러나 패전의 충격은 당장 일본인의 세계인식을 내폐內閉시켰지만 미개, 야만이라는 조선의 이미지는 불식시키지 못한 채 일본인의 의식 안에 잠재화되어 전후에도 일본에 살고 있던 재일조선인과의 골은 오히려 더 깊어만 갔다.

메이지유신 이후 일본인의 차별적인 조선관을 간단히 옮겨보면, 문명개화 시기의 관념으로 정착기를 거쳐서 세계 제1차 대전 이후에 도일한 대량의 조선인과의 일상적 수준에서 접촉하면서 구체화되고 일반화되었다고 할 수 있다. 패전을 포함한 일본인의 대외인식은 탈아입구脫亞入歐 → 귀축미영鬼畜美英 → 탈아입미脫亞入美(앞의 논문, 아카자와 시로)로 변화했다고 하고 있지만, 이런 변화 안에서도 변하지 않았던 것이 일본인의 아시아관이며 그 중에서도 조선관이었다.

표면상의 방침은 구 식민지 출신자를 해방민족이라고 한 GHQ의 자세도 그런 일본인의 아시아관이나 재일조선인관과 대동소이한 것이었다. 대부분의 일본인이 패전을 미국에 대한 패배라고 의식한 것처럼 미군도 일본군에 대한 승리를 오로지 미국이 일본에 대한 승리라고 인식하고, 중국을 비롯한 아시아가 일본을 향한 저항 사실은 극도로 경시되었던 것이다. 자주 지적되는 바와 같이 당시로는 전쟁책임 문제도 겨우 개전開戰 책임이나 미영계系의 백인병사에 대한 학대 책임을 주로 물었을 뿐이며 아시아 침략에 대한 책임을 묻는 목소리는 거의 들리지 않았다.

  물론 이런 상황에 전혀 변화가 없었던 것은 아니다. 그러나 그 변화 역시 일본 문화의 순화로 특징지어진 것이었다. 즉 다양한 요소를 포함하고 열린 체계가 될 수밖에 없었던 제국 질서의 붕괴는 순수한 일본인으로 구성된 소국주의小國主義, 혹은 일 민족 일 국가를 향한 의식을 한층 고양시키는 것이 되었다. 제국의 붕괴와 좌절이라는 사태를 받아들이고 새로이 서유럽을 기원으로 하는 국민국가가 전후의 일본을 재건하는 틀로 받아들이게 된 것이었다. 이 소국주의적인 내셔널리즘은 미국의 점령지배에 맞서는 좌익운동이나 역사연구도 사로잡게 되며, 1950년대에는 민족독립과 연대로 들끓는 아시아의 내셔널리즘에 공감하는 기초가 되었다.

  그러나 그것은 내부의 타자에 대해서는 동화와 배제라는 두 개의 축으로만 대처할 수 있는 빈약한 타자인식을 민중 차원에서 재생산했다. 이렇게 재일조선인은 제국시대의 지배와 동화의 대상에서 동질적인 국민에게 내폐하고 있던 일본인의 의식 밑바닥에 괴어있는 이물이 되어 전후의 일본 사회를 대딛기 시작한다.

  정대균鄭大均은 패전 후부터 한일조약에 이르는 시기를 한일 간

의 상호 이미지의 변천 제1기로서 '이 시기의 일본인의 조선인관은…… 극히 부정적인 것이었지만, 그것은 한반도의 조선인이라기보다는 재일조선인을 염두에 두었던 것으로, 한반도에 대한 전망에서 특징적인 것은 무관심과 관심 회피의 태도였다'(『한국의 이미지(韓國のイメージ)』)고 쓰고 있다. 한반도에 대한 무관심과 관심 회피라는 표현은 전후 일본인이 다시 되풀이되는 국민화의 과정을 말해주는 것이며 조선인에 대한 업신여김이나 멸시하는 의식 자체는 재일조선인을 매개로 해서 계속 존재했던 것이다. 패전을 전후하여 일본인 학생들을 대상으로 한 모든 민족에 대한 호불호를 묻는 어느 조사에 의하면 조선인에 대한 호의도는 1939년의 16민족 중 5위에서 1949년에는 15위로 오히려 전락하고 있다.(『인권과 편견(人權と偏見)』, 스즈키 지로鈴木二郎) 전후의 전락은 해방민족이 된 후 탈선하기 쉬운 재일조선인의 언동에 압도된 일본인이 적지 않았음을 말하고 있다. 패전 직후 폐허의 시대에 사춘기를 지낸 일본인 중에는 이 무렵의 재일조선인의 생활모습이나 언동을 조선인관의 원점으로 마음에 새겨놓은 자가 적지 않다. 한국 정부에서 외국인에게 수여하는 훈장 중 최고등급인 수교훈장 광화장을 받은 세토 유조瀨戶雄三(한일경제협회·회장, 전 아사히맥주 사장)도 패전 후 출신지인 고베에서 친척의 토지가 재일조선인에게 점거당한 경험 때문에 한국·조선인에 대한 '불신감을 지울 수 없었다'고 회고하고 있다.(「요미우리신문」, 2006년 9월 18일자)

정대균은 그런 무관심과 관심 회피의 상황이 변화한 것은 김대중 사건[1]이 있었던 1973년 이후의 일이라고 하고 있지만, 이 변화의 전제에는 1960년대에 있었던 일본인의 조선관에 대한 분기分岐를 잊어서는 안 된다. 재일조선인의 북한 귀환이나 한일조약을 거친 일본인의 조선관은 보수·혁신이라는 1955년 체제 아래서 일본의 정치세력 배치와도 결부되어 북한과 한국으로 나누어진다.

한국의 유신체제 성립(1972년 말) 이후인 1970년대는 독재, 민주화, 제국주의, 연대, 주권침해, 부패 등 주로 정치적인 언설이 회자되며 미디어나 국회의 심의 등을 통해 폭넓게 일본인의 관심을 끌었던 시기이다. 반독재, 민주화, 연대를 부르짖었던 진보파는 이 시기 일본의 대한 경제 진출을 신식민지주의라고 주장했다. 그러나 다나카 아키라田中明는 그런 비난의 목소리에 대해 이승만 라인[2]이 설정되어 일본어선의 나포가 계속되었던 1953년과 이어진 전후 2번째의 정한론적 풍조라고 단정했다.(『상식적인 조선론 제안(常識的朝鮮論のすすめ)』)

김대중 사건을 둘러싼 주권침해론을 비롯하여 보수든 혁신이든 이 무렵 일본인이 한국에 갖는 관심에는 한국을 대등한 외국으로 보는 자세로 보기에는 부족한 부분이 있었다는 점은 부정할 수 없다. 한편 이 시기는 진보파 일본인을 중심으로 식민지 지배나 침략전쟁의 가해 주체라는 자각이 널리 공유되기 시작한 시기이기도 하다. 따라서 이 시기의 한국에 대한 관심을 1950년대의 정한론적 풍조와 같은 맥락에서 논하는 것은 불가능하다.

물론 이 무렵의 진보파를 중심으로 한 일본인의 한국이나 북한에 대한 시선이 극히 관념적이었던 것은 분명한 사실이다. 북이든 남이든 관계되었던 일본인의 인상에서 '여기서도 사람이 살고 있다'라는 표현에서도 그런 상황을 잘 나타내고 있다. 그런가 하면 한편에서 한국은 '천박한 남자들이 단체를 조직하여 몰래 나가는 우려할 만한

장소'(『도쿄에서 온 나그네(東京からきたナグネ)』, 세키카와 나쓰오関川夏央)라고 하고 있다.

정치에 얽힌 언설이 한국을 둘러싸고 요란스럽게 난무하던 1970년대에 일본 사회의 저류에서는 조용하게 그러나 보다 본질적인 사회의식의 변화가 진행되고 있었다. 고도성장은 사생활주의나 생활보수주의로 알려져 있던 생활의식·양식의 변화를 가져왔고, 정치나 이데올로기가 그때까지 갖고 있던 규범적 가치나 흡인력을 실추시키기 시작한다. 세키카와 나쓰오가 말한 '경박한 남자들'도 일면으로는 그런 시대의 산물이었다.

일본이 세계 GNP의 10%를 점유하는 경제대국으로 세계경제의 전면에 등장했던 1980년대는 일본인의 자기인식과 타자인식이라는 두 측면에서 문화와 관련한 언설이 한층 눈에 띄기 시작하던 시기였다. 일본인이 한국에 대한 관심도 요리, 음악, 영화 등의 오락이나 대중문화 쪽으로 기울기 시작했다. 1980년대 초에는 조용필의 '돌아와요 부산항에'가 크게 히트하고, 1984년에는 NHK에서 '한글강좌'를 개설했다. 『서울연습문제(ソウルの練習問題)』(세키카와 나쓰오, 1984년), 『안녕·서울(あんにょん·ソウル)』(요모타 이누히코四方田犬彦, 1986년) 등이 출판되어, 기존의 한국론이 간과했던(주로 얕보았던) 한국 사회의 일상을 묘사하는 반향을 불러일으켰다. 말할 것도 없이 1988년의 서울 올림픽을 전후해서 극에 달한 제1차 한국 붐의 기조를 이루어 낸 것도 그런 한국을 보통의 외국으로 바라보는 전후세대의 이문화 체험이었다.

1980년대에는 한일조약 이후의 경제면이나 인적 교류의 깊이를 배경으로 1970년대의 정치적인 언설이나, 우호·친선이라는 표면상

의 방침론에서 성에 차지 않던 한국, 한국인을 둘러싼 소위 본심을 말하는 논조가 늘어나기 시작했다. 하세가와 게이타로長谷川慶太郎는 '개인주의가 강한 한국인은 거주자조합이나 단지자치회 등의 발상을 할 수 없다'고 하면서 한국의 독자적인 단절이라는 사상에 대하여 말한다. '즉 담당자가 전직하거나 또는 직장 내의 인사이동으로 교대할 경우 이 단절 사상이 거기에서 노골적으로 그 모습을 드러낸다. "전임자와 어떤 이야기가 있었나? 그것은 모릅니다"라고 말하면 그것으로 끝인 것이다'(『도전하는 한국(挑戦する韓國)』).

무로타니 가쓰미室谷克実는 한국인과 실제로 관계를 갖는 많은 일본인이 매우 불쾌하게 느끼고 있는 감정을 다음과 같이 나타내고 있다.

> ……형식, 외형, 외관을 무엇보다 중시하는 유교예절도 한국의 산업사회의 모든 국면에서 영향을 미치고 있다. ……내구소비재는 성능·기능이 약간 떨어져도 표면의 장식이 화려한 편이 선호된다. 중소기업은 기계의 일부를 변경하는 것보다 도로에 접한 공장 외벽을 새로 칠하는데 자금을 투자한다. ……상거래나 직장의 상하관계에서 마찰이 생길 때는 '실은 나의 오해 때문에'라는 정직한 설명이나 사죄를 하는 것보다 '아니, 나는 틀림없이 했는데'로 시작하여 도로 정체를 탓한다든가, 시급한 일을 가지고 온 제3자가 나쁘다든가, '따라서 나에게 책임은 없다'로 귀결하는 슬쩍 바꿔치기론이 통용된다.

이 무렵의 일본인의 이런 한국의 일상생활이나 문화에 대한 시선은 한편으로는 패전으로 입은 데미지로부터 회생하여 번영의 시대를 맞은 일본인의 자부심과 대국의식과도 결부되어 있었다. 문화론에

서는 일본 문화의 '긍정적인 특수성의 인식'(『일본 문화론의 변용(日本文化論の変容)』, 아오키 다모쓰青木保)을 축으로 일본인이나 일본 문화의 독자성과 우위성이 이야기되고 침투한 시기다. 그것은 『한국인의 발상(韓国人の発想)』(구로다 가쓰히로黒田勝弘, 1986년)이나 『한국 민족과 반일(韓国の民族と反日)』(다나카 아키라, 1988년) 등 이 무렵에 널리 읽혔던 혐한嫌韓이나 염한厭韓이라는 말에도 그 영향을 미치고 있다.

1970년대부터 1980년대 전반에 걸쳐 넓게 논의된 일본 문화론이나 일본인론은 일본인이라는 민족성에 얽힌 엄격한 경계 설정을 전제로 하고 있다. 그 경계의 외부에 있는 타자를 안티 이미지로 그 특수성이나 우위성을 확정하려고 했던 것이다. 또한 이 경우에 타자라는 것은 보편적인 서구가 암묵을 전제로 제시했다고 할 수 있다. '이 시기의 일본인론이나 일본인의 특수성에 대한 논의는 보편적인 문명과 다른 일본의 독자적인 문화에 대한 논의(「현대 일본의 문화 민족주의에 관한 일 고찰(Kosaku Yoshino, Cultural Natoinalism in Contemporary Japan-A Inquiry)」, 요시노 고사쿠)'였던 것이다. 이와 관련하여 이 무렵의 한국문화론에 대해서는 그와 같이 확정하고 정착해 가던 비교대조를 기준으로 하여 다름이나 열성劣性에 대한 논의가 주를 이루었다. 그것은 그 나름으로 1980년대의 일본 문화 내셔널리즘을 보강하고 밑에서 받치는 역할을 완수했다. 즉 일본은 서구의 보편적인 것을 상대로 일본 문화의 특수성과 우위성을 인식시키기 위해서 중국이나 한국의 문화를 미흡하다고 확정짓는 구도를 취했던 것이다. 뭉뚱그려 말할 수는 없지만 1990년대에 분출하는 혐한론이나 염한론이 근거로 삼은 것도 여기서 확정된 자타를 구별하는 틀이었다고 할 수 있다.

그런 한국 문화에 대한 비난이 완전히 빗나갔다고는 할 수 없다.

오히려 요점을 포착한 지적이 적지 않음도 인정해야 한다. 일찍이 하루미 벳푸가 일본 문화론을 '어느 일정의 일본의 특징을 집어 들어, 그것을 강조해서 하나의 시스템으로 만들어낸 것'(『이데올로기로서의 일본 문화론(イデオロギーとしての日本文化論)』)이라고 비판하고 있는 바와 같이 혐한론도 어느 일정의 한국인의 특징을 논함으로써 은밀히 우월감에 젖는 내셔널리즘의 성격에서 벗어나지 않고 있다. 어쩌면 어느 일정의 특징이라는 것도 도시화나 글로벌화라는 거대한 사회 변동의 파도에 씻겨 풍화하고 유동화하고 변용해간다는 것은 일본이나 한국의 현실은 아닌가 싶다.

3. 한국인의 일본관 – 반일에서 극일로

1980년대는 한국인이 일본을 대하는 자세에서도 변화가 보인다. 1980년대 초 교과서 문제를 계기로 등장하는 극일이라는 말의 대두도 그 하나일 것이다. 조선일보가 '극일의 길·일본을 알자'라는 제목으로 장기 연재한 것은 1983년의 일이었다.(『한국인이 본 일본』, 조선일보 편) 한국의 적지 않은 일본사 연구자 중 한 사람이었던 박영재에 의하면, 이 극일은 천황을 한국식으로 칭한 일왕이라는 말과 함께 일본의 되풀이 되는 망언의 배후에 있는 한국관이나 역사관에 대응하기 위한 한국 정부와 매스컴이 고심 끝에 내놓은 하나의 고안책이었다고 한다.(「한일관계, 무엇이 문제인가」) 그것은 반일을 국시國是로 하면서 배후에서 일본과 유착하고 경제에서 문화에 이르기까지 모든 영역에서 일본을 수용해 온 한국 정부, 경제계, 그리고 매스컴의 빤히 들여다보이는 기만이나 위선을 드러내는 것이었다. 일본(사) 연구가 결여된 상황 또한 전후 오랫동안 한국인의 대일관을 주도해 온 바로 그런 정부·경제계·매스컴이 문제였던 것이다.

어쨌든 '극일의 길·일본을 알자'라는 말에서도 나타난 것처럼 극일이라는 것은 결국, 경제성장을 최상의 가치로 하는 전후 일본의 근대화의 여정을 사실상 뒤쫓는 소위 캐치·업형의 일본관이며, 원래 지일知日의 계기를 포함하고 있다. 물론 극일이나 지일이라는 말이 반일을 대신했다는 것은 아니다. 한국 붐으로 상징되는 역사인식이 결여된 너무나 쉬운 이문화 이해의 조류에서 초조함을 느낀 한국인도 적지 않았을 것이다. 게다가 1980년대 한국에 복권한 마르크스주의적인 조류에서 다양한 성향의 반일론이 극일론이나 지일론과 나란히 이 무렵의 일본을 둘러싼 언설의 세계에서 병존하기 시작한다.

그런 가운데 1991년 말 한국의 종군위안부가 일본 정부를 상대로 보상을 요구하기에 이르며, 재차 대일비판이 들끓게 되고 한국 사회에서 반일감정이 건재함이 분명해졌다. 『일본은 없다』(전여옥田麗玉)라는 일본(인)을 다룬 그다지 수준이 높다고 볼 수 없는 책이 30만 부를 넘는 베스트셀러가 된 것도 극일과는 차원을 달리하는 반일론의 재연을 말해주고 있다. 이 무렵 한국의 출판계는 반일특수라는 붐으로 열광했다.

『일본은 없다』는 일본인의 역사의식을 묻는 전통적인 일본 비판의 언설에 덧붙여 토끼집, 마이너리티나 외국인 차별, 개인의 자각이 없는 집단주의, 냉전에 편승한 경제성장이라고 한 구미의 일본 때리기(대일제재)에서, 좌익의 일본 비판에 이르기까지 모든 언설을 동원한 전후의 한글세대의 반일론을 대표하고 있다. 가와무라 미나토川村湊는 그런 한글세대의 반일을 접하고 '실체험에서 분리된 곳의

역사지식이나 유포된 정보를 근거로 한 상투적인 문구'(『아시아라는 거울(アジアという鏡)』)라고 하고 있다. 전여옥은 『일본은 없다』를 3년 동안의 일본 특파원 생활에서 경험한 실체험을 근거로 한 기록이라고 하고 있지만 그런 실체험을 처리한 틀은 가와무라가 말한 '상투적인 문구'였을 것이다. 그러나 거기에는 1990년대의 개방과 민주화 시대에 어울리는 새로운 자화상을 확정지으려는 한국인의 모색이 그 나름 엿보인다.

    이 모색의 저류에는 1980년대 이후의 반일, 극일, 지일이라는 일본을 둘러싼 언설의 세계와 정반대로 진행되고 있는 한국 사회의 변화가 있다. 한국에서 도시형의 정보·소비사회의 형성의 실상은 일본의 정보·소비문화에 압도적으로 기울여져 있었다. 1991년의 조사에 의하면 대다수의 한국인은 일본상품의 광고나 위성방송에 대해서는 문화 침략이라고 강한 거부감을 나타내는 한편, 그 성능에 대한 신뢰도는 매우 높고(매우 좋다 48%, 조금 좋다 39%), 라디오카세트, CD플레이어가 있는 스테레오, 카메라에서는 수입이 사실상 금지되어 있음에도 불구하고 일본제품의 보급률이 60~70%에 달하고 있었다. 즉 사람들의 소비생활면에서는 '본심이 표면상의 방침을 무너뜨리는 경향'이 두드러지게 나타났던 것이다.(『일한신시대(日韓新時代)』, 야마모토 다케토시(山本武利) 문화 침략에 대한 규제를 비웃기라도 하듯 가라오케, 만화, 비디오, 이자카야(선술집) 등 오락이나 대중문화면에서 야기된 일본화는 잘 알려진 사실이다. 『일본은 없다』에서 보이고 있는 것은 그런 야금야금 일본화되어 가는 것에 대한 반발이었다. 이 책에서는 한국인의 민족적 특성을 관대하고 솔직하며, 풍부하고 부드럽게, 연장자를 공경하고, 가족에게 헌신적이라 하고 있다. 이에 반해 소심해서 기회를 엿보고, 타인에 대한 배려가 결여된 일본인의 미흡함을 안티 이미지로서 강조하고 있다.

『일본은 없다』의 재탕이라고 할 수 있는 유재순柳在順의『천박한 일본인(下品な日本人)』은 전여옥과 같은 세대로 8년간의 일본 체재 경험을 갖고 있는 당시에 일본에서도 잘 알려진 인기 여류작가였다. 유재순은 한국인의 인간에 대한 애정의 원점은 가족이며 양친이나 형제에 대한 배려는 '집을 떠나 사회에 나가도 그대로 이어진다. 손윗사람, 주변의 동료, 그리고 항상 자신은 가장 마지막이다'라고 한다. 이에 반해 일본은 '너무나도 지나친 개인주의의 나라다. …… 하나부터 열까지 구별되어 있지 않으면 만족하지 않는 것이 일본인이며, 상대에 대한 관심보다는 자신이 제1순위라는 살벌한 이기주의, 모든 것이 살풍경하다'라고 한탄하고 있다.

가족에 얽힌 한국인의 미담은 최근의 한류 분석에서 세간의 화제가 되고 있듯이 당연한 것이기도 하다. 그러나 아이러니하게도『천박한 일본인』이 출판되고 3년 후(1997년)에 한국의 국회는 '가정폭력범죄의 처벌 등에 관한 특례법'을 채택하고 있다. 이 법률은 한국 사회가 가족을 소중히 하고 있는 것을 나타내지도, 남편이 아내에 대한 폭력이 1990년대에 돌연 증가한 것을 반영한 것도 아니다. 그때까지는 아내를 구타하는 나쁜 풍조가 사회문제로 가시화되고 있지 않았던 것뿐이다. 그것이 연장자를 공경하고, 가족을 소중히 한다는 한국 사회의 실태였다.『천박한 일본인』출간에서 10여 년이 지난 지금 한국에서는 여성이나 약자의 인권이라는 관점에서 민족이나 가족이라는 공동체적인 가치나 규범에 대한 이의신청도 빈번해지고 있다.

그런데『일본은 없다』등 한글세대의 반일론에 대항해서 1994년 말에는 서현섭徐賢燮의『일본은 있다』가 출판되고 이 역시 베스트셀러가 되었다.『일본은 있다』는 이 무렵에 때 아닌 반일 붐의 도래에 위화감을 느낀 지일파의 의론을 대표하고 있다. 서현섭은『주간조선(週刊朝鮮)』에 게재된 전여옥과의 대담에서 '일본인은 상대적 가치관을 지향하고 융통성도 있지만, 한국인은 절대적 가치관을 지향하며 하나의 일에 집착한다. 한국인은 그런 일본인의 장점에서 배우지 않으면 안 된다'라는 취지의 말을 게재하고 있다. 이런 지일의 언설은『치맛바람(スカートの風)』(산코샤三交社 1990년)의 오선화吳善花의 의론에서 대표되는 자문화 비판의 언설과도 연결되어 간다. 이것은 본장의 Ⅷ에서 서술하는 바와 같이 1990년대 후반 이후에 분명해지며, 일본의 국민의식의 재정비나 내셔널리즘의 복권이라는 파도를 타고 재연하는 혐한론의 한 부분으로 편입해간다.

4. 한류 - 교차하는 상호 이미지

냉전체제가 붕괴하는 1990년대는 1980년대 전반에 절정을 이뤘던 일본 문화론이나 일본인론의 '황금시대로부터 전락'(아오키 다모쓰)이 분명해지는 시기이기도 하다. 이미 1986년에는 카렐 반 월프렌이『포린 어페어스(Foreign Affairs)』에서 일본 문제(The Japan Problem)를 발표하고 국제사회에서 일본 신화의 종언을 고하고 있다. 일본 문화의 특수성은 역으로 세계경제의 교란요인이라고 비난받고 일본 문제는 머지않아 일본 때리기로 확대되어 간다. 버블 붕괴 이후의 잃어버린 10년(1990년대의 일본) 동안에 사람들은 승자들 또는 패자들이라

는 껄끄러운 경쟁사회의 한가운데 내던져진다. 일본 사회는 학교를 둘러싼 지역이라든가 생활의 모든 비용을 부담하는 회사라든가, 그 나름의 안정되어 있던 커뮤니티의 동요나 해체에 직면하여 스스로를 규율하는 기준을 잃어버리고 액상화하기 시작한다. 그런 가운데 '막연한 혐오감이나 우자이(귀찮다) 등의 거부감을 갖는 사람들이 좌경화와 자학사관自虐史觀에 반대하고, 보수화의 물결에 밀려 점차로 자석에 이끌리듯 만드는 모임(새로운 역사교과서를 만드는 모임)에 마음을 뺏겨'(「문화교류를 막는 무이해와 비호의적 심성(文化交流を阻む無理解と非好意的心性)」, 정하미鄭夏美), 한국이나 북한, 재일에 대한 편견이나 적의의 말이 난무하여 차가운 분위기가 사회 전반에 흘러넘치고 있었다.

한편으로는 월드컵의 공동개최나 일한 신시대의 도래를 칭송하는 행정차원의 선도(센터 시험에서 한국어 도입, 한국 정부에서 일본 문화의 개방조치)도 있어서, 한국의 대중문화가 일본인의 일상을 침투하기 시작한다. NHK 등 일부의 문화산업은 한국을 비롯한 아시아 각지에서 인재나 소재를 찾아내고 이와 함께 일본의 문화산업이 직면하고 있던 시장의 난관을 타개하려고 계획하고 있었다고 한다. 그리고 한류는 일본 사회의 액상화를 배경으로 하는 만드는 모임, 야스쿠니, 독도 문제 등의 이 일본에서 국가차원의 기억이나 국민의 마음을 둘러싼 줄다리기가 새로운 차원에서 가시화되는 가운데 다가 왔다.

원래 한류는 1990년대 후반에 한국의 텔레비전 드라마가 중국으로 수출된 것을 시작으로 일어난 동아시아적인 현상이었으며 각지에서 그 문화소비의 모습은 차이가 있었다. 강준만에 의하면 한류가 일본에서는 '가족과 순정을 재발견하는 복고에 대한 열기의 대상으로서 소비되고 있는 반면, 중국이나 동남아시아에서는 소비자본주

의의 찬란함과 빛나는 배경 그리고 개방적인 연애담 등의 대리만족과 자기투영의 대상으로서 소비되고 있다'(『대중문화의 겉과 속』)고 한다. 동아시아 각지에서 한류를 논한 백원담白元淡도 한마디로 '일본에서의 한류는 세련된 노스탤지어의 초상'이라고 단정하고 있다. 게다가 극도로 단편화한 사회에서 그것은 정직한 관계성이나 사회성의 복원·창조에서는 도움이 되지 않는다. 한류에 빠진 '일본의 중년여성들은 개인의 생활을 로맨틱한 추억으로 추대하여 자신만의 소비 공간을 만들어내는 이외에 외부세계와 대면하려고 하지 않는다'고 호되게 비판했다.(『동아시아의 문화 선택 한류』) 요컨대 한류는 일본 문화시장의 한구석에 오랜만에 몰려 든 세대나 계층의 친밀권(사적인 생활세계)을 충족시키는 문화상품에 지나지 않는다는 것이다. 일본에서도 이런 신랄한 한류 분석이 들린다.(「또 하나의 한류(もうひとつの韓流)」) 그러나 만약에 한류가 일본 사회에서 주변화되거나 소외된 세대나 계층에게 마음의 공백을 채워주는 문화상품이며 '일본 측의 우경화에 대한 알리바이로서 작용할 가능성이 있다'(「한류와 동아시아정치(韓流と東アジア政治)」, 황성빈)고 한다면, 한류도 혐한류도 그 뿌리는 거의 다르지 않다는 것이 된다.

한편으로 한류는 한국인의 자존심이나 내셔널리즘을 자극하고 있다. 이욱연李旭淵에 의하면 한류에서 서구나 다른 아시아 국가들에 없는 '한국고유의 문화적 DNA'(「한류와 동아시아 문화의 미래(韓流と東アジア文化の未来)」)를 찾아내려는 의론도 나타나고 있다'고 한다. 한일 문화비교의 대가인 이어령에 따르면 한류는 '반도형 문명'의 산물이라고 한다. 그것은 대륙과 해양, 전통과 현대 그리고 동양적인 것과 서구적인 것이 서로 뒤섞인 '반도형의 새로운 문명의 발신'이

며, 이런 문화의 뒤섞임이나 균형이 동아시아 사람들과의 공감을 자아내고 있다(「21세기의 한국, 한국 문화」)고 한다. 경제대국이 된 1980년대 일본의 긍정적인 특수성에 대한 인식과도 어딘가 많이 닮은 주장에 대하여 백원담은 한류를 근현대의 식민지지배나 독제정권에 대한 저항이라는 역사에서 기인한 '한국 사회의 반주변적 다이너미즘이 창조해 낸 문화적인 활력의 표현'이며, 그것이 유사한 역사적 배경을 갖는 동아시아 각국에서 수용되어진 요인이라고 하고 있다. 김지하도 '한이 많은 우리 민족이 흥을 발휘할 때 그것이 한류를 불러일으킨다'고 하고 있다.(앞의 책, 강준만)

이어령이 유교적 정서나 가족주의적인 가치관과 서구적 또는 현대적인 것과의 혼합을 '한국 고유의 문화적 DNA'라고 하는 것에 반해, 백원담이나 김지하는 우리 민족이 꿋꿋하게 이어온 역사적 행보에서 기인하는 사람들의 정서나 생각에서 한류의 매력을 찾아내고 있다. 양자는 전통과 진보, 보수와 혁신이라는 상반되는 입장에서 한류인식을 대표하고 있지만, 양쪽 모두 한류중심주의, 한류민족주의라고 불리는 내셔널리즘을 공통적으로 나타내고 있다.

이런 신구의 내셔널리즘 관련 주장에 대해 기존에 갖고 있던 문화의 완고한 해석이나 국적성 그 자체에 의문을 제기하는 견해가 있다. 앞에서 소개한 이욱연은 '한류, 일류日流, 화류華流 등이 서로 경쟁하고 혼재하면서 급속하게 동아시아문화권을 형성'해가고 있다는 것에 착목하여, '동아시아 문화의 모델이(서구의 문화모델에서 탈피하여) 다양화하고 서로 혼합하는 데 중요한 계기를 제공했다'는 점에서 한류의 의의를 찾아내고 있다.

김현미金賢美는 더 깊이 들어가서 한국의 대중문화가 인기 있는

이유를 '문화의 국적보다는 개별적인 경향과 기호를 중심으로 문화를 선택하는 새로운 글로벌 소비자층의 등장이며, 새롭게 세력화하고 있는 아시아 신중산층 여성들의 욕망의 동시성에서 기인하고 있다'(「한류와 친밀성의 정치학(韓流と親密性の政治学)」)고 한다. 한류에 대한 대부분의 견해는 가족을 소중히 하는 생활태도나 장유유서 등의 유교적 가치관에서 친근감이나 노스탤지어를 느끼는 것이리라. 김현미는 역으로 '아시아의 여성들은 그런 가치관이 취해 온 사적 또는 공적인 영역이라는 이분법이나 여성, 남성의 역할에 대한 고정관념이 다양한 균열을 초래하여 새로운 아이덴티티 창조를 요구하기 시작하고 있다. 따라서 한국의 대중문화는 그런 이행과정을 경험하고 있는 아시아 여성들에게 새로운 상상력을 제공하는 문화적 소비물로서 부상하고 있다'고 하고 있다.

  백원담이 말하는 바와 같이, 일본에서 한류가 친밀권에서의 꿈이나 노스탤지어로서 소비되고 길들여져서 끝날 것인지, 그렇지 않으면 김현미의 주장처럼 일본의 신중산층 여성들이 친밀권에 기반을 두는 젠더 관계의 교란이나 개작을 지향하는 촉매가 될 것인지는 분명치 않다. 그러나 한류가 로컬의 한계를 뛰어 넘어 같은 정서로 맺어진 사람들에게 호응을 얻은 것은 분명한 사실이다. 덧붙여 말하자면 한류가 한국문화라든가, 한국고유의 DNA라는 국민의 범주를 넘어서 다국적인 텍스트로서 근대화나 도시화의 물결에 편승하여 대두한 아시아의 신중산층에서 소비되어 온 것은 분명한 것 같다.

*   *   *

1980년대부터 1990년대에 걸쳐 치열했던 한일 상호인식이나 문화론은 각각의 고유문화나 역사성(전통)으로 말할 수 있는 굳건한 국민이라는 존재에 대해 암묵을 전제로 하고 있고, 한류에 대해서도 그런 해석이 강하다. 그러나 한류는 그런 국민의 틀을 뛰어넘는 현상이라고 말할 수 있을 것이다. 원래 일정한 유대를 갖고 말할 수 있는 굳건한 국민 등은 일본은 물론 한국에도 존재하지 않는다, 고 말한다면 지나친 것일까.

지금 우리들은 민족이나 에스니시티(민족성)의 문제가 획일적인 집단화의 규정으로서가 아닌, 한 개인이 갖는 본연의 개성을 소중히 여기는 시대에 서있다. 그런 가운데 한류는 국민이나 민족을 초월한 사람들의 공감이나 커뮤니케이션의 새로운 가능성을 열고 있다고 할 수 있다.

Ⅶ. 고도경제성장기의 재일조선인

1. 전후 60년과 고도성장시대

전후 60년이라고는 하지만 반세기 이상의 여정을 자신이 몸으로 체험한 재일조선인은 이제 그리 많지는 않다. 인간의 수명을 70세 혹은 80세라고 본다면 60년이라는 세월은 특정의 처지로 묶인 사람들이 동시대에서 그 체험을 공유할 수 있는 아슬아슬한 길이인 것이다.

지금은 소수파가 된 재일조선인 1세들이 각각의 감개와 함께 자신들이 살아온 삶을 증거로 회고하는 것은 주로 전후 10여 년의 파란만장했던 그들의 발자취일 것이다. 우리는 그런 1세들의 과거에 대한 뜨거운 시선에 압도당해 쉽게는 관여하기 힘든 시대의 성역임을 새삼스럽게 깨닫게 된다. 해방과 분단, 그리고 전쟁, 점령과 개혁, 역코스, 조련(재일본조선인연맹)이나 민전(재일조선통일민주전선)의 좌절, 민족교육의 시련, 화염병투쟁, 노선 전환과 총련(재일본조선인총연합회)의 결성이라는 전후의 재일조선인 사회의 기초가 바로 그 격동기에서 기인한다. 그러나 베이비붐시대에 태어난 세대를 필두로 하는 전후세대인 2세에 있어서는 겨우 종이 위에 기록된 역사상의 사실일 수밖에 없다. 전후라고는 하지만 이들 2세의 시선은 스스로 경계를 두고 있다. 그런 2세들에게 주어진 영역에서 이 전후라는 시대의 의미를 회상하고자 할 때 문제로 부상하는 것이 바로 고도성장기의 일본 사회인 것이다.

만약 전후 10년의 우여곡절 끝에 형태를 갖춘 재일조선인 사회의 틀을 55년 체제라고 한다면, 고도성장은 바로 그 55년 체제의 성립에 꼬리를 물고 시작되는 사회변동이었다. 그것은 전후세대가 몸으로 체험한 공전의 사회변혁의 여정이었다고 생각한다. 그럼에도 불구하고 전후 60년의 재일조선인의 여정에서 이 고도성장의 의의가 제대로 문제시되는 일은 드물었다. 물론 거기에는 당연하다고 수긍할 수밖에 없는 여러 이유가 있다.

하나는 고도성장이 정치변혁을 수반하지 않고 오히려 안정을 전제로 한 조용한 혁명으로 진행되었다는 점이다. 차별이라든가 분단이라는 재일조선인이 짊어진 무거운 짐에서 본다면 그 변화는 하찮은 것이라고 할 수 있다. 전후세대의 동화라는 문제도 고도성장에 의해 인간이나 사회 양상이 변화했다기보다는 주로 세대교체라는 형식적인 시간의 흐름으로 환원됐던 것이다. 나아가 고도성장이 낳은 가장 큰 것 중의 하나가 일본적인 기업사회의 형성이었는데, 그 주변 지위에 놓여 왔던 재일조선인은 고도성장에 대해 관심을 갖지 않으려고 해왔다.

그러나 고도성장이 일반적인 일본인에게 미치는 효과와 재일조선인에게 미치는 효과가 같지 않다 하여도, 재일조선인이 고도성장으로 야기된 지각변동과 무연하다는 것을 의미하는 것은 아니다. 특히 전후세대는 이 시대의 공기를 가슴 깊이 호흡하며 그 개성을 키워왔다. 고도성장시대의 흔적은 우리들이 의식하든 않든 상관없이 그 이념이나 일상적인 의식에 깊이 새겨 넣어져 있었다.

만약에 고도성장기를 1950년대 후반부터 1970년대 초에 있었던 오일쇼크에 이르는 20년에 못 미치는 시기라고 한다면, 그것은 재일조선인이 걸어온 전후 60년이라는 발자취 안에서 또 다른 독자의 의미를 갖는 것이다. 그것은 55년 체제의 현실과 접속하고 70년대 후반 이후의 현대로 이어지는 교량역할을 하는 20년이며, 재일조선인에게는 지금을 되묻고 반드시 음미해 두어야 하는 하나의 시대를 구분하고 있다.

2. 1955년의 의미

1955년은 『경제백서』(1956년 판)의 '이제는 전후가 아니다'라는 유명한 구절로 잘 알려져 있으며, 일본 경제를 비롯하여 정치와 사회뿐만 아니라 재일조선인에게는 대서특필해야 할 한 해였다고 할 수 있다. 고도성장에 따른 사회변화를 생각하기 전에 그 출발점에 위치하는 1955년의 상황을 확인해 두고자 한다.

전후의 끝을 선언한 『경제백서』의 인식은 전쟁으로 파괴된 경제의 복원력에 의지한 성장시대가 끝나고 향후의 성장은 근대화에 의해 이루어진다는 것이다. 1955년의 1인당 국민소득은 제2차 세계대전 전의 수준을 초월했고, 전후 부흥에 항상 수반되는 인플레이션과 경상수지 적자가 간신히 진정된다. 『경제백서』는 이런 상황을 전후

경제의 전환기라고 보고 기술혁신과 무역정책 쇄신을 통한 새로운 성장을 맞는 자세를 제시했다고 할 수 있다.

1955년은 고도경제성장이 정점에 이른 시기로 신기神器라고 불린 흑백텔레비전, 냉장고, 세탁기가 보급되기 시작했다. 뿐만 아니라 일본주택공단(1955년 7월 설립)이 분양하는 고층주택 단지가 등장하는 등 일본인의 생활양식이 쇄신되기 시작하는 시기이기도 했다. 사람들은 전후의 타격에서 가까스로 다시 일어났으며 소비생활 면에서도 소소한 자유를 공유할 수 있게 되었다. 거리에는 엘비스 프레슬리가 부르는 록큰롤이 울려 퍼지고 태양족[3]이라 불리는 젊은이들의 문화자립이 전후세대의 생활태도와 생활양식의 변화를 인상 깊게 보여주고 있었다.

그러나 1955년의 일본의 1인당 국민소득은 미국의 약 10분의 1인 200달러 남짓한 수준이었다. 같은 패전국인 독일과 비교해도 3분의 1에 지나지 않아 일본은 여전히 가난하다는 사실을 『경제백서』에서도 인정하고 있었다. 또한 1955년을 전후한 몇 년 동안은 자살률이 근대 일본 역사상 최고치를 달했으며, 많은 중소 영세기업이 도산하고 실업률이 가장 높았던 시기였다.(『일본동시대사 3』 역사학연구회 편) 즉, 약자의 도태를 전제로 경제 성장체제의 기초다지기를 한 시기였다고 할 수 있다.

가난한 일본에서 재일조선인의 상황은 더욱 심각했다. 당시의 일본적십자사의 조사에 의하면 재일조선인 4분의 3 이상이 실업자였다. 생활보호 수급자는 생활보호 수급이 외국인에게도 적용된 1951년을 100으로 했을 때, 일본인은 1951년부터 1955년 사이에 88%로 감소한 것에 비해 재일조선인은 232%로 증가했다. 이는 거의 다섯 명 중 한 명 비율로 생활보호를 받고 있었다는 사실을 말해준다.(『북한 귀국사업관계 자료집(北朝鮮帰国事業関係資料集)』, 김영달·다카야나기 도시오高柳俊男 편) 전후 부흥 과정은 암거래 등 이른바 비공식적인 틈새산업이 도태되는 과정이었다. 부흥을 이루어내고 안정궤도에 들어선 일본 경제 속에서 조선인이 선택할 수 있는 직업은 매우 한정되어 있었다. 뿐만 아니라 식민지 시기에는 일용직 근로자와 행상 외에도, 규모가 작고 영세했지만 섬유(방적·직물), 금속기계, 화학(고무·유리) 등의 공장노동자로 일할 수 있었으나 전후에는 취직 차별이 더욱 심해져 공장노동자로 취업하는 것도 어려웠다.

빈곤과 차별은 조선인 부락 속에서 공동체적인 협력과 상호상조를 불가피하게 했다. 조선인 부락의 형성은 일본인 차용인이나 임차인을 찾아볼 수 없을 만큼 환경이 열악했던 오사카의 이카이노猪飼野와 같은 지역에 정착하는 경우와 하천부지 등의 국유지를 불법점거를 해서 취락지구를 형성하여 정착하는 두 가지 경우가 있었다.(『재일, 격동의 백년(在日、激動の百年)』, 김찬정) 조선인 부락의 일상과 재일조선인 조직이 심혈을 기울인 민족교육은 젊은 2세들이 나름대로 민족적 자질을 함양하는 소중한 토양이 되었다.

젊은 2세 인텔리들의 이념과 행동은 이 시기 일본의 정신 상황에 의해 적지 않은 영향을 받았을 것이다. 논단에서는 정치와 문학이 긴장감을 유지하고 있었다. 시대의 모순을 상징하는 조선인의 비참함과 억척스러움은 가이코 겐開高健, 이노우에 미쓰하루井上光晴, 오에 겐자부로大江健三郎와 같은 1950년대 후반에 등장하는 작가들의 작품소재가 되었다. 사상계에서는 강좌파와 노농파가 중심이 되는 마르크스주의가 전성기를 맞아 오쓰카 히사오大塚久雄와 마루야마 마사오丸山真男가 주장하는 근대주의와 함께 시대의 혁신을 이끌고 있었다. 이때까지 수준 높은 교육을 받은 사람은 소수에 지나지 않으며 활동가와 지식인이 무지한 대중을 계몽하는 일이 나름대로 의미가 있는 시대였다.

고도성장 이전의 일본 사회는 가난하지만 어딘지 목가적인 분위기가 감도는 사회였다. 아이들은 공터와 뒷골목 같은 부모가 간섭하지 않는 공간에서 시간을 보냈고, 골목대장이 이끄는 놀이 집단에서는 어른들의 사회가 무색할 정도로 사회관계를 맺고 있었다. 아이들을 시간과 공간적으로 성인사회의 학력주의와 소비논리로 얽어매는 학원이나 텔레비전 같은 것은 거의 보급되지 않은 상황이었다. 그런 이유로 시간과 공간적인 자유만은 아직까지 배고픔이 남아 있는 조선인 아이들도 평등하게 누릴 수 있었다.

1955년의 민족학교는 거의 3만 명에 이르는 아이들로 넘쳐났고, 지역이나 학교에서 조선인 아이들은 그들만의 놀이 집단을 만들 수 있었다. '나는 조선인입니다. 우리 학교는 도쿄 에다카와초枝川町에 있습니다'로 시작되는 기록영화 「조선의 아이(朝鮮の子)」가 일본 공산당계의 영화인의 협력을 얻어 촬영된 것도 이 시기였다.(영화 '조선의 아이'와 그 시대(「映画『朝鮮の子』とその時代」, 다카야나기 도시오))

1955년은 일본 정치사에서 글자 그대로 55년 체제로 알려진 장기 보수정권의 틀이 만들어진 해이다. 55년 체제는 단독강화나 미일안보라는 전후 일본의 국제적인 틀과도 연결되어 일본의 대기업은 아시아를 원료기지와 시장으로 사용하면서 마음 놓고 경제성장에 매진할 수 있는 정치적인 조건을 만들어 냈다. 한편 국제적으로는 중국혁명에서 비롯된 아시아의 독립과 혁명의 기운이 한국전쟁의 휴전으로 일단락 지어진 시기이기도 했다. 뿐만 아니라 반둥회의나 평화 5원칙 등, 새롭게 독립한 아시아 각국과 관계를 정하는 규칙이 갖추어지고 있었다. 국가 간의 호혜평등, 주권 존중, 내정불간섭 등, 서유럽에서 시작된 국민국가 이념을 역이용해 약육강식의 국제관계를 비판하고 상대화하고 있었다.

1955년의 노선 전환으로 알려진 재일조선인 운동의 재출발도 이런 국제정치의 기운과 관련이 있었다. 노선 전환에 의해 재일조선인과 일본인의 관계는 분명하게 다른 주권국가와 그 국민들 간의 관계로 다루어졌다. 이 선택은 재일조선인의 생활실태에서 적잖이 괴리된 일종의 허구를 품고 있었다고 할 수 있다. 제2차 세계대전 전부터 정주했다는 사실을 전제로 한다면 원래 재일조선인은 전후 동아시아에서 성립된 국민국가의 틀에서도 그리 쉽게 결론을 내릴 수 없는 존재였다. 한편 구 식민지 출신자를 외국인으로 간주하여 헌법상의 인권규정 테두리 밖으로 방치한 일본 정부의 처사와 차별은 재일조선인의 조국을 향한 마음을 더 굳건하게 해 주었다. 아시아의 해방 문제가 현실적으로는 민족의 해방 문제로 제기할 수밖에 없었던 시대였던 것이다. 그런 시대에서는 노선 전환도 보기에 따라서는 당연한 선택이었는지도 모른다. 1955년 12월, 북한으로 귀국하는 길이 열리자 대부분 남한이 고향인 10만 명에 가까운 사람들이 귀국길에 올랐다. 1960년대 초에 집중된 민족의 대이동은 조선인 부락이 해체를 맞는 첫 단계였다.

3. 고도성장과 가족

고도성장이란 대략적으로 1950년대 후반부터 시작된 도약기를 거쳐 1960년 안보 이후에 실시된 소득배증 노선에 편승하여 가속이 붙은 성장이 1973년 석유파동이 일어날 때까지 전례 없는 속도로 공업화, 도시화, 정보사회화 되는 과정을 말한다. 이 시기 동안 일본 경제는 매년 평균 10%라는 경이적인 성장률을 유지했고 1970년대에는 선진국형 경제사회로 변모되었다. 이는 의식주는 물론이고 요람에서 무덤까지 이르는 라이프사이클 전체를 뒤엎는 생활변혁의 과정이었다. 고도성장기에 이루어진 대규모 공공투자로 하천부지와 불량주택지가 재개발되어 조선인 부락은, 특히 불법점거로 형성된 부락은 주민의 대다수가 얼마간의 보상과 제공받은 공공주택에 분산되어 입주함에 따라 소멸되어 갔다.(앞의 책, 김찬정)

흑백텔레비전, 냉장고, 세탁기는 재일조선인에게도 고루 보급되었고, 3C라고 불리는 자동차, 컬러텔레비전, 에어컨도 더 이상 그림의 떡이 아니었다. 특히 빠르게 보급된 텔레비전은 아이들마저도 획일적인 대량소비와 정보의 세계로 내몰았고, 학력사회의 성립과 맞물려 아이들의 자유로운 공간과 시간을 빼앗아 갔다.

고도성장기에 이루어진 생활양식의 급격한 변화는 사람들의 사회의식과 역사 감각을 근원적으로 변화시켰다. 무엇보다 고도성장은 일본인을 정치에서 멀어지게 하고 사람들의 마음속에 전체적으로 사회변혁을 바라보는 힘을 매우 약화시켰다. 넉넉한 내 집 마련을 소망하고 자신의 모든 인격을 맡긴 기업에서 출세하는 일과 자녀들이 유명학교에 진학하기를 바라는 사생활을 중시하는 생활태도를 폭넓게 이끌어 낸 것도 고도성장이었다.

사회 기초 단위인 가족의 형태와 내용 변화가 고도성장이 가져온 변화로 자주 지적된다. 일본에서 태어난 재일 2세가 조선인이라는 사실을 교육과 계몽을 통해 이식된 관념이 아닌 살아있는 체험을 통하여 확인할 수 있는 기회는 그다지 많지 않다. 난폭한 아버지로 상징되는 집은 비슷한 집들이 모여 있는 조선인 부락과 함께 부정적이든 긍정적이든 민족을 실감할 수 있게 해준 하나의 회로였다.

  그러나 전후의 과정은 재일조선인의 생활양식과 의식을 바꾸고 집은 좋든 싫든 타향에서 자란 우리들을 민족으로 이끄는 길잡이로서의 의의를 점차 잃어갔다. 지금도 완고한 아버지와 빚은 갈등과 조선인 부락의 가난하고 떠들썩한 일상을 원체험으로 가지고 있는 사람도 적지 않을 것이다. 그러나 예전처럼 재일 2세 대부분이 공유하는 통일된 집과 지역사회의 모습으로 연결시킬 수는 없다.

  일본 사회에서 집과 가족은 급격하게 변화되었고, 그런 변화는 재일조선인의 가족관과 가족 형태에도 영향을 끼쳤다. 일본에서는 이미 1950년대부터 3대 이상이 동거하는 대가족 대신 부부가족제라는 사고방식이 퍼지고 소가족화가 시작됐다. 고도성장기에는 부부 단위의 생활이 안정적으로 유지될 수 있는 물질조건이 갖추어지고 세대 규모가 전례 없이 축소되었다. 한마디로 봉건적인 가족제도가 해체되고 부부 단위의 가족제도를 근간으로 하는 근대가족이 대두했던 것이다. 그 속을 들여다보면 가족의 형태와 규모뿐만 아니라 가족 내의 인간관계, 가족의 기능과 지역사회와의 관련 등 다양한 의미의 변화가 동반되고 있었다. 그렇게 성립된 가족의 이미지는 가난한 집일수록 아이가 많다는 말처럼 식구가 많았던 우리들 재일 2세가 어렸을 때 경험한 가족과는 동떨어진 것이었다. 그러나 재일

2세가 부모가 되어 만들고 영위해가는 가족 그 자체의 모습은 근대가족의 이미지에 맞는 부분이 적지 않았다.

한 쌍의 부부와 자식들로 구성된 근대가족은 공업화와 도시화에 따른 생활의 사회화를 전제로 나타난 가족의 형태라고 할 수 있다. 예전의 가족은 가장의 통솔 아래 농업을 중심으로 한 생산은 물론 자녀의 교육, 지위 할당, 신앙, 사회보장, 애정, 오락 등의 다양한 기능을 하는 자족적인 소우주이며, 재일조선인 1세를 키워낸 고향에 남아있는 가족의 형태이다. 그러나 생활의 사회화란 가족이 담당해 온 다양한 기능 가운데 대부분이 기업, 학교, 지자체의 영리와 공적인 일로 달성된다는 것이다. 특히 가정과 직장의 분리는 사적 영역과 공적 영역이 분리되어 가정은 주로 애정이라는 기능을 부각시키는 사적 영역이 되었다.

다시 말해 근대가족에서 가족 내의 유대를 유지시키는 것은 과거와 같은 인습, 자연조건이나 빈곤이 아닌 애정이라는 어떤 의미에서 보면 매우 현대적인 정서관계이다. 그 속에 난폭한 아버지가 끼어들 여지는 거의 없다. 고도성장 이후에는 인격적으로 자유롭고 대등한 개인으로서 이성이 애정이라는 내면의 상호적인 공감을 전제로 한 명이나 두 명 많아야 세 명 정도의 자녀를 낳고, 적은 수의 자녀에게 옛날에는 생각할 수 없었던 애정과 자원을 쏟으면서 기른다.

일본에서는 1970년대 후반의 안정성장기 이후인 전후 베이비붐 시대에 태어난 단카이団塊세대가 새로운 가족형태를 만들기 시작하여, 부부는 물론 부모와 자식 간의 관계마저 같은 문화를 공유하는 대등한 친구관계가 될 정도로 가정 내의 인간관계가 갖는 이미지는 쇄신된다. 이런 근대가족의 이미지는 재일조선인이 옛날부터 지녀

온 가부장적인 부권의식과 성별 역할을 분담하는 제도 또는 집안의식 자체와 모순이 되는 것은 아니었다. 앞서 서술한 바와 같이 근대화는 직업과 주거의 분리와 함께 공과 사를 분명하게 분리했다. 남편은 공적으로 밖에서 일을 하고 아내는 사적 영역에 머무르면서 육아와 살림을 한다는 역할분담이 통념으로 고정되었다. 근대적인 가족제도는 고도성장에 매진하는 일본의 기업전사들의 저력을 유지시켰다. 기업전사뿐만 아니라 공적인 장에서 이루어지는 지식인의 지적인 표현이나 혁명가의 사회운동도 일상적인 가정생활에 무관심해도 홀가분한 입장에 있는 남자들이 주역을 맡고 가정은 남자가 하는 일을 지지하는 후방기지라는 의식이 통용되고 있었다. 대학을 나와 여자는 집안일을 하고 남자는 안정된 직장에 취업을 하여 출세와 돈벌이에 전념한다. 얼마간의 돈이 모이면 대출을 받아 집을 짓고, 자녀들의 입시준비에 혈안이 된다는 너무나도 일본스러운 새로운 중산층의 라이프스타일을 언제부터인지 우리들 재일조선인도 마치 인간의 매우 자연스러운 모습인양 받아들이게 되었다.

　가정생활에 관련된 일상의 일들을 하찮게 여겨 여성에게 떠맡기고 남자는 공적인 일과 사회운동(민족운동)에 전념해야 한다는 생각은 남자들이 가지고 있는 사회의식에 맹점을 남겨왔다. 가정생활에 대한 무관심은 그대로 지역사회에 대한 무관심으로 연결되었다. 가족은 지역사회에 뿌리를 두고 사람들은 대부분의 경우 자녀 양육을 중심으로 하는 가족의 유대를 통해 지역사회에서 타인과 협동해야 하는 중요성을 깨닫게 된다. 공·사의 분리와 성별 분업이라는 관념은 우리와 같은 전후세대의 재일조선인에게도 뿌리깊이 박혀 있다. 그 관념은 민족이나 국가라는 천하·국가형의 발상과 함께 지역사회 속에서 자치와 협동을 중시하는 시민감각을 훼손시켰다. 뿐만 아니라 지역사회에 대한 참가 의식을 공동화시키는 요인이 되어 왔다.

현재는 근대적 가족이라는 신화 속에 재일조선인의 낡은 가족관을 포함시켜 그 안에 안주할 새도 없이 이념적으로나 현실적으로 심하게 흔들리고 있다. 일본과 같은 고도 산업사회에서 남녀의 역할 분담을 정하는 근거는 관념적으로는 상실되었다. 여성의 의식도 일생동안 남편을 섬기며 출산과 육아에 쫓기는 현모양처의 이미지는 완전히 퇴색되었다. 지금은 통계상으로 보아도 순수한 전업주부는 소수에 불과하다. 대부분의 여성들은 아내라는 사적 영역에 격리되는 것을 원하지 않고 공적인 장소에서 자신의 재능을 발휘하는 자유를 추구하고 있다.

자녀를 갖지 않고 맞벌이하는 부부(딩크족), 하우스 허즈번드(남자주부), 미혼모 등 가족에 대한 이미지 자체도 끊임없이 확산되고 있다. 결혼적령기라는 관념이 흔들리고 이혼도 옛날만큼 흠이 되지 않는 지금, 여성들은 어떻게든 노력해서 부부관계를 유지해야 한다고 생각지 않게 되었다. 사람들은 자신이 원할 때 결혼을 하고 가족과 자녀를 선택하거나 또는 선택하지 않기 시작했다. 마지막으로 남은 공동체인 가족의 의미가 사람이 살아가는 데 반드시 취해야 하는 생활모습이기 때문에 존재하는 것이 아니라 사람이 주체적으로 고르고 누리기 때문에 존재한다는 식으로 변해 왔다. 이제는 우리들 재일조선인 세계에서도 가족은 민족의 기초라는 고색창연한 사고방식에는 거의 눈길도 주지 않는다. 난폭한 아버지와 오로지 인내하고 순종하는 어머니라는 가족의 이미지는 먼 옛날이야기라고 밖에 느껴지지 않는다.

4. 시민사회와 재일조선인

　고도성장이라는 것은 사람들의 생활과 연관된 상황에서 본다면 상당히 모순에 가득 찬 과정이다. 고도성장이 낳은 거대한 생산력은 가정과 개인에게 근대적인 생활물자·정보·오락의 신속한 대량공급을 가능케 했다. 그로 인해 농업을 주된 생업으로 하는 전통적인 공동체에서 가족이 자립하고 나아가 개인이 자립하게 되었다. 한편 사람들은 예전의 공동체적인 상부상조와 자연의 혜택에서 분리되어 국가와 지자체가 펼치는 공공시책에 의존할 수밖에 없게 되었다. 즉 고도성장과 그에 따른 도시화는 앞서 서술한 바와 같이 생활의 사회화라고 일컬어지는 사태를 초래했다. 만약 생활의 사회화와 어울리는 공공의 대비가 이루어지지 않을 경우에 도시문제라는 형태로 생활 파괴가 발생하고 공업화가 초래하는 환경오염은 이를 더욱 심각하게 만든다.

　일본은 눈부신 고도성장에 수반된 모순이 이미 1960년대 중반에 도시문제라는 형태로 폭발했다. 주택, 교통, 학교, 의료, 공원 등 급증하는 도시 인구에 비해 뒤떨어진 공공시설, 극단적인 난개발에 따른 대기오염과 수질오염, 이런 것들은 재일조선인의 생활환경에도 심상치 않은 피해를 끼쳤다.

　게이힌 공업지대에 속해있던 가와사키시川崎市의 이케가미초池上町는 공해로 오염된 마을 중 하나로 재일조선인의 집단거주지역에 대한 이 무렵의 상황을 상징하고 있었다. 한 자료는 이 마을의 고도성장 이후 상황을 다음과 같이 기록하고 있다. '가나가와현의 『주택지구 실태조사보고서』에서 불량주택지구로 거론되고 있는 이 마을은 23년이 지난 현재(1983년)도 마찬가지이며, 아니, 그 후의 고도성장이 초래한 공해오염을 생각하면 현재는 당시보다 한층 더 주거환경이 나빠졌다. 이 지역을 찾는 사람은 트럭 등에서 나오는 대량의 배기가스와 소음으로 인해 심할 때는 세탁물이 새까맣게 된다는 공해분진, 화재가 발생하면 한순간에 불타버릴 좁고 구불구불한 골목과 밀집된 가옥, 하수도시설의 미비 등의 열악한 주거환경에 놀란다'(『가나가와의 한국·조선인(神奈川県の韓国·朝鮮人)』, 가나가와현 자치통합연구센터).

일본의『경제백서』(1970년 판)가 성장과 복지의 괴리라고 지칭한 생활환경 악화는 도시시대의 특이한 저항 모습을 사람들에게서 이끌어 낸다. 일상생활을 영위하는 지역을 거점으로 주민 스스로의 발의에 의해 아래로부터의 이의제기가 폭발한다. 말할 것도 없이 1964년 통일지방선거에서 시작되어 미노베 료키치美濃部亮吉 도정의 탄생(1967년)을 거쳐 1970년대 전반까지 이어지는 혁신자치단체 붐도 주민들의 아래로부터의 반란을 배경으로 하고 있다. 가와사키에서도 주민들의 공해반대운동을 발단으로 혁신통일 후보를 추대하려는 움직임이 일기 시작했다. 1971년 시장 선거에서 사회당과 공산당 양 당과 노조·시민단체가 지지하는 이토 사부로伊藤三郎 씨가 7선을 노리는 자민당 후보를 상대로 압승을 거두어 혁신시정이 탄생했다. 혁신자치단체 활동이 절정에 이르렀던 1970년대 전반에는 전인구의 40%의 주민을 커버했다. 이는 지역사회에서 재일조선인의 지위개선뿐만 아니라 전후에 태어난 재일조선인 세대의 운동과 사상에도 적지 않은 영향을 끼쳤다.

한편 고도성장은 우리들 재일조선인이 사는 도시의 지역사회 양상을 바꿔놓았다. 고층 빌딩이 늘어선 대도시의 중심부는 주민을

쫓아내고 주간인구가 늘어났다. 그 주위에 인접한 '도시 이너에리어'에서는 '정주인구 감소, 고령화, 마을의 주변성 상실, 치안불안 등의 문제들'(「뉴커머즈 신규거주자로서의 아시아계 외국인 조사 각서(ニューカマーズ〈新規居住者〉としてのアジア系外国人調査覚え書き)」, 오쿠다 미치히로奧田道夫)을 내포하게 된다. 이런 공동화(주민부재)와 지역에 뿌리를 두지 않는 신규 거주층의 유입이 뒤얽힌 가운데 새로운 커뮤니티를 만들기 위한 과제가 떠오르게 된다. 왜냐하면 전통사회에서는 주어진 여건에 따라 분명히 구분되었던 지역이 도시에서는 인근 도시간의 자각적인 협력에 의해 새롭게 만들어져야 하기 때문이다. 지역의 재발견을 둘러싼 다양한 활동은 국가의 도시계획에 대항하는 아래로부터의 도시 만들기라는 새로운 시대의 흐름을 만들어간다.

고도성장이 안고 있는 모순은 주민이라는 그 자체로는 완전히 무미건조한 용어에 새로운 숨결을 불어넣었다. 다시 말하면 '슬로건으로, 심볼로, 그리고 일체화 또는 존재확인(아이덴티티)의 대상으로 매우 문제의식적으로 사용됐고 사회과학의 개념으로 등록되어 추구하게 된다.(「주민의식에 대한 새로운 어프로치(住民意識への新しいアプローチ)」, 쇼지 고키치庄司興吉) 도시에서 살아가는 사람들의 주체성을 표현하는데 주민이라는 용어가 중시되기 시작했다는 것은 2차 대전 후 일본사회와 재일조선인 쌍방을 붙들고 있던 국민에 대한 분리의 논리를 허물고 상대화할 가능성이 열렸다는 것을 의미한다.

그런 시대의 기운 속에서 지자체가 재일조선인의 처우 문제를 주민 혹은 시민이라는 관점에서 재검토하려는 움직임도 나타난다. 1973년 자민당의원의 저항으로 덧없는 도시헌장이 되어버렸지만 가와사키시의 이토伊藤 시장 등이 발의한 가와사키시 도시헌장에서는 가와사키 시민을 '가와사키에 살고 있는 모든 사람'(원안 13조)으로 정의하고 있다. 1975년 가와사키시와 오사카시는 시영주택 입주자격에 관한 국적조항을 철폐했는데 바로, 살고 있다는 사실과 관련되어 있는 만큼 매우 상징적인 전환기를 나타내고 있었다. 1954년 건설성이 공영주택 입주 자격을 일본 국민에게만 부여한 이유는 행정적으로 외국인은 입주 자격이 없기 때문이라고 했다. 그처럼 오랫동안 국민과 외국인이라는 중앙정부의 이분론이 지자체에서도 오롯이 관철되고 있었다.(「외국 국적 주민과 지자체 참가(外國籍住民と自治体参加)」, 다나카 히로시田中宏)

물론 1975년 오사카시와 가와사키시의 시책이 지자체의 재일조선인 처우를 둘러싼 국가시책을 거스르는 최초의 사례는 아니다. 잘 알려진 바와 같이 1968년 미노베 도정은 국가의 간섭을 뿌리치고 조선 대학교의 각종 학교 인가를 단행하고 1970년에는 외국인학교에 대한 보조금 교부도 시작했다. 그러나 그런 재일조선인을 향한 공감은 주권국가가 펴는 국민 간의 우호·친선 책일 뿐 같은 지역 사회를 살아가는 주민 간의 공감을 나타내고 있었다고 보기는 어렵다.

이 시기의 혁신지자체 붐은 도시형 사회에 걸맞은 지방자치와 지방분권의 진전과 중앙정치 수준을 보호·혁신하는 대항 관계가 지방을 무대로 재현된 것이기도 했다. 즉 당시의 혁신지자체가 실시하는 재일조선인에 대한 선구적인 시책은 역사의식과 한반도 정책 등에서도 나타난 혁신세력의 입장과 재일조선인의 주민성에 대한 착안이 미묘하게 혼재되어 있다.

한편 히타치취직차별에 관한 재판(41쪽, 주석3 참조)으로 시작되는

1970년대는 고도성장기에 인격형성이 된 전후의 자이니치 세대가 취직, 결혼, 자녀양육을 하는 생활인으로서 지역사회의 현실을 마주하기 시작한 시기이기도 하다. 총련·민단이라는 본국직결형 운동과는 차원을 달리하는 지역 활동에 대한 자각도 이 세대를 중심으로 싹트기 시작한다. 아동수당과 시영주택 입주자격에 대한 차별철폐를 요구하는 가와사키에서 일어난 움직임도 그런 흐름 속에서 나타났다. 가와사키시의 활동은 '민족단체가 의회에 대한 진정과 요청이라는 종래의 운동 형태와는 달리 대중운동으로서 지자체에 맞서 주민의 권리를 주장한 단초가 되었다'(앞의 논문, 다나카 히로시).

자이니치의 지역 활동은 고도성장 이후에 흐르던 시대의 분위기에서 촉발된 것만은 아니다. 미국에서 일어난 공민권 운동 등의 영향을 받아 지역을 위한 봉사를 중시하기 시작한 재일대한[한국]기독교회(가나가와·가와사키, 교토·히가시큐조東九条, 오사카·이쿠노)의 활동과 피차별 지역에서의 반차별 활동과 경험(오사카·야오八尾)이 그런 흐름에 분명한 겨냥도를 제시하고 있었다. 이런 지역 활동으로 히타치 투쟁이 시작된 것은 1970년대 전반부터였다. 그 특징을 들면 다음과 같다. ①사고방식과 발상에서 2세와 3세가 중심이 되어 있을 것. ②종래형의 우호, 친선이라는 국가와 국가 간 쌍방을 배경으로 한 교류가 아닌 함께 살아가는 지역의 과제를 함께 풀어가며 연례행사와 같은 관계가 아니라 특히 일상의 문제를 제기할 것. ③어린이회, 보호자회 등의 교육에 관한 일상 활동에 중점을 둘 것 등이다.(「나의 체험적 지역활동론(私の体験的地域活動論)」, 서정우徐正禹)

그러나 1970년대에는 이런 지역 활동이 재일조선인 사이에서 폭넓게 지지되고 있었다고는 할 수 없다. 서정우 등이 벌인 어린이회

활동과 시의 직원채용 등을 둘러싼 국적조항 철폐를 위한 노력에 대해서도 적지 않은 동포(지역 외)로부터 동화로 가는 길이라는 비판도 있었다. 한일기본조약체결(1965년)부터 유신체제 성립(1972년)을 거쳐 남북관계는 한층 긴박해졌고 재일조선인은 더욱 몸을 사리고 시대의 추이를 살피고 있었다. 공적인 대의보다 사생활, 집단보다 개인을 구가하기 시작한 시대의 조류 한가운데서도 민족과 국가라는 상황에 얽힌 정치의 계절이 재일조선인의 의식을 여전히 붙들고 있었다. 모국유학을 통해 본국의 민주화운동에 몸을 던지는 젊은 2세도 적지 않았다. 통일과 분단, 독재와 민주주의라는 심각한 위기 상황에 얽힌 해답 없는 과제는 재일조선인을 지역사회의 주민이라는 자각에서 더욱 멀어지게 했다.

＊　＊　＊

일본의 고도성장기는 자본주의 세계가 한결같이 황금기라고 불렸던 공전의 활황기와 겹친다. 세계사적으로 1960년대 이후부터 현재까지는 19세기 후반부터 20세기 초반까지 이루어진 사람이 대규모로 이동하여 글로벌화 된 시대이다. 선진국들의 경제성장도 대량의 이들 이민노동자의 존재를 빼고 생각할 수 없다. 영국·프랑스·독일 등의 유럽 주요국에서는 이미 1970년대 중반부터 이주노동자의 정주가 과제가 되었고, 국제사회에서는 아이덴티티와 외국인노동자의 권리보장이 국가와 국민을 초월한 보편적인 원리로 확인되고 있었다. 요컨대 공업화는 사람들을 도시로 끌어들였고 구미에서의 도시화는 양에 관계없이 이질적인 에스니시티와 문화의 도가니를 체험할 수 있었다. 같은 시기 일본에서는 지방의 언어와 관습이 도시의 표준적인 것으로 흡수되어 획일화되는 과정이 진행되었다.

　패전 후 일본은 전시체제에서 복원이나 귀환한 사람들과 농촌에 체류하는 과잉인구 등 갈 곳 없는 노동력이 넘치고 있었다. 그런 잉여 노동력이 전후 부흥과 고도성장기의 급속한 경제발전을 이루게 했다. 이농, 출가노동, 여공, 젊고 유능한 일꾼 등 이 시기에 농촌에서 도시로 이동한 사람은 약 천만 명에 달한다고 하고 있다. 고도성장기의 후반에는 일본에서 국내노동력이 바닥을 드러내 외국인 노동력을 필요로 하게 되었다. 그러나 이 시기의 일본은 생산거점을 해외로 이전하고 왕성한 설비투자(노동력 절약)를 함으로써 이 상황을 극복한다. 1970년대는 잘 유지된 일본 사회의 가문사회, 집단주의, 혈족관계주의 등 이 사회의 특수성(일본다움)이 일본의 성공신화의 비결로 구가되었던 시기였다. 그러나 부족한 일손을 외국인으로 보충하는 것 등은 논외였다.

　앞서 서술한 바와 같이 일본에서도 1960년대 후반에는 시민과 주민의 입장에서 아래로부터의 이의제기를 하는 기운이 높아졌다. 그것은 우리와 같은 고도성장세대의 사고방식과 대처에도 적지 않은 영향을 끼쳤다. 그러나 고도성장에 따른 생활수준과 생활양식의 균질화는 패전 직후 도시와 농촌 사이의 현저한 격차로 인해 방해받고 있던 일본 국민으로서의 일체감을 한층 높이게 되었다.(『민주와 애국심(〈民主〉と〈愛国心〉)』, 오쿠마 에이지小熊英二)

　즉 일본의 고도성장은 단일민족의식과 대중 내셔널리즘(『현대일본의 정치적 구성(現代日本の政治的構成)』, 마쓰시타 게이치松下圭一)을 성립시키는 과정이기도 했다. 그로부터 생겨난 시민사회(대중사회)는 이질적인 타자가 함께 지역사회를 만들어 낸다는 상정이 빠져있었다. 그런 이유로 고도성장 이후에도 재일조선인은 여전히 지역사회의 이물질, 혹은 고작 외지인으로서 동화나 이질화를 선택해야 하는 삶을 살아야 했다.

VIII. 글로벌리제이션, 국민 동요의 시대

완전고용과 복지향상으로 들끓던 자본주의 세계의 황금시대(1960년)는 제1차 석유파동(1973년)으로 끝이 난다. 1970년대 중반에는 모든 국가가 투자 둔화로 실업과 복지비용 증대·재정적자 누적이라는 악순환으로 곤란을 겪기 시작한다. 그런 위기 속에서 대처 정권(1979년), 레이건 정권(1980년), 나카소네中曾根 정권(1982년)과 신보수주의 정권이 잇달아 탄생했고 신자유주의와 통화주의에 의한 경제정책 전환이 단행됐다. 자본거래와 무역 자유화에 의해 국민국가의 높은 장벽이 순식간에 무너지고 세계시장의 무한 경쟁을 위한 규제완화와 재구축이 진행됐다. 이는 국민경제의 종언, 포스트포디즘, 글로벌리제이션 등으로 다양하게 표현되었다. 그러나 1980년대 이후 세계경제는 그때까지와는 분명히 질적으로 다른 단계로 돌입한다. 상품과 자본의 거대한 흐름에 의해 정보, 지식, 이미지, 범죄, 오염물질, 마약, 패션, 신앙이 전파됐다. 무엇보다 사람들이 쉽게 국경을 넘고 서로의 유대관계를 돈독하게 하는 시대가 도래했다. 그런 상황 속에서 고도성장시대에는 무엇보다 사람의 유입을 완고하게 거부하던 일본에도 피할 수 없는 변화의 물결이 밀려왔다.

1985년 플라자합의[5]가 이루어진 시기를 전환기로 본다. 그 이후 급격한 엔화 상승과 함께 진행된 토지와 주가의 맹렬한 상승은 동남아시아 각국의 공업화와 도시화에 따른 해외취업과 이민희망자를 증가시켰다. 저출산 고령화시대에 대한 예측 등으로 기세가 눌린 일본도 외국인 노동자의 대규모 유입을 피하기 어렵게 되었다. 1990년대 중반에는 대규모로 유입된 뉴커머가 지역사회에 정주하는 현상이 두드러졌다. 쇠퇴화와 공동화가 현저했던 대도시에 생긴 이너에리어의 재생을 위해서는 '지역사회에 거주하는 생활인 속에서 아시아계 외국인을 뺀 시나리오의 작성은 더 이상 현실감이 없다'(앞의 논문, 오쿠다 미치히로)는 상황에 이른다.

그런 가운데 올드커머인 재일조선인이 갖는 주민으로서의 의의도 재검토되기 시작했다. 제2차 세계대전 후부터 1950년대에 이르는 시기가 국민화의 시기였다면, 1980년대 후반 이후부터 현재까지는 국민 동요의 시대였다. 덧붙이자면 동요와 이에 대한 반향과 반동이 뒤섞여 서로 싸우는 시대였다고 할 수 있다.

다음은 이런 시대의 변화를 다시 되돌아보고 현재 재일조선인이 놓인 위치와 과제를 확인하고자 한다.

1. 포스트 국민국가를 향한 도전 - 통일 후의 독일

플라자협의로 시작되는 1980년대 후반은 엔화강세를 배경으로 하는 거품경제시대이다. 거품경제의 잔치에 빠져서 신세를 망친 재일조선인 상공인도 적지 않았다. 1990년 전후의 일본은 거품경제의 거품이 걷히고 잃어버린 10년에 대한 암전을 눈앞에 두고 있었다. 또한 이 시기는 세계사적으로도 냉전시대가 끝나고 제1차 대전에서 시작된 짧은 20세기의 끝을 눈앞에 두고 있었다. 시장경제의 세계 제패가 실현되어 과장 없는 글로벌화가 사람들의 일상에 다양한 파문을 일으키고 있었다.

그 한가운데인 1990년 10월, 아득히 먼 유럽에서는 한반도와 같은 전후 분단국가 중 하나였던 독일이 다시 통일이 되었다. 1989년 11월에 베를린 장벽이 열리고 일 년이 채 되지 않은 상황에서 일어난 일이다. 동독의 소멸과 흡수라는 형태를 취한 독일의 통일은 천안문 사건(1989년)과 소련의 해체(1991년)와 더불어 20세기의 이데올로기의 하나였던 공산주의의 종말을 선언한 사건이었다고 할 수 있다. 그로부터 15년 전에 베트남이 통일될 때와 비교해보면 사상과 사회인식을 둘러싼 시대의 기류는 완전히 변해 있었다. 거대담론[6]에 입각한 역사주체(프롤레타리아트)가 국가와 산업을 공정하고 합리적으로 관리한다는 사고방식은 1990년대의 북한에도 참담한 결과를 가져 왔다. 세습이나 기아와 같은 사회주의 조국의 눈을 가리는 참상은 천하·국가의 감언이설에 빠지기 쉬웠던 재일지식인들에게 큰 데미지를 주었다. 결국 우리들은 근대사회 속에서 복잡하게 분화된 시장경제와 민주적 법치국가의 무게를 다시 한 번 깊이 새겨야 했다.

독일의 재통일은 서유럽에서는 이미 빛이 바래고 인기가 없던 내셔널리즘을 되살렸다고 평가하고 있다. 20세기에 두 번의 참화를 겪은 유럽에서는 독일이나 프랑스라는 민족국가가 서로 싸우는 권력정치 세계를 어떻게 극복할 것인가 하는 것이 중요한 과제가 되었다. 나치즘을 경험한 독일에서는 내셔널리즘과 국민국가를 초월한 시도는 헌법패트리어티즘(헌법애국주의)로 일컬어지는 경우가 적지 않았다. 즉 공동체로서의 민족이나 국민이 아닌 헌법(기본법)에 새겨진 보편적인 인권이나 민주주의에 관련된 규범을 신뢰하고 그 신뢰를 확신하는 연대에 기대를 거는 조류가 일관되게 전후 서유럽정치의 한 부분을 형성해 왔다.

물론 독일에서도 '역사가 논쟁'[7]으로 잘 알려졌듯이 스탈린의 대숙청을 대량학살로 들어 아우슈비츠를 상대화해서 전통적인 애국주의를 되살리려는 시도가 되풀이되어 왔다. 그러나 1980년대 말에는 '민족적이거나 역사적인 또는 문화적인 특성에 의해 한정된 운명공동체로서의 국민(nation)……이라는 생각은 퇴색되기에 이른다. 헌법패트리어티즘을 분석하여 전반적인 경향을 알아내고 자기 결정권에 의해 만들어진 정치질서로 얻은 찬동 상태가 서독의 전후 지식인의 1세대 전체'에 공유되었다.(『근대 : 미완의 프로젝트』, 위르겐 하버마스 Jürgen Habermas)

이른바 포스트 국민국가에 대한 방향은 독일 사회에 널리 공유된 나치의 범죄를 둘러싼 철저한 반성과 1990년대에 현실이 된 유럽통합이라는 이념과도 결부되어 있었다. 그것은 '독일·내셔널리즘이 정당성을 상실했다는 사실을 보여주는 중심적인 성과'(같은 책)이며 재일조선인이 살아가는 일본과 동아시아에서 본다면 매우 부러운 일이 1980년대에는 실현되고 있었다.

그런데 베를린 장벽 붕괴는 이렇게 퇴색되거나 정당성을 상실했을 내셔널리즘이라는 망령을 무덤에서 다시 되살아나게 한다. 동독이 소멸되어 서독으로 흡수되는 과정 자체가 장벽이 붕괴되는데서 촉발된 내셔널한 감정에 선동되어 실현된 것이었다. '독일국민이라는 문제는 다시 한 번 공화주의적인 평등이나 사회적인 정의의 문제와 대립하도록 만들어버렸고, 전독일 국민국가를 향해 쏜살같이 달려가는 현재의 정치'(같은 책, 하버마스)의 모습에 경종을 울렸다. 통일 후 몇 년간은 독일 민족의 전통과 문화, 독일 고유의 가정생활과 미덕을 강조하는 논의에 활력이 붙어 네오나치와 스킨헤드에 의한 외국인 사냥이 맹위를 떨쳤다.

독일이 통일된 이후에 재연된 내셔널리즘을 둘러싼 공방은 맥락은 달라도 사회통합과 정치질서 면에서 재일조선인이 한국과 일본에서 직면하고 있는 문제와도 어딘가 닮았다. 덧붙이면 전통과 문화에 뿌리내린 일체감에서 가치를 찾는 국민국가(내셔널리즘)의 방향과 시민 한 사람 한 사람이 내린 자기결정과 열린 토론을 중시하는 포스트 국민국가를 향한 방향과 줄다리기를 하는 것이다. 그것은 사회의 정리방법과 재창조를 둘러싼 사고방식의 차이에서 유래한 것이다. 한쪽은 전통, 관습, 품격, 미의식, 나아가 비극성과 정서에 호소하는 공동체로서의 유대를 강화시키려고 한다. 그에 반해 다른 한쪽은 자유, 공정, 참가, 권리 그리고 자기결정과 이성 등이 강조된다. 국가란 전통과 문화를 책임지는 주역으로서 그 차체에 가치를 내포하는 존재인가 아니면 단순한 계약과 위임의 대상일 뿐인가 하는 전통적이지만 새로운 문제가 글로벌리제이션이라는 시대적 맥락에서 대두되고 있다. 이런 대립은 동성애 결혼과 임신중절이라는 일상적인 사회문제에서 미국의 일방주의적인 외교의 잘잘못이라는 국제문제에 이르는 의견과 태도의 차이까지 폭넓게 연결되어 있다. 민족의 전통과 가치를 고집하는 보수주의자는 대부분 동성애와 외국인의 참정권에 반대한다. 과거의 자본주의 대 공산주의의 대립을 대신하여, 진보와 보수라는 쟁점이 국민과 민족에 대한 견해를 축으로 형성되어 현대세계의 특징을 이루고 있다.

물론 국민·민족의 논리와 시민의 논리가 항상 이율배반적인 것은 아니다. 이 두 가지 논리가 융합되거나 타협하는 관계는 산업혁명에 따른 경제생활이 국민적인 규모로 통일된 19세기 이후부터 계속되어 왔다. 시장 획득과 세계 분할을 둘러싸고 힘 있는 민족 간의 싸움이 격심해진 19세기부터 20세기 전반에 걸친 시기는 명백한 국민국가였다. 사람들은 대부분 자립적인 시민으로서 결정에 참가하고 책임을 지기보다 공통의 전통, 관습과 정서에 몸을 맡김으로써 권력정치적인 국제사회에서의 생존과 번영의 길을 선택했다. 전통과 문화를 강조하는 것은 비록 합리성에 어긋나고 다분히 픽션을 포함하고 있더라도 사회통합과 질서유지를 위한 차선책이나 경우에 따라서는 필요악으로 용인되었다. 말할 것도 없이 민족의 결집은 식민지지배에 저항하는 사람들의 국가 만들기의 논리가 되기도 했다. 아시아의 모든 민족의 독립과 연대를 구가했던 1950년대는 대부분의 종교적, 민족적인 소수집단도 자신들의 해방에 대한 소망을 식민지기의 경계를 이은 국민 안에서의 다수집단에 의탁했다.

그러나 20세기의 세계는 민족통일체로서의 국가의 비참한 최후를 지겹도록 목격했다. 크고 작은 무수한 제노사이드가 민족의 이름으로 자행되었고, 거기까지 전락하지 않았더라도 결국 국가의 논리란 것은 고작 다수집단·남성·정상인의 논리에 지나지 않았다. 지금 유럽세계에서는 이런 자각에 의한 포스트 국민국가의 방향이 하나의 합의를 형성하고 있다. EU통합은 국민국가를 탄생시킨 유럽에서 국민과 민족을 단위로 하지 않는 정치사회를 만들기 위한 장대한 시도가 시작되었다는 사실을 말해주고 있다.

'통일 후의 내셔널리즘 문제로 애를 먹었던 독일도 오랜 학습과정 속에서 여러 번의 곡절을 겪으면서 세계주의적인 전환이라 할 수 있는 변화를 이루어 왔다'(『현대 독일(現代ドイツ)』, 미시마 겐이치三島憲一). 터키인 등 정주외국인의 이중국적 취득을 가능하게 하는 신국적법의 제안(1999년)은 그런 흐름을 상징하고 있다. 보수파의 심한 반발로 최종적으로 확정된 국적법은 23세까지만 이중국적을 가질 수 있다는 어중간한 내용이다. 그러나 프랑스가 출생지주의를 채택하고 있는 것에 비해 독일은 유럽에서 혈통주의의 아성이라고 일컬어져왔던 나라였다. 신국적법은 그런 독일도 민족과 민족성과는 상관없이 그 땅에서 태어난 자는 그 나라 사람이라고 인정하는 시민권적인 발상이 뿌리내리고 있다는 사실을 말해준다.

시민권의 발상은 정치사회를 국민이나 민족으로 경계를 정하는 근거를 한없이 약화시켰고, 실제로 1995년에는 유럽시민권이 도입되고 있다. 공통된 의회와 공통된 통화를 실현시킨 유럽은 나아가 공통된 헌법제정을 목표로 하고 있다. 예전에는 허황된 일에 지나지 않았던 유럽시민이나 세계시민이라는 표현이 현실감 있게 회자되고 있다. 미국의 철학자인 리처드 로티[8]는 부시정권의 이라크 침공 반대를 유럽에 호소하면서 다음과 같이 말하고 있다.(앞의 책, 미시마 겐이치)

> 유럽은 20세기 후반에 국민국가 극복을 위한 해결책을 찾아냈다…… 만약 지난 18세기의 마지막 4분의 1기간(25년) 동안 미국시민이라는 의식이 생긴 것처럼 21세기에 들어선 후 최초의 4분의 1기

간(25년) 동안에 모든 유럽국가의 시민의식이 뿌리를 내린다면 세계는 글로벌한 연방제의 길로 나아갈 수 있을 것이다. 연방제야말로 히로시마 이후의 핵무기가 낳은 문제를 장기적으로 해결하는 유일한 길이다.

2. 새로운 내셔널리즘

앞서 서술한 바와 같이 1980년대 후반 이후는 일본에서도 국민의 동요가 분명해지며 내셔널리즘을 비판하고 시민사회에 대해 거론하는 일이 그다지 드물지 않았다. 아카데미즘의 세계는 이미 1980년대에 국민국가를 상상의 공동체(베네딕트 엔더슨Benedict Richard O'Gorman Anderson) 또는 만들어진 전통(에릭 홉스봄Eric John Ernest Hobsbawm)으로 보는 논의가 일본에도 소개됐고, 국민과 민족에 얽힌 패러다임으로 전환하기 시작하여 지역사회는 외국인과의 공생과 국제화를 부르짖게 되었다.

1990년대는 산업공동화가 진행된 일본의 지역사회가 급격한 글로벌화에 어울리는 새로운 활력소를 찾기 위해 필사적으로 모색하기 시작한 시기이다. 지역사회의 국제화는 그 시기의 지역경제의 활성화라는 무미건조한 표어로 대표된다. 그 자체가 산업·기술 수준을 넘은 소프트웨어와 의식면에서 국제화를 동반할 수밖에 없었다. 지역 주민의 다른 문화에 대한 이해와 국제 의식의 함양이 지역자치단체가 자주 내놓는 문화정책이 되었다. 가와사키시 등의 선진적인 지자체를 중심으로 외국인의 지역참가를 강조하는 외국인시민시책에도 힘을 기울였다.

전후 50년을 맞은 1995년에 고치현高知県의 하시모토 다이지로橋本大二郎 도지사가 '재일한국·조선인분들의 공무원에 대한 문호 개방을 진지하게 고려하겠다'고 발표했다. 그 다음 해에는 가와사키시가 채용 후에 임용제한이 있었으나 정령시로는 처음으로 국적조항의 원칙철폐를 단행했다. 이를 시작으로 고치, 가나가와, 오키나와, 오사카 등에서 연이어 실시되었고 2000년 말에는 9개 부현, 8개 정령시에서 국적조항의 원칙철폐가 실현되었다. 고도성장기의 사회변동을 통해 더욱 견고하게 닫혀가고 있었던 지역사회가 겨우 반성하는 기미를 보이기 시작했다.

외국인 행정을 맡는 책임관청(법무성)에까지 시대의 물결이 밀려오고, 예전과 같은 견고한 국민을 전제로 한 입관행정의 논리 파탄이 분명해졌다. 2000년에 책정된 제2차 출입국관리 기본계획에서는 지금까지 실시해온 구 식민지 출신자의 처우에 관해서는 시치미를 뗀 채 일본인과 외국인이 원활하게 공존·공생해가는 사회를 만들기 위해 노력한다고 뻔뻔하게 말하고 있다. 1970년대의 입관행정이 이른바 하드에서 소프트로 전환할 것을 주장하고, 일본에 사는 외국인이 동화되도록 유인하여 외국인의 소멸을 주장했던 사카나카 히데노리坂中英徳·전 도쿄입국관리국장(당시 법무성 입국 관리국 직원)도 지금은 '다민족 국가 일본으로 가는 길'을 내세울 정도다.

독일도 그랬지만 국민국가가 극복해야 할 과제는 침략과 타민족의 지배에 얽힌 역사인식 문제라고 결론짓고 있다. 전후 일본의 역사 감각은 유일한 피폭국으로서의 전쟁체험과 전쟁의 피해자로서의 국민적인 체험, 그 자각에 바탕을 둔 아시아와의 화해와 공존을 위해 노력하려는 의식이 옅다고 종종 지적되어 왔다. 1960년대에 들어 베트남 반전운동과 학생운동이 기성세대의 '감상적인 피해자 의식을 비판하여 가해를 강조'(오쿠마 에이지, 앞의 책)하였으나 황야의 외침과 같은 공허한 느낌이 드는 것은 부정할 수 없었다.

전후 일본에서 가해에 대한 자각은 대부분 외부로부터 가해지는 자극에서 시작되었다. 일본의 고도성장은 일본 경제가 아시아로 복귀하는 과정이었다. 경제를 중심으로 한 아시아에 대한 일본의 관계 증대를 위해서는 양자 간의 역사적인 사실을 바탕으로 재검토되어야 한다. 1974년 다나카 가쿠에이田中角榮 총리가 동남아시아를 순방했을 때 각지에서 반일데모가 벌어졌다. 그 후 일본은 후쿠다福田 독트린[9]을 내놓아 아시아 외교 수정에 돌입했다. 1982년에 일어난 교과서 문제[10]는 일본인이 역사를 재검토하기 시작하는 계기가 되었고, 지금까지 일본의 총리와 천황이 아시아에 대한 가해책임을 어떻게 인식하고 있는지를 끊임없이 추궁을 받게 한다.

일본의 거품경제가 붕괴되는 1990년대의 암전상황은 냉전 후, 국제공헌을 위한 방향성이 극적으로 재검토된 걸프전과 함께 찾아왔다. 일본의 생각과는 상관없이 일본 경제 규모와 국제국가에 어울리지 않는 내용의 결여는 심각하게 추궁될 위기에 직면했다. 그러나 국제공헌을 위한 PKO 참가는 일본의 군사대국화를 우려하는 아시아 각국의 반발에 부딪쳤다. 반발을 달래기 위해서는 무엇보다도 과거에 대한 재검토가 필요했다. 1991년 5월, 낭시의 가이후 도시기 海部俊樹 총리는 싱가포르에서 행한 외교정책 연설에서 '많은 아시아·태평양 지역의 사람들에게 견디기 어려운 고통을 준 일본의 행위를 처절하게 반성한다'고 하여 지금까지 없었던 진지한 표현으로 반성의 뜻을 표했다. 나아가 1993년의 호소카와 모리히로細川護熙

비자민연립내각에서는 침략행위와 식민지 지배에 대한 반성이 총리의 소신표명(8월) 형태로 발표된다. 그리고 1995년에는 자민·사회·선구당의 연립정권 아래서 국회결의(역사를 교훈으로 평화에 대한 결의를 새롭게 하는 결의)와 다음과 같은 무라야마村山 담화가 이어진다.

> 우리나라는 멀지않은 과거의 한 시기에 국가정책을 잘못하여 전쟁으로 가는 길을 걸어서 국민을 존망의 위기에 빠뜨리고, 식민지지배와 침략으로 많은 나라들 특히 아시아 각국의 사람들에게 매우 많은 손해를 입히고 고통을 주었습니다. 저는 앞으로 잘못을 저지르지 않도록 하기 위해 의심할 여지가 없는 이 역사의 사실을 겸허하게 받아들이고 여기서 다시 한 번 통절한 반성의 뜻을 표하며 진심으로 사죄의 마음을 표명합니다.   1995년 8월 15일

무라야마 담화는 일본 국민을 대표하는 총리가 거리낌이 없는 표현으로 과거의 잘못에 대해 말했다는 점에 큰 의의가 있다. 또한 그 점에서 1980년대 이후에 일어난 타자인식의 변화와 가해자로서의 자각이 국민적으로도 공유되는 범위의 최고치를 나타내고 있다고 할 수 있을 것이다.

그러나 과거에 대한 반성은 1990년대 중반부터, 일본의 근대 자체를 부정하는 것으로 이어지고, 나아가 일본인의 아이덴티티마저 흔들지도 모른다는 위기감이 일본 사회의 저류를 형성하기 시작한다. 야스쿠니신사의 국가 보호유지와 공식참배를 주장하는 일본유족회는 1993년의 호소카와 총리가 밝힌 소신표명에 대해서 '대동아전쟁은 국가와 국민의 생명과 재산을 보호하기 위한 자위전쟁이었다'며 총리의 발언이 도쿄재판사관을 해친 자학적 발언이라고 비판

했다. 국회결의와 무라야마 담화를 거친 1996년에는 자민당의 보수파 의원 116명이 밝은 일본 국회의원 연맹("明るい日本"国会議員連盟)을 결성하여 '침략국가로 죄악시하는 자학적인 역사인식과 비굴한 사죄외교에는 동조하지 않는다'(취지서)고 선언했다. 1995년에는 자유주의사관연구회가 만들어지고, 1997년에는 새로운 역사교과서를 만드는 모임도 출범한다. 이는 일본판 역사수정주의의 대두라고 할 수 있다.

글로벌화는 반드시 국민이 국가 차원의 긴장 이완으로 이어지는 것은 아니며 자타의 차이에 관한 의식을 일깨운다. 일본에서도 글로벌화는 내셔널리즘에 새롭게 숨을 불어넣어 국가에 대한 기억과 국민의 내용을 둘러싼 줄다리기를 새로운 차원에서 가시화시켰다. 전후 50년을 맞아 무라야마 담화가 발표되고 10여 년이 지난 지금 한류에 맞선 혐한류가 그런 것처럼, 글로벌화에 뿌리내린 타자의 수용은 언제나 타자를 향한 반발과 복잡하게 뒤얽힌 기류를 만들어 내고 있다. 통일 후의 독일이 이런 뒤틀린 기류를 능숙하게 정리하여 세계주의로의 전환을 이루어냈다고 한다면, 일본은 거꾸로 국가적인 감정이 고조되어 무라야마 담화뿐만 아니라 전후 민주주의의 소거로 이어질 수 있는 애국심 교육이 활개를 치고 있다.(『역사 화해는 가능한가(歷史和解は可能か)』, 아라이 신이치荒井信一)

나카무라 마사노리中村政則에 의하면 '메이지 이후의 일본 근대사에는 인터내셔널리즘(개화주의)과 내셔널리즘(쇄국주의)이라는 상극이 존재하고, 그것이 거의 30년 주기로 반복되어 왔다'고 한다. 덧붙여서 나카무라는, 1990년대의 네오내셔널리즘은 하야시 후사오林房雄의 대동아전쟁 긍정론으로 대표되는 1960년대의 내셔널리즘을 재현

한 것에 불과하지만 ①마르크스주의 실추 ②중고등학교에서의 교사와 학생의 동질화 ③버블경제 붕괴 후의 폐쇄감 등을 배경으로 그것이 교육현장에까지 영향을 미치고 있다는 점에서 차이가 있다고 한다.(『전후사(戰後史)』) 오구마 에이지小熊英二는 만들기 모임 등의 움직임을 포퓰리즘형 내셔널리즘이라고 특정하고, 그 배경을 ①냉전체제 종결에 의한 사회주의 실추와 가치관의 동요 ②국제화의 진전, 즉 일상화된 외국체험과 이문화 접촉 등에 의한 아이덴티티의 위기 ③현대 일본 사회의 중간집단, 즉 가족과 지역공동체, 학교 등의 공동화라는 세 가지를 들어 지적하고 있다.(『치유의 내셔널리즘(〈癒し〉のナショナリズム)』)

사회민주주의의 전통이 뿌리 깊은 유럽에서는 사회주의 체제가 붕괴되어도 자유주의파가 공공적인 의식 형성에서 차지하는 지위가 일본만큼 동요되거나 실추되지는 않았다. 한편 일본에서는 독일보다 진보파의 지식인 실추가 훨씬 심각하고, 교사를 포함한 젊은 세대의 우경화와 보수화가 한층 두드러지고 있다. 그리고 1990년대 경제가 장기 침체된 상황에서 글로벌화가 갖고 있는 파괴력이 사회의 심층부까지 파고들어 사람들은 산산이 흩어져 어쩔 수 없는 상실감에 휩싸여 있다. 일본에서는 그런 시민사회의 액상화와 통합의 위기 속에서 인권·민주주의·참가라는 포스트 국민국가적인 통합의 길은 후퇴되고, 또다시 민족·전통·애국의 시대와 비슷한 내셔널리즘이 되돌아온 것이다.

3. 국민이라는 틀을 초월하여

무라야마 담화와 고치현의 하시모토 지사의 문호개방 발언이 있었던 1995년은 정주외국인에 대한 지방참정권을 둘러싼 헌법재판이 열린 해이다. 그해 2월, 일본 최고재판소는 '거주하는 구역의 지방공공단체와 특별히 긴밀한 관계를 가지는 영주외국인의 의사를 일상생활과 밀접한 관련을 가지는 지방공공단체의 공적인 사무처리에 반영시켜야 하며, 법률적으로 지방공공단체의 장과 의회의 의원 등을 뽑는 선거권을 부여하는 조치를 강구하는 것은 헌법상 금지되어 있는 것은 아니다'라는 판단을 내렸다. 매우 미적지근하고 우회적인 표현이지만 일본 헌법은 정주외국인이 지역사회의 의사 형성에 참가하는 것을 금지하지 않는다는 것이다.

고령자의 무연금 문제[1]와 민족교육 등의 문제는 남아있지만 재일조선인을 둘러싼 제도적인 차별은 1980년대까지 대폭 개선되었다. 1991년의 입관특별법(일본국과의 평화조약을 근거로 일본 국적을 이탈한 자 등의 출입국관리에 관한 특별법)에 의해 법적 지위도 안정되고(일률적으로 영주자는 특별영주자가 됨. 241쪽, 주석1 참조), 외국인 차별의 상징이라고 할 수 있는 지문날인제도가 1993년에는 영주자에 한해서 철폐되었다. 그런 상황 속에서 1990년대에는 재일조선인 앞에 놓인 마지막 장벽이라고 해야 할 공무취임권과 지방참정권에 대한 문제가 남아있었다.

공무취임권이나 지방참정권도 국민의 논리가 강하게 뿌리를 내리고 있었던 1970년대까지는 일본 사회나 재일조선인에게 거의 문제로 의식되지 않았던 과제다.

앞서 서술한 바와 같이 1970년대까지는 주민이라는 용어가 도시에서 살아가는 사람들이 주체성을 표현하는 방식으로 중시되기 시작했다. 주민이라는 관점은 오랫동안 중앙과 지방의 행정을 지배해 온 국민과 외국인을 나누는 이분법을 무너뜨리는 계기를 내포하고 있었다. 본장의 Ⅶ에서 서술한 1973년의 가와사키시 도시헌장과 1975년에 실현된 가와사키와 오사카에서의 시영주택 입주자격 중에 국적조항 철폐는 바로 '살고 있다'는 사실과 관련되어 있는 만큼 상징적인 계기를 보여주고 있다. 그리고 가와사키시 등을 시작으로 지방공무원의 국적조항 철폐가 각 지자체로 확산됐다.

그러나 국적조항의 원칙철폐를 실현한 이른바 가와사키 방식은 국가가 말하는 제약조건(예로 든 '당연의 법리'로 간주되는 것으로 공권력 행사 또는 공적인 의사형성에는 외국인은 관여할 수 없다는 기준)에 근거하여 이 기준에 저촉되지 않는 범위 내에서 임용한다는 것이다.(전 직종의 80%) 다시 말해 주변의 장애물이 거의 제거되었다고 하더라도 당연의 법리라는 이론 그 자체는 여전히 극복하지 못한 상태였다. 이런 점에서 보면 지방공무원의 취임권이란 넓은 의미에서의 참정권 문제이기도 하며, 남아있는 마지막 장벽에 대해서는 선진지차체일지라도 지방참정권의 문제와 연동하여 다룰 수밖에 없었다.

1990년대의 재일조선인의 법적 지위를 둘러싼 논점은 지역사회 참가에 관한 문제로 수렴되고 있었으며 영주외국인의 참정권이 합헌이라는 최고재판소의 판단은 그런 상황 속에서 내려진 것이다.

1990년대의 지자체 수준에서 외국인 주민의 생활실태에 맞는 참가 시스템을 구축한다는 것은 일종의 유화정책을 전개하는 움직임이었다. 특히 1996년에 시의회의 조례에 의해 만들어진 가와사키시 외국인시민대표자회의는 자문과 간담회 수준을 넘어 참정권을 둘러싼 공법公法의 결함을 보완하는 시도였다. 나아가 시가현滋賀県의 마이하라초米原町와 아이치현愛知県의 다카하마시高浜市에서 시작된 주민투표를 둘러싼 움직임은 영주외국인의 참가 시스템 만들기로서 주목받았다. 2002년 1월, 마이하라초 의회는 시정촌 병합에 대한 시비를 가리는 주민투표에 영주외국인에게 투표 자격을 부여하는 조건안을 가결하고 3월 31일에는 '전국에서 처음으로 영주외국인이 지방자치에 한 표를 행사하게'(아사히신문 3월 20일자) 되었다. 마이하라에서 시작하여 외국국적 주민에게 투표권을 인정하는 주민투표 조례를 정한 지자체는 2005년 말까지 200곳 이상이 된다.(「주민투표권·지방참정권(住民投票権·地方参政権)」, 사토 노부유키佐藤信行)

우회전술과 함께 정면 돌파라고 할 수 있는 '영주외국인 지방참정권부여법안'을 국회에 제출하는 일도 1998년 이후 반복적으로 시도되었다. 2002년 7월에는 연립여당을 형성한 공명·보수 양 당에서 법안을 중의원에 제출하여 재일조선인의 기대를 모았다. 그러나 1990년대 후반에 시작된 국민의식의 재정비와 내셔널리즘의 복권을 둘러싼 역류와 반동은 참정권 문제에도 영향을 끼쳤다. 참정권은 국정과 지방에 상관없는 국민고유의 권리라고 하는 일부 자민당 의원과 학자·저널리스트 등의 반발이 갑자기 고조되어 법안은 실현되기 직전에 좌절됐다.

반대로 그 전해인 2001년에는 특별영주자에 대해 법무성의 재량과 관계없이 신고에 의해 일본 국적을 부여한다는 '국적취득완화법안'(「특별영주자 등의 국적취득 특례에 관한 법률안[가칭]요강안」)이 야당 3당에 의해 완성되었다. 얼핏 보면 고마워 보이는 법안도 속을 들여다보면 1990년대 후반 이후 이어진 내셔널리즘 복권이라는 맥락에서 기인하고 있다.

즉 '영주외국인 지방참정권 부여법안'이 일본 나름의 포스트 국민국가를 향한 도달점이라는 주민의 논리에서 성립되었다면 '국적취득완화법안'은 분명히 국민의 논리에서 성립되었다. 물론 그렇다고 해도 재일조선인에게 신고에 의해 국적 취득을 허가하는 것이므로 순수한 국민을 전제로 하는 일본적 내셔널리즘을 단순하게 재현하는 것이라고는 할 수 없다. 그 점은 참정권 등의 외국인이 누릴 권리확대는 완강하게 거부하면서 재일조선인이 일본 국적을 취득할 수 있게 하는 국민운동을 부르짖는 사카나카 히데노리의 최근 주장에서도 엿볼 수 있다. 사카나카는 국적취득완화법안을 '재일한국·조선인이 본명을 밝히고 일본 국민이 되는 것을 보증하고 한반도 출신자라고 선언하는 국민, 즉 조선계 일본 국민으로의 길을 여는 것이다. 권리적인 면에서 일본 국적을 취득할 수 있는 제도를 만들어 내는 것으로 제일한국·조선인이 학수고대하던 것이었다'(「자이니치는 조선계 일본 국민으로의 길을(在日は『朝鮮系日本国民』への道を)」)고 설명한다. 이대로 수수방관하고 있으면 재일조선인은 21세기 전반의 어느 날 자연 소멸하게 되므로 이에 어느 정도 제동을 걸기 위해서라도 법안통과가 요구된다고 하고 있다. 그리고 조선계 일본 국민의 존재를 전제로 장래에 일본 사회를 다음과 같이 내다보고 있다.

> 머지않아 인구감소를 맞이하는 21세기의 일본은 외국인 인구가 비약적으로 증가하고 일본 민족을 중심으로 하는 다민족국가로 이행할 가능성이 높다. ……그때는 일본인과 끈끈한 유대로 이어지면서 민족명을 밝히고 조선계 일본인으로서 살아가는 재일한국·조선인은 그야말로 다민족 국민 통합의 상징으로서 일본 사회에서 중시될 것이다.

재일조선인의 신변을 너무나도 잘 간파한 논리다. 분명 1990년대 이후의 재일조선인의 상황은 소수집단으로서 존속이 불안할 정도로 위태로운 부분이 있었다. 1995년 이후 한국·조선적의 특별영주자는 전후 처음으로 50만 명 선에 들어섰다. 그동안 경제 생활면에서도 재일 금융기관의 파탄이 잇달아 샌들, 가방, 플라스틱 성형, 파친코 경품매매, 음식점 등의 재일 자영업자들은 계속되는 불황을 견디지 못하고 차례로 공장과 가게를 정리했다. 수치는 분명하지 않지만 글로벌화가 수반한 양극분화는 재일조선인 세계에 보다 심각한 형태로 파급되고 있었다. 기아, 납치, 핵·미사일, 탈북, 정치범수용소 등의 1990년대 이후에 밝혀진 북한의 경제생활과 인권을 둘러싼 차마 눈 뜨고 볼 수 없는 참상은 한국의 민주화와 한류라는 플러스 요인을 상쇄하고도 남았다. 총련과 민단의 지반 침하도 두드러졌다.

지금 재일조선인은 그런 한가운데 놓여 있다. 우리의 약점을 파고들어 제시한 법안이 '국적취득완화법안'이며, 다름 아닌 '일본 국적취득운동'이다. 그것은 일본 국민을 다시 정의하여 차별하는 쪽에 대한 마중물로 받아들일 수 있다. 물론 역사적인 경위에서 보면 재일조선인이 일본 국적을 취득하는 것은 당연한 권리라고 할 수 있다. 그러나 국적에 대한 선택권을 부여하는 것과 재일조선인을 특정한 국적에 가두어 두려고 하는 것은 전혀 다른 일이다. 그 차이는 작아보여도 사실은 국민국가를 둘러싼 이 시대의 저변에 생긴 깊은 균열을 보여주고 있는 것이다.

재일조선인처럼 국민과 민족에 얽힌 강한 자기장 속에서 살아온 마이너리티도 적을 것이다. 그 방향이 바다를 사이에 둔 조국인지

다수파 사회로서의 일본인지는 제쳐두고 우리들 재일조선인은 민족과 국가에 대한 독선적인 말을 전제로 특정한 국민의 범주 내에 가두어 두려고 하는 압력에 항상 노출되어 왔다. 1980년대까지, 본국으로 돌아가는 것이 근본적인 도리라고 외친 원격지 내셔널리즘의 논리는 우리를 붙잡고 놓아주지 않았다. 지금은 오히려 일본의 새로운 내셔널리즘에 뿌리내린 국민화라는 압력에 직면해 있다. 일본에 살고 있는 마이너리티로서 어디까지나 국민과 국적의 논리에 의해 구분되거나 가두어지는 것을 거부하고 있다는 점, 지금 그런 사실이 새롭게 요구되고 있다. 그것은 시대착오나 비상식적인 것이 아니라 바로 포스트 국민국가에 대한 시대의 조류가 한 축으로서 분명하게 자리 잡고 있다는 것을 말한다.

註釋

01_ 1973년 8월, 1971년의 대통령선거에서 박정희와 싸워 선전했던 김대중이 도쿄의 호텔에서 한국 중앙정보부원에게 납치되어 살해될 뻔했던 사건. 일본에서는 이 사건을 둘러싸고 한국의 군사정권에 의한 주권침해라는 의론이 들끓었다.

02_ 1952년 1월, 한국의 이승만 대통령이 어업자원의 보호 등을 명목으로 한반도 주변 수역에 한국의 주권을 선언한 해양선. 해양선 침범을 이유로 일본 어선의 나포·어민의 억류가 급증하고 일본의 반한감정이 고양됐다. 1965년의 한일조약 체결에 의해 폐지됐다.

03_ 이시하라 신타로石原愼太郎의 아쿠타가와상芥川賞 수상작인 『태양의 계절(太陽の季節)』(신초샤, 1956년)에서 나온 용어. 기존의 가치관에 얽매이지 않는 상식을 벗어난 젊은이들을 칭한다. 비슷한 말로 아프레(아프레게르의 약어로 프랑스어로 전후라는 의미) 등이 유행했다.

04_ 도심부와 교외 주택지 사이에 있는 주택과 상점가 등이 혼합되어 있는 지구를 말한다.

05_ 1985년, 선진국의 수뇌와 장관이 급격한 엔화강세 정책에 합의하였다. 그 합의가 미국의 플라자 호텔에서 열렸기 때문에 플라자합의라고 불리며, 이 합의로 엔화가 240엔 시대에서 120엔 시대로 돌입하게 된다. 이런 엔화강세에 힘입어 일본 경제의 국제적인 전개와 외국인 노동자의 유입을 중심으로 하는 국제화의 기초 조건이 갖추어졌다.

06_ 마르크스주의로 대표되는 세계사의 발전과 구조, 나아가 변혁을 이끄는 이론과 사상의 종류를 말한다. 프랑스의 포스트모던 사상가인 장 프랑수아 리오타르Jean-François Lyotard에 의해 그런 이론과 사상에 대한 비판의 의미를 담아 사용된 용어이다.

07_ 1980년대 중반, 나치가 자행한 유대인의 학살은 스탈린에 의한 우크라이나의 부농절멸정책이나 시베리아의 수용소 방식과 큰 차이가 없다고 하여 나치의 범죄를 상대화한 에른스트 놀테Ernst Nolte의 주장에 대해 하버마스 등이 비판하여 전개된 논쟁.

08_ 리처드 로티Richard McKay Rorty(1931년~) : 현재 미국을 대표하는 포스트모던의 자유주의자. 실용주의 방법을 발전시켜 신실용주의의 입장에서 철학뿐만이 아니라 정치·경제·사회학, 미국 문화 등의 논단에서 활약하고 있다. 저서로 *Philosophy and Social Hope*(『자유·유토피아라는 희망(リベラル・ユートピアという希望)』, 스토 노리히데須藤訓任·와타나베 히로마사渡辺啓真 역, 이와나미쇼텐岩波書店, 2002년) 등이 있다.

09_ 다나카 정권을 계승한 후쿠다福田 정권 하에서 나온 아시아 정책으로 군사대국화를 부정하고 마음과 마음이 서로 통하는 것을 강조했다.

10_ 일본의 아시아 침략을 진출이라고 바꿔 쓰게 한 문부성의 교과서검정에 대해 한국 정부와 중국 정부가 강력하게 비난해 외교문제로까지 발전했다.

11_ 1959년에 통과된 국민연금제도에서는 국적조항에 의해 재일외국인은 적용에서 배제 되었지만, 난민조약비준(1982년)에 따라 국적조항이 제외되어 외국인도 국민연금에 가입할 수 있게 되었다. 그러나 원래 일본인에게는 인정되는 경과구제조치(제도 통과 시점에서 보험료를 낼 수 없는 고령자와 장애인에게도 수급연령과 수급단계가 되면 지급하는 조치)가 외국인에게는 실시되지 않았다. 이 때 20세가 넘은 재일조선인 장애인과 1986년에 기초연금제도가 도입되었을 당시 60세가 넘은 재일외국인 고령자 가 무연금 상태로 방치되어 있는 문제. 자세한 것은 『목소리를 새기다(声を刻む)』(나 카무라 일성中村一成) 참조.

부록
재일론의 맥락

재일론의 맥락

　사실의 발전이 인식의 진화를 웃도는 시대, 쉽게 말하면 한치 앞이 어둠인 시대에 우리 재일조선인은 있다. 시시각각 변화하는 세계와 본국, 그리고 우리가 살고 있는 일본에서 미래로 이어진 현재를 무언가 정리된 형상으로 결부시키는 것은 지극히 어려운 일이다. 그러나 돌이켜보면 해방 45년은 거의 사상의 의미 부여가 결여된 채로 과거가 후회나, 원망, 망설임, 포기, 나름의 희망이라는 이런 온갖 감정에 휩싸여 우리 재일조선인의 배후에 방치되어 있다. 요컨대 우리는 어디에서 와서 어디로 가는가? 라는 실로 과장된 질문이 조금도 과장되지 않은 것 같은 세기말의 미로 안으로 우리들은 발을 들여 넣고 있는지도 모른다.
　시대변화의 추세가 보이지 않는 것은 현재가 압도적인 규모와 속도로 격변하고 있기 때문만은 아니다. 우리는 사물을 판별하는 기축 자체를 잃어버리고 사상과 관념인 자기기만에 시달리고 있다. 잔재주뿐인 겉치레만으로 현재를 넘길 수는 있어도, 자신과 아이들의 미래를 걸고 현재와 대결할 만큼의 세계관의 기축을 찾기는 쉽지 않다. 이럴 때는 우선 과거를 되돌아볼지도 모르겠다. 물론 과거를 향한 시선에는 나름의 현재를 사는 생각과 자세가 보였다 안 보였다 한다. 어떤 의미로는 과거를 말하는 일은 말하는 자기 자신의 한계를 털어놓는 일이기도 하다. 어쨌든 우리 재일조선인의 해방 후 궤적을 장식한 관념의 맥락을 찾는 일, 다음의 단문은 그런 과제를 향한 필자 나름의 시도이다.

* * *

해방 후 재일조선인의 행적은 1960년대 이전과 이후의 시기로 나눌 수 있다. 그 1960년대는 우리가 살아온 일본으로 말할 것 같으면 점령, 부흥, 보안투쟁에 이르는 정치의 계절에서 고도성장기 이후의 경제의 계절로 시대를 가르는 분기점에 위치하고 있었다. 문자 그대로 과도기적인 10년이었다.

1960년대 이전 특히 1945년부터 1950년에 걸친 시기는 세계를 양분하는 냉전의 한복판이었으며, 본국에서도 일본에서도 좌우의 도그마가 난무하던 시대였다. 동시에 개인과 개인이 찰싹 붙어 유착하는 공동체적인 관계와 의식이 사회의 저변에 짙게 깔려 있던 시대였다. 구미형 민주주의와 사회주의가 두 나라의 체제와 운동 안에 이식되어, 그런 사상이 역사를 움직인 시대였지만 그 배후에 있었던 가치체계와 정신구조는 천황제와 유교사회의 본성을 내포하고 있었다. 한국과 일본 양국에서는 전쟁 전의 지배층에 의해 구미적 민주주의가 공산주의를 방위한다는 명목하에 구미적 민주주의와는 상당히 거리가 먼 전근대적인 사회관계를 복권시키려고 하고 있었다.

그런 보수반동에 대항했던 사회주의가 상대적으로 진보를 의미한 것은 의심할 여지가 없다. 그러나 사회주의도 이 당시의 지배질서에 내재되었던 전통적인 인간관계와 행동양식을 송두리째 뽑아낼 정도의 혁신을 단행한 것은 아니었다. 사회주의로 이미지 되었던 것은 국가의 혁신과 변혁된 국가(당)에 의한 위로부터의 사회(=소유관계)를 개조하는 것이었고, 일상생활에서 개개인의 자립적이고 평등한 관계를 만들어내는 일까지는 생각하지 못했다. 또한 각각의 사회가 역사적으로 짊어지고 있던 전근대적인 모든 조건을 동원한 대중운동이 활개치고 있었다. 결국 사회주의라고는 하지만 지금까지의 수직적이고 권위적인 관계를 새로운 형식의 권위적인 관계로 대체했을 뿐, 개개인 시민의 횡적 관계를 그런 수직관계로 대치한다는 의미는 아니었다. 국가에 의한 통치에서 시민에 의한 자치를 대치시키는 정치의 지평 전환은 지금껏 일어나지 않았던 것이다.

해방 후 재일조선인의 관념과 운동은 이런 상황에서 출발하여 일본의 사회주의 운동과 결부되어 일본의 민주혁명을 위해 싸웠다. 물론 조련(재일본조선인연맹)과 민전(재일조선통일민주전선) 시대의 지식인과 운동가의 거듭된 노력을 가볍게 보아서는 안 된다. 여하튼 지금의 우리는 생활권의 옹호나 학교 만들기 등, 그들이 부지런히 쌓아 올린 지층 위에 서 있다. 일본의 변혁이나 본국의 변혁도 그들이 목표로 했던 인터내셔널리즘도 정주화와 국제화가 복잡하게 뒤섞인 지금의 상황에 비추어보면 그 나름의 중요한 모티브였다. 적어도 조련시대의 재일조선인운동의 핵심이 거기에 있던 것은 아닐 것이다. 문제는 사람을 사상 동원하는 방법에서 노선의 책정·전달·집행에 이르기까지 마치 천황제를 뒤집어 놓은 듯한 전근대적인 색채를 짙게 띤 것이었다.

　원래 재일조선인은 제2차 세계대전 전부터 이 천황제에 목숨을 걸고 저항해왔고, 전후에도 침략적 일본 군국주의의 천황제 타도와 참된 일본 민주주의의 정치 수립(「민중신문」, 1946년 1월 16일)을 위해 싸웠다. 그러나 그들이 맞선 것은 천황제라는 제도였고, 그런 제도와 내면적으로 결부되어 있었던 사람들의 사고와 행동 방법이 아니었다. 처음부터 천황제는 '고체가 아니라 기체이며, 자타를 감싸는 장소와 같은 것'이었다.(다케우치 요시미竹內好) 즉 천황제를 지탱해 온 정신이라든가 인간관은 그에 저항하는 측의 심상을 물들이고, 현실을 초월한 어떤 절대적인 관념의 설정과 그 근원에서 이루어진 집단 통일이라는 수법이 혁명이라는 이름으로 활개를 쳤던 것이다. 조국, 민족, 통일, 사회주의에 대한 신념이 천황으로 바뀌어 재일조선인의 확고한 가치로 삼게 된다. 많은 황국청년이 정신적 기축을 바꾸지 않은 채로 민족주의자와 사회주의자가 될 수 있었던 계책도 결국 그런 점에 있었던 것이다.

　천황제가 그렇듯이 정점에서 절대적인 가치의 설정은 저변의 비주체적인 반조직 같은 인간관계로 지탱해야 한다. 개인의 자립은 그런 절대적인 관념의 존립을 위태롭게 한다. 따라서 제2차 세계대전 전의 공동체적인 인간관계든 가치관 등을 무너뜨리는 일을 재일조선인운동의 본격적인 과제로 도입하지는 않았다. 식민지의 청산은 저변에 있는 오래된 의식과 인간관계의 해체를 생각하게 하는 아래로부터의 에너지를 분출시켰지만, 변함없이 위로부터의 권위적인 지도가 이를 억압하여 의식적이든 무의식적이든 구사회의 고정성을 이용했던 대중동원 방법이 기승을 부렸던 것이다. 간단히 말하면 천황제 세대인 지도자들은 자신들이 타도할 상대와 거의 같은 기반 위에서 싸웠기 때문에 그 기반 자체를 해체하는 것에는 생각이 미치지 못했다. 그런 이유로 그들의 운동에는 혁명에 관련된 관념이 항상 선행하여 현실의 움직임을 잘못보고 대중의 혁명적 고양을 과대평가하여 비틀거리고 결국에는 정돈 상태에 빠지게 된다.

＊　＊　＊

그리고 1955년에 노선 전환이 온다. 일본이 '이제는 전후가 아니다'(『경제백서(1956년판)』)라고 말하고, 한국전쟁으로 떼돈벌이를 거쳐, 패전의 큰 상처에서 일어나 사회가 안정을 되찾은 시기였다. 이 무렵 재일조선인에게도 이 땅에 오래 살아야 한다는 각오가 싹트고 재일조선인의 운동이 재출발하게 된다. 조련과 민전시대의 인터내셔널리즘은 전후로 물러나, 민족이 모든 가치의 정점을 이루게 된다. 어차피 인간의 자립이나 해방은 민족의 해방으로 인식됐던 시대였다. '이제는 전후가 아니다'라고 말은 해도 차별이나 빈곤은 재일조선인의 트레이드마크처럼 변함없이 따라다녔다. 그런 재일조선인이 직면했던 곤란과 거기에서 구제를 추구하며 조국을 동경하고 통일의 꿈과 같은 피안의 의식은 방향을 전환한 조직을 지탱했고 재일조선인을 하나로 묶고 있었다. 조직은 그런 재일조선인의 가치를 거의 독점하는 발원지였다. 그러나 방향전환에도 불구하고 운동의 내실, 즉 일방적인 지도법이라든가 저변에 있는 반조직적인 인간관계 등이 변화한 것은 아니었다. 오히려 해방 직후의 운동가 쪽이 아래로부터의 대중의 움직임이나 요구에 대해 대응방법 면에서는 뛰어났을지도 모른다. 결국 노선 전환은 궁극적 권위의 향방을 바다 저편으로 쫓아낸 셈이며, 그만큼 아래로부터의 사고를 하기 힘든 상황으로 만든 것이다.

　권위주의와 공식주의, 그리고 개인의 내면적인 다양성을 본질적으로 이해하지 못하는 운동이 갖는 병은 유일사상이라든가 주체사상이 강조되기 시작하는 시기에는 걷잡을 수 없을 정도로 심해졌다. 사람들은 자각하는 자와 그렇지 않은 자로 확연히 구분되어 도그마에 걸맞지 않는 개인을 주장하는 사람은 종파 또는 비조직이라는 낙인을 찍었다. 아이들에게는 사회주의 이념을 암기시켰고, 본국의 사람들과 전혀 다르지 않은 조선인다움이 요구되었다. 민족·국가·통일·단결이라는 어쨌든 정리가 강조되고 그런 정리된 내부의 권위적인 관계에 주의가 미치는 일은 거의 없었다. 조직의 말단에서 때때로 성립하는 인간적인 관계는 끊임없이 위로부터의 간섭을 받았다. 조직의 각 부문에서 내분은 끊이지 않았지만 그것은 어느 쪽이 본국의 노선에 충실한가라는 차원의 다툼에 지나지 않았다. 그런 가운데 관심 있는 사람들은 심한 인간소외에 괴로웠을 것이다. 정치와 조직은 이제 지겹다며 자신이라는 껍데기에 갇힌 자, 그리고 조직을 바꾸고 싶다는 진지한 생각에서 조직에 머문 자도 적지 않았다.

　하지만 그런 조직의 논리를 지탱한 기반 자체가 이 시기에 크게 흔들리고 있었다. 해방 후 천황제 세대의 논리와 운동은 고도성장이라는 터무니없는 지각변동에 의해 강렬한 제어를 받는다. 고도성장은 조직의 논리와는 무관하게 각 개인의 실감에 따라 생각대로 사색하고 행동할 수 있는 영역을 크게 넓혔다. 한일조약에 의해 고도성장이 한국에 유출된 것도 조직의 지반 침하와 관련하고 있다. 사람들은 예전처럼 조직에 충실함도 솔직함도 없어지고 취직 차별에 화를 내고 재판을 일으키는, 천황제 세대에서는 상상할 수도 없는 감성이 싹트기 시작했다. 천하·국가에 얽힌 정치적 가치가 실추되기 시작되고, 정주화에 대한 현실이 당당히 문제화가 되었다. 일찍이 일본의 민주적 변혁을 제기했던 조련의 주장을 일본에 대한 내정간섭이라고 입을 모아 비판했던 민단(재일본대한민국거류민단)조차도 지방선거권을 요구하기 시작할 정도로 시대의 분위기는 변하고 있었다.

이런 분위기가 정착됐던 1970년대 후반 이후에 정주화와 관련한 논쟁이 몇 가지 일어났다. 본국보다는 일본에서 실상을 보다 진지하게 모색해야 한다든가, 제3의 길이라는 표현으로 소수민족화가 공공연하게 일컬어지곤 했다. 보다 가깝게는 「방법으로의 재일(方法としての在日)」(『계간 삼천리(季刊 三千里)』 42·44호, 강상중)에 대응하여, 「사실로서의 재일(事実としての在日)」(앞의 책, 43·45호, 양태호梁泰昊)이 쓰여졌다. 결국 조국이라든가 민족이라든가 통일은 그때까지 자명했던 모든 관념을 되묻게 했던 것이다.

필자는 논쟁의 기축을 본국 지향과 재일 지향의 이율배반으로 그렸지만(앞의 책, 39호) 그것은 상당히 피상적인 견해였다. 오히려 모든 의론의 저류에 있었던 것은 당위와 존재라는 오래전부터 인간을 고민하게 해온 논쟁이 고도성장 이후라는 새로운 맥락 안에서 재일조선인에게 제기되었던 것이다. 즉 재일조선인의 문제를 그 본연의 모습에서 출발한다는 생각과는 차이가 있다. 이런 문제가 일어난 것은 정주화와 세대교체가 진행됨에 따라 이념적으로 정식화됐던 재일조선인의 양상과 실제 상황이 심하게 동떨어졌기 때문이다.

그런 가운데 재일조선인의 당위도 총련(재일본조선인총연합회) 등의 조직운동의 전성기였던 시절과 같을 수는 없었다. 당위의 재검토가 주로 조직 외의 지식인들에 의해 이뤄졌다. 거기에는 재일하는 것의 의미가 종래의 일시적인 발상에서 한걸음 나아가 '조국과 재일이 상호 작용하는 변증법적인 관계라는 것(이회성)', '재일조선인이 본국의 5천만 동포를 대체할 수 있는 존재체라는 것(김시종金時鐘)', '재일조선인이 남북한에 대한 창조적인 성격(김석범金石範)'이라는 것이 강조되었다. 즉 본국과 재일조선인의 관계와 일체성이 재인식되면서도 바다 저편의 권위로부터 자립한다든가 재일조선인 나름의 주체성 등이 존중되기 시작했다. '한국, 북한, 일본은 각각의 자립적인 존재로서 그러나 모국과의 관계가 단절되지 않는 민족적 주체로서 살아가는 것(윤건차)', '방법으로써 재일을 각성적으로 산다(강상중)'라는 주장은 그런 방향을 보다 세련된 형태로 제기했다고 할 수 있다.

이런 노력은 당위를 존재의 실정으로 한두 걸음씩 접근시킨다는 점에서 그 나름의 의미가 깊은 것이었다. 그러나 그들은 많든 적든 간에 특정 집단의 양상을 세계에 대한 역할 문제로 생각하는 전통적인 진보주의 사고방식의 틀에서 벗어났다고는 말하기 어렵다.

문제는 단순히 재일조선인의 정주화가 틀림없는 사실이며, 본국의 언어와 문화를 모르는 2세와 3세가 재일조선인의 다수파가 됐다는 것에 그치지 않는다. 진짜 문제였던 것은 고도성장이 재일조선인의 존재가 몸담고 있던 공동체적인 생활관계와 의식을 해체하고, 고도성장세대라는 개성을 뽑아낸 것에 있다. 고도성장은 당위로서의 재일이라는 관념과는 무관하게 혹은 오히려 그런 관례적인 관념에 비판적이었던 존재 측의 자기주장이라 할 만한 사태를 연출했다. 그런 시대에는 당위가 존재를 조직하는 일은 무리인 것은 아닐까. 결국 운동가와 지식인의 관념에 춤을 출 만큼 사람들은 단순지도 비주체적이지도 않게 된 것이다. 당위와 존재의 관계에 대해 과감한 두뇌의 회전이 필요하다. 덧붙이자면 재일조선인의 관념을 만든 천하·국가형의 발상에서 시민사회형인 아래로부터의 발상을 하는 두뇌 회전이 요구되고 있는 셈이다.

취직차별과 행정차별 반대로 시작되어 지문날인 거부를 거쳐, 재일한국·조선인 보상·인권법으로 이어지는 일련의 운동과 논리는 그런 시민사회형을 실행해 나갈만한 것이다. 그 저류에 있었던 것은 고도성장세대의 분명한 생활의식과 시대감각이었다. 물론 이 세대의 생활의식에도 분명 함정은 있다. 우리 세대의 개인이라는 의식이 우리 자신이 힘을 다해 쟁취한 자립적인 가치라고 자신만만하게 말할 수 있을까? 그것은 정직한 시민사회의 기반이 될 수 있는 역사의 시련을 이겨낸 개인의 내용을 갖고 있는 것일까? 고도성장은 그야말로 생각대로의 사私라는 의식을 낳은 반면, 개인의 마음 안에서 사회의 재건을 이미지화하는 힘을 심하게 약화시켰다. 타인과의 공감이 결여된 독단적이고 보수적인 사생활주의자이며 노골적으로 드러내는 시민사회가 고도성장 후의 일본 사회의 현실이 아닐까. 결국 재일조선인은 그런 가운데 한 사람 한 사람씩 흩어진 채로 고독한 경쟁사회의 한복판에 방치될 것이다. 개인의 자립은 그런 방임으로는 기뻐할 수 없는 위험한 일면을 갖고 있으며, 그런 위험함은 운동이 미치는 범위의 협소함으로 나타날 수밖에 없는 것이다. 예를 들면 1991년 문제*에서 한국 정부는 우리들 재일조선인의 이익을 대변하는 것처럼 보이지만, 당시의 한국 사회는 사회운동으로 광분하고 있었다는 사실을 간과해서는 안 된다. 국제화라는 상황은 어떤 의미에서는 민중지배의 구조가 국경을 넘어 편성되기도 하며 우리가 그런 넓이에 대항할 만한 시야를 가지지 않으면, 우리의 요구 실현이 다른 시민들에 대한 억압의 합리화와 강화로 이어질 수도 있다는 것이다.

물론 그렇다 하더라도 우리는 이제 공동체의 추억으로 되돌아갈 수는 없다. 어디까지나 개개인의 일상적이고 다양한 문제해결의 지향성에서 출발할 수밖에 없는 것이다. 그리고 자립한 사私는 동반자인 수평적 관계로서의 공公에 대하여 시대에 뒤떨어진 명분에 연연하는 조직이나 국가로서 대치해야 한다. 덧붙여 말하면 우리는 그 일을 본국 사람들과의 생활상의 접점이 전례 없이 확산되고 있는 가운데 구상해야 한다.

* * *

재일조선인에게 당위를 되묻는다는 것은 당위의 핵심을 이루고 있는 민족과 국가에 얽힌 관념이 상대화된다는 것이다. 앞서 말한 바와 같이 재일조선인 운동이 재출발한 1950년대는 누가 뭐래도 민족과 국민국가의 시대였다. 아시아 민중의 자립과 해방이 그런 단위로 밖에 상정할 수 없었다고 할 수 있다. 냉전의 무게로부터 해방된 현대는 시민사회라는 분출의 시대이며 개개인 시민의 생활동반자 관계가 국경을 넘어 발전하는 시대이기도 하다. 민족은 이제 의미가 없다는 것은 아니다. 동서양의 체제를 막론하고 개개인 시민의 자립이 일정궤도에 오르는 시대에는 개성적인 모습과 시민사이의 공감이 하나의 소재로 상대화할 수밖에 없다는 것이다.

우리는 민족과 국가에 얽힌 관념이야말로 어떤 사회에 태어나 자란 자가 그 사회의 양상과 변화에 대해 발언하거나 행동하는 것은 권리이고 의무이기도 하다는, 자립한 한 사람이 가질 수 있는 당연한 의식을 흐리게 해왔다는 사실을 중시해야 한다. 이제 그런 당연한 의식에 뿌리 내린 지역과 국경을 초월한 시민끼리의 협동을 통하여, 궁극의 꿈을 향한 출발점에 겨우 도달하려 하고 있다.

『호루몬문화·1호(ホルモン文化·1号)』, 신칸샤, 1991년

註釋

01_ 1965년 한일조약 체결에 따른 법적 지위 협정에서는 구 식민지 출신자의 3세 이후의 법적 처리를 정하지 않고, 협정발효 후 25년, 즉 1991년 1월까지 한국 정부의 요청이 있으면 한·일간에 협의를 실시하고 있던 문제. 1991년 문제의 대응책으로는 1991년 1월에 입관특례법(일본과의 평화조약에 의거 일본 국적을 이탈한 자 등의 출입국 관리에 관한 특례법)이 시행되어 1945년 9월 2일 이전부터 계속하여 일본에 체류하는 자 및 그 자손의 재류자격을 특별영주자로 한다. 이것으로 한국적·조선적의 재류자격이 일원화되었다.

재일조선인과 국민국가

들어가며

국민국가 혹은 민족국가는 민족, 국적, 국경과 얽힌 여러 통념을 포함해서 재일조선인에게는 늘 독특한 반향으로 받아들여져 왔다. 한편으로 국민국가는 재일조선인의 비원이며 그 정치적, 사회적인 에너지를 창출하는 더할 나위 없는 원천이었다. 그와 동시에 많은 의식 있는 재일조선인의 관념을 옭아매는 일종의 위력으로서도 작용하여 왔다.

재일조선인에게 국민국가가 각별한 무게로 의식되는 것은 근대의 출발점인 국민국가의 수립에서 겪은 좌절과 제2차 세계대전 후에도 통일된 국민국가의 수립을 달성하지 못한 민족의 숙원에서 기인하고 있다. 국민국가를 둘러싸고 겪은 좌절은 많은 조선인들을 이국땅으로 유랑하고 정주하게 했다.

전후 반세기가 지난 지금, 재일조선인도 국민국가의 의의에 대해 매우 동요하고 있다. 이것은 단지 일본에서 태어난 2세 이하의 세대가 90%를 점유하고 세대교체가 이루어지면서 일어난 상황만은 아니다. 전후의 동아시아 세계의 공업화나 도시화, 그리고 국제화라는 시대의 변화는 국민국가라는 틀로는 도저히 규율할 수 없는 주체가 있다는 실상을 재일조선인 안에서도 가시화시키고 있다. 지금까지는 전후 일본의 사회변용 속에서 인격형성을 해온 새로운 역사 감각이나 가치관을 몸에 익힌 세대가, 구세대인 재일조선인이 자명한 사실로 믿었던 민족이나 국가라는 발상의 틀을 근본부터 새로이 되짚어보기 시작했다. 그것은 전후 한반도와 일본의 양 지역에서 만들어낸 국민국가 체제의 상대화를 둘러싸고 재일조선인이 본래 가지고 있던 가능성을 지금 세대의 맥락에서 재차 제기하는 것이라고 할 수 있다.

다음은 그런 각도에서 재일조선인에게 국민국가가 갖는 역사적인 의미를 다시 생각해보고자 한다.

1. 재일조선인의 형성과 국민국가

재일조선인 존재의 근원은 근대적 국민국가 시스템이 동아시아로 파급되면서 시작되어 이 시스템이 끌어안고 있을 수밖에 없었던 모순에 기인하고 있다. 잘 알려진 바와 같이 권력정치적인 국제관계의 압력이 심각했던 19세기 후반에 동아시아 3국인 조선, 중국, 일본은 근대적인 국민국가로 자립할 수 있다는 약간의 가능성을 둘러싸고 맹렬히 싸우는 관계였다. 특히 근대화나 사회적 해방이 뒤쳐졌던 이 3국은 근대적 강국으로 발전하기 위해서는 다른 나라를 대상으로 국권 확장을 당연히 수반한다고 생각하고 있었다. 마찬가지로 구미열강의 무력을 배경으로 한 압력에 의해 개국을 강요당한 일본과 청나라가 조선을 향해 한층 가혹한 불평등조약을 강요하려고 했던 것은 바로 그 점을 상징하고 있다. 조선인이 처음으로 일본재류를 위해 법적 근거를 얻은 데는 바로 한일 간의 불평등조약(1876년 조일수호조규) 체결에 의한 것이었다.

잘 알려진 바와 같이 에도막부 성립 이후의 해금海禁체제 하에서 외국인의 일본 재류는 나가사키 데지마出島의 중국인과 네덜란드인에게 거의 한정되어 있었다. 동아시아가 국민국가 체제로 이행하면서 일본은 시모다下田, 나가사키, 요코하마橫浜 등의 개항과 불평등조약 체결국으로부터 구미인의 수용을 강요당했지만, 그 경우에도 외국인의 거류는 일부의 예외조치를 제외하고 각 개항지에 설치된 외국인거류지나 잡거지雜居地로 한정하고 있었다. 그러나 일본 정부는 조선인에 대해서는 조일수호조규 체결 당시부터 거의 일관하여 일본 내의 거주와 취로를 제한하지 않았다. 물론 그것은 조선 정부가 일본과 조약체결을 한 다른 나라와는 달리 일본 국내에서 영사재판권을 갖고 있지 않았기 때문이기는 하다. 일본 정부는 조약체결 이후에 조선에 진출한 일본인(1895년에는 이미 부산의 개항장 등을 중심으로 1만2천 명 이상에 달했다)의 우대를 촉구하기 위해 이러한 제한을 이용했고 나아가 조선인에 대한 일본 정부의 우월의식이 작용하고 있었다고 한다.(『근대 일본의 외국인노동사 문제(近代日本の外国人労働者問題)』, 야마와키 게이조)

통계상으로 조선인의 일본 재주在住를 보면 1882년의 4명으로 시작되어 1895년까지는 매년 거의 10명에도 미치지 못한다(「제2차 세계대전 전의 재일조선인의 인구통계(戦前における在日朝鮮人の人口統計)」, 모리타 요

시오森田芳夫)고 하고 있으며, 일반적으로 이 시기의 재일조선인의 주를 이루었던 것은 유학생이었다. 그러나 이 무렵부터 조선인은 다른 외국인과는 달리, 매우 역설적이지만 일본에서 자유로운 거주와 취로가 인정되었다. 실제로 조선인 광부 등이 저변노동자로 규슈 각지의 탄광에서 노동하고 있던 사실을 나타내는 기록도 적지 않다.(앞의 책, 야마와키 게이조 및 「천황제와 조선인 노동자(天皇制と朝鮮労働者)」, 김찬정) 즉 한쪽에서는 일본이 조선으로 식민지 진출을 하고, 다른 쪽에서는 조선인이 저임금노동자로 일본으로 유입되어 조일관계가 근대적인 국민국가 간의 구도로 재편되는 것은 이미 이 시점부터 시작되고 있었다.

이 구도가 보다 본격적으로 전개된 것은 1905년의 을사보호조약을 거쳐 조선이 국민국가로서의 자립을 향한 노력이 최종적으로 좌절되었던 1910년 이후의 일이다. 일본의 식민지지배와 근대화는 조선의 전설적인 농촌사회를 해체하고, 조선의 농민은 한편에서는 도시의 저임금노동자로 유입되었고 또 한편에서는 어쩔 수 없이 변경의 개척민이나 화전민으로 유랑하게 했다.

1910년대에 조선인이 국경을 넘은 주된 유출처는 만주지역이었다.(1910년 당시의 약20만 명에서 1920년에는 43만 명에 달하고 있다) 그러나 일본이 제1차 세계대전의 군수경기로 들끓던 1917년 이후에는 조선인의 일본 도항도 본격화되어 1939년에 시작된 강제연행기를 거쳐서 1945년 시점에는 당시 조선 총인구의 10%에 해당하는 200여만 명에 달하고 있었다. 가지무라 히데키梶村秀樹는 '이런 사태를 보통 한 나라 안에서 진행하는 농민층 해체의 결과인 이농민의 도시집중이 식민지라는 조선의 특수조건 아래서 국경을 넘어서 진행됐다'(「정주외

국인으로서의 재일조선인(定住外国人としての在日朝鮮人)」고 한다.

물론 이 시기 조선인의 일본 도항은 형식적으로는 대일본제국 내부의 이주이며, 국경을 넘어서라는 말은 맞지 않을지도 모른다. 그러나 1919년의 3·1운동 이후에는 조선인도 일본으로 이주할 때 여행증명서가 필요하게 되며, 시기에 따라서는 국경을 넘는 것과 동일한 규제를 받았다. 예컨대 일본 신민이라고는 하지만 조선인은 외지인이었으며 일본인(내지인)과는 법제적으로 구별(차별)받는 존재였다.

2. 민족과 계급의 틈새에서

3·1운동은 조선에서 근대적 민족주의가 대중적으로 대두했다는 사실을 분명히 하고 있다. 같은 해 2월에 도쿄에서 조선인 유학생들이 발표한 독립선언문에서 상징하는 바와 같이 내셔널리즘은 일본에 유입한 조선인을 확실하게 붙들기 시작했다. 국민국가 시스템의 동아시아 도입에 따른 전통사회의 위기와 해체, 그리고 인구의 유동화는 사람들에게 억압으로부터의 해방이라는 민족의 해방문제로 인식시키게 된다. 종교가나 지식인을 중심으로 한 민족독립에 대한 주장은 일본 사회의 차별과 억압 속에도 각지에 있던 조선인 부락을 중심으로 새로운 공동성의 거점을 찾아왔던 많은 재일조선인의 마음과도 서로 반향하고 있었다.

그러나 식민지 통치 아래에 있던 조선에서의 민족주의 전개는 그다지 직선적이었던 것은 아니었다. 상식적으로는 3·1운동 이후의 민족적인 해방 과제를 떠맡은 주된 조류는 각양각색의 경향을 띤 마르크시스트가 조선 내외에서 벌인 저항운동이었다고 보고 있다. 분명히 그때까지 민족운동을 책임져온 구 명망가名望家가 주체였던 운동의 조류는 국내에서는 민족개량주의(일본의 지배라는 틀에서 민족의 근대화와 자치를 추구하는 방향)로 바뀌고, 상해의 임시정부를 중심으로 하는 국외에서의 민족운동도 격심한 내분의 나날을 보낼 뿐으로 이렇다 할 성과를 낼 수는 없었다. 한편에서는 마르크시스트의 계급적 해방이라는 관점도 민족주의의 정면적인 전개를 허용하지 않았으며, 그것은 이 시기의 재일조선인 사회주의자들의 저항운동에서 특히 현저하게 나타났다.

1920년대 초에는 재일조선인운동도 중요한 전기를 맞는다. 제1차 세계대전의 영향으로 재일조선인 노동자가 일본에 대규모로 유입되어 계급적으로 형성되었던 점, 나아가 코민테른 제2차 대회(1920년)에서 국제공산주의운동과 민족해방운동을 결속하여 전망이 밝아진 점 등이 재일조선인운동의 질적인 변화에 크게 작용하고 있었다. 전후 공황의 와중에서 빈발했던 노동쟁의와 일본공산당의 창립(1922년) 등 일본의 사회주의운동이 중대한 전환기를 맞는 중에, 1922년에는 도쿄, 오사카에서 조선노동동맹회가 결성되고 재일조선인의 노동운동이 본격적으로 시작된다.

이런 전환기를 거친 1920년대 중반에는 조선공산당이 창립(1925~1928년)되고 재일조선인의 사회운동이 대중적으로 고양되기도 했다. 1925년에는 도쿄, 오사카, 효고 등 11개의 노동단체가 결집해서 재일본 조선노동총동맹을 창설하고, 1926년에는 조선공산당 일본부(1928년에는 조선공산당 일본총국으로 재편)가 설치되었다. 민족통일전선 조직인 신간회나 조선공산당의 청년조직이었던 고려공산청년회 등의 지회와 일본부도 결성되어, 제1세대 재일조선인운동의 조직적인 진용을 갖추게 되었던 것이다.

그러나 이런 제1세대 재일조선인운동은 민족적인 해방과 계급적 국제주의의 틈에서 동요되지 않을 수 없었다. 조선공산당 일본총국을 정점으로 그 진용을 정비해 나가던 재일조선인의 모든 조직은 당초 일본에서의 계급투쟁을 민족적 해방의 일환으로 보는 경향이 있었다. 원래 재일조선인운동에서 강한 사상적인 영향력을 갖고 있던 일본의 유력한 마르크시스트나 그 조직은 '계급적 해소주의로 민족문제를 보는 경향'(「좌익 내셔널리즘과 재일조선인(左翼ナショナリズムと在日朝鮮人)」, 조박趙博)이 두드러지게 나타나고 있었다. 이점에서 자주 인용되는 것이 야마카와 히토시의 다음과 같은 언명이다. 야마카와는 '어쩌면 일본의 노동운동이 이들 조선인 노동자를 그 진열 안에서 동화하고, 결속할 수 없었기 때문에 조선인 노동자는 오히려 자본가 계급이 일본의 노동자를 깨부수는 투쟁의 도구로 이용될지도 모른다'(『전위』, 1922년 9월)라고 논했지만, 이런 인식은 야마카와뿐만 아니라 당시의 유력한 일본의 마르크시스트들이 거의 일치했던 내용이다. 1920년대 후반에는 일본에서도 레닌의 제국주의론이나 민족자결론이 이론으로서는 수용되었지만, '그것이 조선이라는 일본 제국주의의 식민지를 대상으로 할 때는 체계화나 논리 형성이 거의 성립되지 않았다'(『근대 일본의 사회주의와 조선(近代日本の社會主義と朝鮮)』, 이시자카 고이치石坂浩一)고 하고 있다.

이런 경향을 띠었던 재일조선인운동은 1920년대 말의 코민테른이나 프로핀테른1의 노선의 경직화와 같은 시기에 거듭되는 탄압과 내분으로 조선공산당 코민테른 지부의 승인이 취소되는 사태와도 맞물려 결국 일본의 사회주의운동으로 흡수된다. 1930년 1월 재일본조선노동총동맹 중앙상임위원회는 자신을 전협(일본노동조합 전국협의회) 조선인위원회로 편입함과 동시에 전국의 산하조합에 전협 산하조합에 가맹하도록 지시했다. 또한 다음해 12월에는 조선공산당 일본총국 및 고려공산당청년회 일본부의 연명으로 해산성명을 『적기』(61호)에 발표하기에 이른다. 이 성명은 '재일조선인의 당조직이 일본의 프롤레타리아운동과 아무런 유기적 관련이 없는 독립적으로 존재하고 있다는 것 자체가 변칙적인 사태이며, 원래 그 성립 초입부터…… 가까운 장래에 (일본의) 프롤레타리아운동에 합류하는 것을 자신의 역사적 전망으로 갖고 있었다'라고 하며, 기본적으로는 이미 서술한 바와 같이 일본의 마르크시스트의 민족문제에 대한 견해에 동조하는 자세를 보였다.

그러나 이런 계급이라는 시점에 중점을 둔 조선인 마르크시스트의 원칙론은 식민지지배 아래서 민족적인 자각을 강화해가던 많은 재일조선인의 의식과는 분명히 동떨어진 것이었다. 1929년의 시점에서 재일조선노동총동맹의 조합원 수는 2만3천 5백3십 명이었지만, 이 중에 다음 해 말까지 전협으로 재조직된 자는 겨우 2천6백6십3명에 지나지 않았다.

제국주의시대의 수많은 마르크시스트들은 민족을 초월한 국제적인 해방 과제에 직면하지 않을 수 없었다. 그 점은 아시아에서 유일한 제국주의국가 체제에서 내셔널리즘이 갖는 반동적인 의의를 통감하고 있던 재일조선인 마르크시스트들도 예외는 없었을 것이다. 그러나 그것은 재일조선인 대중의 자발적인 지향과 결부하는 것은 불가능했다. 재일조선인의 일상세계에서 보면 민족이라는 집단의식이야말로 식민지지배나 권력정치적인 국제관계의 압력으로부터 자유로워지기 위한 가장 좋은 수단이었다. 결국 재일조선인의 정치적인 지도는 그런 대중으로부터의 에너지를 다 결집시키지 못한 채 해방의 날을 맞게 된다.

한편 식민지시대의 일본에서 태어난 재일조선인 2세들(재일조선인의 제2세대)의 국가나 민족과 얽힌 의식의 굴절은 보다 심각한 것이었다. 그들에게는 오히려 일시동인一視同仁이라든가 일선일체日鮮一體라는 관념, 더 나아가 천황의 국민으로 있다는 것이 차별과 빈곤 그리고 난폭하고 몰상식한 아버지로 상징되는 역겨운 조선인의 집으로부터 벗어나기 위한 유일한 사회적인 원리로 의식될 수밖에 없었다.(『재일이라는 근거』, 다케다 세이지)

3. 전후의 노선 전환과 국민국가

일본의 패전은 아시아 대륙에 확산되는 모든 민족의 에너지를 주권, 영토, 국민을 바탕으로 하는 국민국가 수립으로 수렴되었다. 이미 서술한 바와 같이 약 200만 명까지 불어났던 재일조선인 중 대부분이 독립국가 건설을 향해 나아가기 시작한 본국으로 귀국한다. 그러나 2차 대전 직후 150만 명에 가까운 귀환자는 주로 강제연행 등으로 전쟁 중에 일본으로 건너가 재일의 경험이 짧은 조선인이었다. 일본 사회에 비교적 깊게 뿌리를 내리고 있던 약 60만 명의 재일조선인은 신생 일본의 국민국가의 틀에서는 쉽게 납득되지 않는 존재로서 일본에 머무르게 된다.

미국에서 실시한 대일점령정책에서도 재일조선인을 일본 신민

(적국민)으로 다룰 것인지 아니면 해방국민으로 다룰 것인지가 명확하지 않았다. 점령군통치 아래에서 일본 정부도 강화조약 발효까지는 전쟁에 따른 영토변경은 확정되지 않았다. 그리고 재일조선인의 언동은 일본 국민과 마찬가지로 일본 법령에 따라 단속대상이 되지만, 재일조선인의 선거권과 피선거권은 법적으로 부여하지 않았다. 1947년 신헌법 시행 전날에 공포·시행된 외국인 등록령에도 '조선인은 당분간 외국인으로 간주하여 이를 적용한다'고 되어 있다. 요컨대 강화에 이르는 기간 동안 미국점령군이나 일본 정부는 동아시아에서 새롭게 탄생하고 있었던 국민국가 체계 중에 재일조선인을 어떤 위치에 놓아야 하는지에 대해 일관된 인식을 명확하게 제시할 수 없었던 상태였다. 따라서 재일조선인에 대한 정책은 치안상의 관점에서 일종의 편리주의로 일관했다고 할 수 있다. 그런 치안상의 견해는 냉전이 심해짐에 따라 한층 뚜렷해졌다. 물론 일본 정부 측의 재일조선인의 처우에서 식민지 지배에 대한 반성은 거의 보이지 않았다.

그러나 일본의 패배가 재일조선인에게는 해방을 의미했고 각지에서 활동하는 재일조선인의 조직운동을 단숨에 고양시켰다. 민족은 재일조선인의 가치의식을 관리하고 통제하는 더할 나위 없는 규범으로 다시 의식되기 시작했다. 황국신민으로서 내면적으로 천황제에 완전히 사로잡혀 있던 2세들의 가치관도 180도 변하는 가운데 거의 모두가 '1세가 가지고 있는 민중내셔널리즘의 이념 형태인 민족은 곧 국가 내셔널리즘이라는 인식을 일종의 절대적인 심판자로 받아들일 수밖에 없었다'(앞의 책, 다케다 세이지). 한편 일본의 패배는 치안유지법 아래서 고난을 강요받았던 조선인 당원을 포함한 일본의 마르크시스트가 해방되고 권위가 높아지는 것을 의미한다. 해방된 해 10월에 각지에 흩어져 있는 재일조선인 단체를 규합하여 결성한 재일조선인연맹(조련) 중앙총본부도 강력한 주도권 하에서 조선의 완전한 독립 및 통일 달성과 함께 일본에서의 천황제 타도와 민주정권 수립이라는 두 가지 정치목표를 내놓게 된다. 그리고 후자의 방향은 재일조선인의 본국귀환이 일단락된 후 60만 명의 재일조선인이 일본에서 정주한다는 방향이 정해짐에 따라 한층 강해진다.

1946년 8월에 열린 일본 공산당 제4차 확대중앙위원회는 조선인 문제에 관해 토의하고, 조선인 당원의 세포(말단조직)·프락치를 일본인 당원과 일체화시키는 것을 주장하는 8월 방침을 내놓는다. 8월 방침에서, 조련은 가능하면 하부조직의 노골적인 민족적 편향을 억제하고 일본의 인민민주주의 혁명을 지향하는 공동투쟁의 일환으로 민족적인 투쟁방향을 내놓을 필요가 있다고 보고 있었다. 제2차 세계대전 전부터 일본공산당원으로 알려지고 전후 재일조선인 운동에서도 지도적인 역할을 맡고 있었던 김두용 등의 마르크시스트들도 『전위』 등을 통하여 8월 방침을 지지했다. 또한 재일조선인의 민족적인 과제보다 천황제 폐지와 반동정부타도라는 계급적인 과제가 우선한다는 입장을 분명히 밝혔다. 이에 따라 '조련은 일본공산당의 지도 밑에서 일본의 민주혁명을 위한 전위적인 실력행동부대로 가장 과감하게 싸웠다'(『해방후 재일조선인운동사(解放後在日朝鮮人運動史)』, 박경식)고 평가되고 있다.

그러나 일본의 패전으로 재일조선인의 의식이 일본 신민에서 독립한 조선 민족의 일원으로 전환한 일은 결정적이었다. 조련은 1945년 선거법 개정에 따른 선거권 박탈에 항의하여 1946년에 실시되는 총선거에 참가를 표명했다. 그러나 이는 '우리는 해방된 자주독립의 외국인 입장을 견지하며 생활 기반이 일본에 있는 외국 시민 입장에서 자기 자신의 생활을 지키고, 36년간 받아온 박해와 학대에 대해 보복하고 침략적인 일본 군국주의 천황제를 타도하기 위해 총선거에 참여한다'(앞의 책, 박경식)는 식의 논리였다. 즉 일본 이외의 국민국가에 귀속할 의사를 분명히 밝히고 있지만 여전히 특이한 역사적인 경위를 갖고 있는 일본 시민, 혹은 주민으로서 근대적 국민국가의 주권행위에 관련된 참정권을 요구하고 있다.

이런 자주적이고 독립된 외국인으로서 일본 사회의 민주화에 참여한다는 자세는 본국의 정세가 남북 분단 후에 한국전쟁이 일어나고 재일조선인운동이 조련의 해산(1949년)을 거쳐 재일조선통일민주주의전선(민전, 1951~1955년)을 결성하는 큰 틀에서는 유지됐다. 민전도 한편으로 조국방위를 내세우면서 일본 공산당의 민족대책부의 지도 아래서 일본혁명을 위한 실력부대로서 화염병투쟁의 선봉을 담당한다.

일본 사회 변혁에 참가한다는 조련과 민전시대의 노선은 오늘날 '재일조선인 운동을 일본혁명에 종속시킴으로써 민족적 주체성을 잃고 조선의 민족민주혁명을 2차적인 것으로 만들었다'(앞의 책, 박경식)는 비난을 받고 있다. 그러나 화염병투쟁 등의 극좌노선은 논외로 하더라도 조련시대의 주민 혹은 시민으로서 정치에 참여한다는 주장은 재일조선인이 만들어지는 역사적인 경위에서 보면 수긍할 수 있는 면이 있다. 뿐만 아니라 한걸음 나아가 최근 형성되고 있는 동아시아의 국민국가 체제를 상대화할 수 있는 다양한 계기를 포함하고 있다.

애초 전쟁이 끝난 후에도 일본에 남아 정주하게 된 약 60만 명의 재일조선인은 국민국가의 틀에서는 받아들여질 수 없는 존재였다. 문제는 정주하게 된 재일조선인이 자기의 의지와 상관없이 떠안은 역사적인 가능성에 대해 운동주체 자체가 충분히 자각하지 못하고 있었다는 사실이다. 미점령군과 일본 정부가 재일조선인의 국적 문제를 매우 편의적이고 편리주의적으로 다룬 것과 마찬가지로, 일본 공산당과 재일조선인 운동주체 측도 재일조선인의 존재를 고작해야 혁명수행상의 전술문제 차원에서 다루었던 것이다.

어쨌든 일본 정부는 강화조약이 발효되는 시기에 맞춰 구 식민지 출신자는 일본 국적을 상실한 외국인이라는 견해를 내놓음으로써 구 식민지 출신자의 국적 문제를 매듭지었다. 그 전해에 제정된 출입국관리령에 따라 재일조선인은 식민지 지배에 대한 배상은 고사하고 신헌법의 인권보장 규정에서도 방치된 존재였다. 그런 이유로 정치적 이분자異分子 또는 잠재적인 범죄자로 간주해 심한 차별을 받고 엄격하게 관리되었다. 이런 조치를 행한 배경에는 귀화를 둘러싼 자유재량권을 근거로 바람직한(=일본에 완전히 동화된) 자만을 일본 국민으로 받아들인다는 생각, 즉 단일민족 신화에 입각한 동화주의 발상(『신판·단일민족사회의 신화를 넘어서(新版·単一民族社会の神話を越えて)』, 오누마 야스아키大沼保昭)이 있었다고 한다. 그러나 단일민족국가라는 발상은 일본인의 전유물이 아니었다. 재일조선인 측도 출입국관리령에 대해 강력히 저항했지만 일본 국적을 일방적으로 박탈하는 것에 대해서는 적어도 조직적인 저항은 하지 않았다. 일 민족 일 국가라는 관념을 넘어, 국적이란 일정한 국가 영역에서 나고 자란 자에게는 당연히 부여되어야 하는 권리와 의무의 한 묶음으로 이해하는 관점

은 이 당시의 일본인이나 재일조선인에게는 없었던 것으로 보인다.

재일조선인 운동의 노선 전환과 재일본조선인총연합회(총련) 결성(1955년)은 일 민족 일 국가의 이념을 한층 강화시켰다. 잘 알려진 바와 같이 총련은 재일조선인이 조선민주주의인민공화국의 해외공민이라는 입장을 밝히고 조련과 민전시대의 일본 민주화에 대한 요구를 내정간섭으로 여겨 거부했다. 뿐만 아니라 조국의 평화통일과 재일조선인의 민주주의적인 민족권리 옹호 등을 중심으로 한 민족적인 과제를 기본으로 삼았다. 1950년대 중반은 국제적으로도 반둥회의 등에서 나타나는 것처럼 아시아의 자기주장이 내셔널리즘이라는 형태로 가시화된 시대였다. 민족을 기반으로 하는 국민국가의 실현은 인간 사이의 동일한 방향성을 규범 짓는 유일한 제도적인 틀이었다는 확신이 이 시기의 아시아를 지배했다. 재일조선인운동의 재출발도 그런 기운과 무관하지 않았을 것이다.

재일조선인운동은 이른바 민족적인 주체성을 회복하고 일본공산당의 권위를 대신하여 위대한 수령을 유일한 것으로 받아들여 절대적인 권위에 따르게 되었다. 일본 또는 일본인과 재일조선인과의 관계는 다른 주권국가와 그 국민과의 상호 관계로 다루어지게 되었다. 일본 정치와 사회에 대한 주체적인 관련은 내정간섭으로 여겨 거부당했다. 재일조선인은 일본 사회의 구성원이라기보다 일본과는 평화공존과 문화교류·친선 또는 인민연대를 주장하게 된다. 그러나 이것은 재일조선인의 생활실태로부터 적잖이 동떨어진 일종의 의제擬制를 수반하는 것이었다. 그리고 이 실태와 관념의 괴리는 제2차 세계대전 전의 천황제 사회 속에서 길러진 권위주의적인 인간관과 사회관이 맞물려 현실 생활 속에 뿌리내린 아래로부터의 자발적인 질서를 형성하는 회로를 닫고 재일조선인 사회에서 위로부터의 권위적인 질서를 극단적으로 주입시키게 된다. 그것은 동아시아의 국민국가 질서의 상대성에 관해 재일조선인이 역사적으로 가지고 있었던 가능성을 닫는 것이었다.

4. 고도성장기의 사회변화와 재일조선인

재일조선인운동이 방향을 전환했던 1950년대 중반은 일본에서 고도성장이라 불리는 경제의 양적 확대를 통한 사회변화가 본격적으로 시작된 시기이다. 1950년대 후반을 기점으로 1970년대 초에 이르는 일본의 고도성장은 그 사회에서 살아가는 모든 것을 끌어들여 진행된 거대한 사회변혁이었다. 고도성장은 무엇보다도 사람들이 대규모로 농촌에서 도시로 이주한다는 의미의 도시화뿐만 아니라, 농촌에 그대로 머무르는 사람들도 포함한 생활양식과 의식 전반에 걸친 도시화를 극적으로 추진시켰다. 마을시대에서 도시시대로 전환되었던 것이다. 고도성장은 전후세대(재일조선인 제3세대)의 대두와 더불어 재일조선인 세계에도 심상치 않은 지각변동을 가져왔다.

물론 재일조선인은 고도성장을 기다릴 필요도 없이 재일조선인이 형성된 출발점에서부터 전통적인 농촌사회에서 떨어져 나온 도시적이고 프롤레타리아화된 존재였다. 그러나 혈연과 지연을 주된 근거로 삼는 공동체적인 인간관계는 식민지시기를 통해 도시 주변에 형성된 크고 작은 재일조선인 부락의 생활에도 영향을 끼쳐 유사한 공동체가 재현되기 쉬웠다. 말할 필요도 없이 조선인 부락은 모

든 재일조선인이 직면해야 했던 취직과 거주를 중심으로 하는 차별의 대상이 되었다. 심한 차별과 가난 속에서 서로 기대고 돕지 않으면 내일의 먹을 먹거리가 불안한 시대였기 때문에 '조선인 부락은 스스로를 지키고 생활하며 안식을 취하는 장소'(『재일을 산다는 것은(在日を生きるとは)』, 윤건차)로서 그곳에서는 언어와 전통적인 제사를 중심축으로 하는 고유한 민족문화가 외부세계의 문화에 맞서면서 유지되고 있었다.

조선인 부락에서 이루어지는 공동체적인 일상은 전통사회의 안정적이고 자족적인 소우주로서의 공동체가 갖는 일상과는 달리 민족이라는 집단의식이 배양되는 확실한 기반이 될 수 있었다. 조선인 부락에서는 차별과 억압으로 인한 공동운명체 의식이 뚜렷했고 내셔널리즘은 그런 공동의 관계에 생생한 활력을 불어넣고 있었다. 여전히 개인의 자각은 낮았고 문맹률은 높았으며, 민족과 관련한 위로부터의 계몽과 지도가 소수의 지식인과 운동가에 의해 쉽게 수용되는 시대이기도 했다. 다시 말해 전후에도 오랜 기간 동안 존속하는 재일조선인 부락시대는 조국이나 통일이라는 공공의 이념과 가난한 일상을 살아가는 생활인이라는 의식 사이에 일종의 조화가 존재한 시대였다. 이 점에서 민족을 근본적인 가치로 내세워 이루어진 전후 재일조선인 운동의 노선 전환도 역사적인 근거를 갖고 있었다고 할 수 있다.

고도성장에 따른 도시적인 생활의식과 생활양식의 보급 등, 즉 도시시대로 이행한다는 것은 역사적 근거를 해체하면서 진행했던 것이다. 고도성장은 재일조선인의 거주환경과 생활수준을 나름대로 끌어올렸고 가족 간·개인 간의 공동의 모습을 바꿔 놓았다. 즉 고도성장은 전체적으로 재일조선인의 생활의 질을 바꾸고 역사 감각과 가치관에도 큰 변화를 가져왔다.

도시시대에서 갖는 천하·국가와 관련한 공공의 이념은 개인 생활의 안녕과 소비라는 일반적인 생활인의 이상을 바꿔 놓았다. 생활수준과 교육수준이 향상되고 좁지만 즐거운 우리 집이라는 신중산층적인 이상이 채워진다면 바로 이념적인 상황은 개개인의 일상에서 멀어진다. 조국을 위해, 민족을 위해라는 추상적인 대의도 옛날의 신통력을 잃고 이익집단화된 조직이 내세우는 방침으로 변해버린다. 요컨대 고도성장에 따른 일본 사회의 변화는 이 시기를 살아가는 재일조선인의 세대교체와 본국의 상황변화, 나아가 일 민족 일 국가 인식에 근거한 동화 압력 등과 얽히면서 재일조선인의 민족과 관련한 가치의식과 역사 감각은 물론 그 근거마저도 해체하고 퇴색시켰다.

도시시대의 도래는 한편으로는 개인의 권리의식을 키우면서 일상적인 생활조건에서 문제를 해결한다는 아래로부터의 이의 제기하는 자세를 끌어낸다. 도시시대의 활발한 개인주의와 권리의식은 제3세대 재일조선인 또는 고도성장세대인 전후에 태어난 재일조선인에게도 확실하게 침투하게 된다. 재일조선인은 취직차별과 행정차별철폐, 지문날인 거부라는 1970년대 이후에 진행된 권익옹호를 둘러싼 새로운 형식의 운동으로 탈출구를 찾게 된다. 이윽고 1980년대가 되면 민족과 국가와 관련한 재일조선인의 관념과는 거의 관계없는 재일조선인의 있는 그대로의 모습에서 나온 개성적인 자기주장을 일본 사회나 본국에서도 하게 된다. 이른바 국민국가나 민족국가라는 틀에서는 다루어질 수 없는 에스니시티와 시민(주민)으로 규정되는 역사 감각의 대두를 의미하는 것이었다.

이미 서술한 바와 같이 전후 일본에 남게 된 60만 명의 재일조선인은 출발점에서부터 국민국가의 질서에 길들여지지 않는 존재였다. 그러나 냉전과 본국의 분단이 현실이 되고 단독강화에서 총련 결성이라는 일본 사회 안팎에서 전후질서가 형성되는 가운데 재일조선인은 국민국가의 체계 속에 놓이게 되었다. 식민지 독립시대였던 이 시기의 아시아에서 본다면 한 사람 한 사람의 해방문제가 국민국가라는 틀에서 민족자립으로 의식되는 것이 상식이었다고 할 수 있다.

그러나 민족이라는 획일적인 집단화 공식에는 여러 가지 모순과 소수자에 대한 억압이 은폐되어 있었다. 재일조선인도 본국으로 귀속하는 것을 전제로 하는 동질적인 민족이라는 이념은 일본 사회의 동화 압력과 맞물려 재일조선인만이 가지는 독자적인 개성발휘를 가치적인 것에서 떼어 놓았다. 현재, 국민국가라는 틀을 초월한 보다 다원적인 소수집단의 자기주장은 세계적인 추세이며 재일조선인도 분명 그런 세계사의 추세를 공유하고 있다. 그리고 그것은 역사의 추이 속에서 억눌려왔던 재일조선인의 고유의 가능성을 복원하고 일본과 한반도 양 지역에 견고하게 가로놓인 국민국가의 틀을 신랄하게 비판하고 있다.

『국민국가를 묻는다(国民国家を問う)』, 아오키쇼텐青木書店, 1994년

註釋

01_ 1921년 코민테른의 제창으로 모스크바에서 결성된 국제노동조합 조직. 식민지의 노동운동을 적극적으로 지원하고 조선의 노동운동에도 큰 영향을 미쳤다. 1937년에 해산.

전환기의 세계와 재일조선인

2차 대전 후에 태어난 필자에게는 세상이 뒤바뀐다는 진부적인 통념이 이처럼 깊이 와 닿는 시대도 극히 드물다. 냉전 후라는 새로운 세계를 살피는 하나하나의 과정은 우리들 재일조선인의 일상에도 글자 그대로 남의 일 같지 않은 파문을 일으킨다. 물론 시대의 변화는 갑자기 일어나지 않는다. 세계나 본국의 상황으로 인한 사건이 각자의 생활에 파급되는 템포나 파급방법도 다르다. 1970년대에도 우리는 각각의 방법으로 시대의 변화를 파악하고 있었으며, 격변하는 상황이 불러일으킨 확신에 대한 동요도, 알 수 없는 내일에 대한 불안도 이제야 시작된 것은 아니다.

그러나 최근 재일조선인이 식민지지배의 유산일 뿐만 아니라 제2차 세계대전 후의 냉전과 분단의 유산으로 인식하고 있다. 그것은 전후 재일조선인의 생활과 운동, 정신을 깊은 곳에서 규정하는 일종의 위력이 작용해 왔다는 사실을 상기해야 한다. 지금 우리는 이 위력에서 겨우 해방되려고 하고 있다. 그 변화는 의외로 본질적이며 오랜 시간에 걸쳐 우리 사회에 뿌리를 내리고 있었고 그 누구도 의심하지 않았던 가치와 원칙까지 의문시하는 것일지도 모르겠다.

변화에 대응하기 위해서는 과거의 실상을 나름대로 구분해야 할 필요가 있다. 사태를 조금씩 해결해 가는 대응은 저도 모르는 사이에 정신적인 추락과 자존심의 피폐를 초래한다. 그러나 시대의 변화가 우리에게 던지는 질문에 쩔쩔매거나 입을 다물어서는 안 된다. 정확하지 않아도 괜찮다. 우리들 재일조선인 한 사람 한 사람이 서로 지혜를 짜내어 이 시급한 시대의 변화에 맞서는 자세가 요구되고 있다.

* * *

우리들 재일조선인의 습성을 기른 것은 1950년대의 역사적 현실이었다. 해방, 분단, 건국, 그리고 전쟁, 그야말로 사람들의 생과 사를 가르는 시대의 격변을 헤치고 1950년대의 세계가 나타났다. 냉전과 분단은 이제는 일상적인 사실이 되어 사람들의 내면 깊은 곳에 둥지를 틀기 시작하고, 현대와 이어지는 재일조선인의 이념을 만들었다.

무엇보다 전쟁은 사람들의 인식과 행동을 적과 동지로 나눈다. 각각의 진영 내부에는 적을 이롭게 하는 것을 경계함으로써 절반은 자발적인 동조화가 진행되어 지도부는 흠이 없는 무류의 권위로 나타난다. 모든 언행은 그 자체의 의미와 가치를 잃고 어느 편에 유리한지를 판단하는 정치적인 자기장 속에서만 그 진가가 규명된다. 사람들은 자기편의 논리에서 깨어있는 자와 그렇지 않은 자로 확실하게 구분하고, 도그마에 맞지 않는 것을 주장하는 자에게는 비국민이 아닌 비조직 분자나 빨갱이라는 딱지를 붙였다. 의사결정은 언제나 위에서 아래로 하강하고, 대중토론도 상위의 의사를 속속들이 퍼트리는 수단에 지나지 않는다. 기만이든 본심이든 자기편의 중추에서 방출되는 세계관으로 무장하고 권위에 빈틈없이 영합하는 것이 처세술이라고 위세를 떤다. 냉전은 많든 적든 그런 인식과 행동양식의 전체주의화라고 할 수 있는 경향을 끊임없이 재생산한다. 그리고 전체주의는 냉전의 최전선에 있는 본국의 양 사회에서 두드러지지만, 재일조선인의 사고방식과 행동양식을 적잖이 지배하고 있었다.

그런데 1950년대는 국제정치 무대에서 그때까지 무시되어 왔던 아시아의 자기주장이 내셔널리즘이라는 형태로 가시화된 시대이며, 민족의 논리와 냉전의 논리가 얽혀 있는 시대였다. 1955년에는 주은래周恩來, 네루Jawaharlal Nehru, 스카르노Sukarno와 같은 아시아의 내셔널리즘을 이끈 눈부신 지도자들이 인도네시아의 반둥에 모여 서로의 독립과 평화를 맹세했다. 내셔널리즘은 아시아 민중해방을 위한 유일한 시나리오로 인식되었다. 따라서 민족을 기반으로 하는 국민국가를 실현하는 것이 사회주의나 자본주의를 불문하고 인간 간의 공동의 방향성을 규정하는 유일한 제도적인 틀이라는 확신이 아시아를 지배했다. 그때가 멀리 프랑스혁명에서 시작된 내셔널리즘이 역사상 마지막으로 빛났던 시대였다. 또한 서유럽이라는 지구의 한쪽 구석에서 시작된 주권국가가 근대 세계의 저편에 있었던 아시아를 뒤덮었다는 의미에서 주권국가의 보편화시대였다고 할 수 있다.

그런 가운데 재일조선인의 운동도 재출발하게 되었다. 조련과 민전시대의 과격한 인터내셔널리즘은 좌절되고 국민이 모든 가치의 정점을 정하게 되었다. 전쟁의 폐허에서 곧바로 복원한 사회주의 조국은 위엄에 가득 차 있고 민족의 내일을 약속하는 희망을 한 몸에 지고 있었다. 분단과 그로 인해 타국에 있다는 현실은 민족에 대한 마음을 더욱 뜨겁게 했을 뿐, 재일조선인을 민족에서 멀어지게 하는 일은 결코 없었다. 민족은 불우한 일상을 보내고 있는 젊은 2세들에게도 자신과 세계를 진지하게 관계 맺을 수 있는 유일한 회로였다. 결국 젊은 2세들이 있는 그대로의 자신의 모습으로 산다는 것은 일본 사회의 차별과 동화에 대한 압력이나 민족과 관련한 윤리관에서도 부정될 수밖에 없었다.

다른 아시아 각국의 내셔널리즘이 그러했듯이 이 시기의 재일조선인의 내셔널리즘을 저변에서 받쳐준 것은 인간과 생활이 유기적으로 연결된 돈독한 공동체였다. 물론 '이제는 전후가 아니다'라고 일컬어진 1950년대 후반에는 가전제품, 재즈카페, 태양족 같은 것이 도시시대의 도래를 대표하고 있었다. 사춘기에 들어선 재일조선인 2세들도 새로운 시대의 공기를 가슴깊이 호흡하고 있었다. 그러나 이 시기의 도시적인 현상은 지역, 계층, 세대적으로 한정되어 있었다. 1950년대의 일본 도시인구는 절반에 미치지 못했고, 마을의 의식과 관계는 도시나 농촌에서도 끈질기게 살아 숨 쉬고 있었다. 심한 차별과 가난 속에서 서로 의지하고 서로 돕지 않으면 살아갈 수 없는 시대였던 것이다.

냉전시대의 가치의식과 내셔널리즘은 우리들 재일조선인의 공동의 관계에 생생한 활력을 불어넣고 있었다. 그것은 조국이나 통일이라는 공적인 논리와 가난한 일상을 살아가는 생활인의 의식 사이에서 일종의 조화가 존재하는 시대였는지 모른다. 그런 행복한 조화 속에서 말단의 활동가와 마을의 분회장이 순수한 동포애로 고군분투한 덕분에 민족학교는 아이들로 넘쳐났다. 문맹인 어머니들이 '성인학교'에서 글자를 배우고 그녀들의 노래하는 듯한 낭독소리가 이상하게 지금까지도 필자의 귓전에 맴돌고 있다. 사람들은 대부분 유순하고 천하·국가를 말하는 운동가들의 지도와 계몽이 그런 어린 양들의 앞날을 비춰주고 있었다. 이제와 생각해보면 억압된 일상의 울적함을 아내와 자식에게 푸는 술에 취한 아버지들도 내면의 자아에 눈을 뜬 재일 2세 인텔리들의 고뇌도 행복한 조화 속의 단순한 에피소드에 지나지 않았던 것 같은 생각이 든다. 아무튼 우리들 재일조선인은 환상이든 무엇이든 바다를 사이에 둔 주권국가의 일원으로서 통일이라는 이룰 수 없는 꿈을 나누어 갖고 있었다.

* * *

1950년대 후반에 시작되는 고도성장은 냉전, 민족, 공동체가 삼위일체가 된 행복한 조화를 뒤흔들었다. 그것은 이 사회에서 살아가는 모든 생활과 의식을 끌어들여 진행된 거대한 사회변혁이었다고 할 수 있다. 고도성장은 도시화뿐만 아니라, 농촌에 남아 머무르는 사람들의 생활양식과 의식 전반의 도시화를 극적으로 추진시켰다. 즉 고도성장은 마을시대를 도시시대로 전환시키고 그것은 우리들 재일조선인의 세계에도 심상치 않은 지각변동을 일으켰다.

도시시대란 대량생산·대량소비가 사회 곳곳에 퍼진 공업과 테크놀로지의 시대이며, 대량 소비와 생산은 사람들의 생활과 의식을 마을의 어려운 생활조건에서 해방시킨다. 집은 이미 생산을 위한 단위가 되지 못하고, 마을시대 특유의 대가족과 가족 간의 협력과 상조 관계도 도시시대에서는 거의 필요하지 않게 됐다. 당연히 가족 간의 혈연·지연의 유대관계도 느슨해지고, 아이를 낳고 기르는데 필요한 최소단위까지 해체된 핵가족이 자립해서 소비생활을 한다는 형태가 확산됐다. 즉 도시화는 집을 마을에서 명확하게 분리시켜 자립하게 했고, 집 안에서의 인간관계 자체도 가족에서 가정으로 불리게 됐다. 좋게 표현하면 개인의 자립을 촉진한다고 할 수 있고, 나쁘게 말하자면 바로 인간 사이 또는 생활 사이의 관계를 산산이 찢어 놓는 과정일 뿐이라고 할 수 있다.

도시시대에서는 천하·국가에 관련된 공적인 이념이 개인의 생활 안정과 소비라는 보통생활인의 이념으로 바뀐다. 생활수준이 향상되고 좁지만 즐거운 우리 집이라는 새로운 중산층적인 이상이 채워진다면 곧바로 이념적인 상황은 개개인의 일상에서 멀어진다. 조국을 위해, 민족을 위해서라는 추상적인 대의는 예전에 갖고 있던 신통력을 잃고 이익집단화된 조직의 방침으로 변질되어 생활에서 느끼는 실감을 유일한 위안으로 삼는 일종의 실용주의가 만연한다.

한편 도시화는 개인의 권리의식을 키우면서 일상에서 익숙한 생활조건에서 문제를 해결한다는 아래로부터의 이의제기하는 자세를 사람들에게서 이끌어낸다. 그것은 1960년대 후반 이후 일본의 마을시대의 운동론과 조직론에서 본다면 상상할 수도 없었던 새로운 타입의 운동을 고양시켰다. 조직보다 운동을 중시하는 발상, 당사자 중심주의, 고정된 지도자를 만들지 않는다, 일체의 관료주의를 거부한다, 비능률을 신경 쓰지 않는다, 천하·국가를 논하는 것을 피한다, 운동을 성과에 따라 성공과 실패로 나누지 않는다, 지나간 사람을 비난하지 않는다 등, 당시 시민운동의 논리(히다카 로쿠로日高六郎)는 멸사봉공형의 재일조선인 조직운동의 방향성과는 너무나도 대조적이었다.

1960년대 후반에는 그런 아래로부터의 발상과 운동을 주장하는 재일조선인 지식인과 운동가는 전혀 없었다. 이 시기, 재일조선인을 둘러싼 상황은 전에 없이 긴박하게 진행됨에 따라 우리는 더욱 긴장해서 상황의 추이를 살피고 있었다. 베트남 전쟁이 최고조에 이르고 한일기본조약, 프에브로호 사건[1], 청와대 기습사건[2] 등으로 본국에서는 냉전적인 대치가 더욱 심해지고 있었다. 외국인학교법안이나 입관법 등 일본 정부의 재일조선인에 대한 배격도 한층 강해졌다. 우리들 재일조선인에게는 시민운동 따위의 한가로운 운동논리를 내세울 여유가 없었다. 오히려 이 시기의 긴박한 공기는 외부의 반동에 대한 적개심을 더욱 고조시켜 조직에 과잉충성하고 특정 가치에 관여하는 일이 그전보다 더 많이 요구됐다. 그런 조직에 대한 비판조차 기본적으로는 위로부터의 이념과 원칙론에 따라 이루어지고 있었다.

그러나 도시시대의 젊은 개인주의와 권리의식은 고도성장세대인 재일조선인에게도 확실하게 침투하여 1970년대 이후의 권익 옹호에 관련된 새로운 형태의 운동에서 탈출구를 찾게 된다. 결국 고도성장은 우리들 재일조선인 세계에도 조직의 논리와는 상관없이 각자가 느끼는 대로 또는 하고 싶은 대로 사색하고 행동할 수 있는 영역으로 크게 넓혔던 것이다. 1980년대에 들어서면 우리들 재일조선인 사이에서도 천하·국가에 관련된 정치적 가치 실추가 뚜렷해지고 정주화를 바탕으로 한 신변에 불어 닥친 현실을 진지하게 되짚어보기 시작한다. 도시시대의 개인의 의식에 뿌리내린 재일조선인의 자립이 궤도에 오르기 시작했던 것이다.

자립이란 '주의principle로서 의존하지 않는 삶'(쇼지 고키치庄司興吉)이며 도시시대를 살아가는 사람들의 일상적인 주체성 또는 습성을 나타내고 있다. 마을과 집으로부터의 자립, 지방의 자립, 여성의 자립, 젊은 세대의 자립이라는 식으로 도시시대의 사람들은 여러 가지 국면에서 자립에 대해 묻기 시작한다. 우리들 재일조선인의 상황에서 말하자면 바다 저편의 권위로부터 자립하는 것에서 시작되어 지금은 우리들의 습성 그 자체를 고치는 상황에 직면해 있다.

* * *

말할 것도 없이 우리들 재일조선인 습성의 핵심을 이루고 있던 것은 민족이며 통일된 민족국가를 향한 꿈이며 내셔널리즘이었다. 그러나 이런 내셔널리즘은 원리적으로나 현대 세계의 상황 면에서 1950년대의 아시아가 품고 있었던 진보적인 의의를 잃어가고 있다. 우리들 재일조선인을 자극하고 떨쳐 일어나게 했던 1950년대 아시아의 내셔널리즘이 다분히 자기모순을 내포하고 있었다는 사실이 지금은 밝혀지고 있다. 서구 근대에 반발하는 식민지 아시아의 자립과 해방문제가 영토, 주권, 국민이라는 서구 근대에 기원을 두는 국민국가를 축으로 생겨났다는 사실 자체가 자기모순이라고 한다면 자기모순이었다. 자주 지적되는 바와 같이 제2차 세계대전 후 아시아가 손에 넣은 국가라는 것은 식민지 시대의 인위적인 경계선을 이어갔다. 원래 인도 민족이나 인도네시아 민족 등과 같은 등질적인 아이덴티티 집단이 존재했던 것은 아니다. 이 지역에는 인종은 물론이며 문화와 종교, 나아가 역사적인 배경을 달리하는 다양한 집단이 혼재해 있었다. 그러나 이와 같이 국민국가가 내셔널리즘이라는 형태로 아이덴티티를 주장하는 것은 대부분의 경우 국민국가의 영역 내에서 우월한 아이덴티티 집단이 다른 약소한 아이덴티티 집단을 억압하고 소외시키는 것을 숨기는 역할을 했다.

민족이 매우 상황적으로, 그것도 인위적인 상징을 매개로 만들어졌다는 사실은 국민국가의 모체라고 할 수 있는 서유럽에서도 마찬가지이다. 프랑스와 영국의 경우는 지금은 국민국가의 형성과 관련된 종잡을 수 없는 민족적 사정이 잘 알려져 있다. 민족과 그 겉모습이라 할 수 있는 국가가 재일조선인 습성의 핵심을 이루고 있다고 하더라도 우리들이 갖고 있는 민족의 이미지는 초라하기 짝이 없다. 영국과 프랑스에는 원래 거의 등질적인 영국인과 프랑스인이 살고 있다고 생각하기 쉽고, 그 속에 포함되어 있는 다채로운 아이덴티티에 대해서는 미처 생각이 닿지 않는다. 우리가 말하는 민족과 대비된 예로 종종 인용되는 독일마저도 비스마르크에 의한 국가 통일은 오스트리아뿐만이 아니라 스위스와 체코 내의 독일인을 일방적으로 배제하면서 다른 민족인 덴마크인이나 폴란드인은 받아들이며 나아가 프랑스와의 사이에서는 영토문제를 안고 있는 등의 모순투성이였다는 사실이 밝혀졌다.(이토 사다요시伊藤定良) 재통일된 독일은 기본적으로 비스마르크가 주장하는 독일의 틀 속에서 그와 관련된 모순도 포함해 계승한다는 사실을 잊지 말아야 한다.

사실 일본에서도 메이지 유신에 의해 근대국가로 변모하면서 근세의 일본인에게는 이국·타역으로 간주되고 있었던 류큐(오키나와)나 에조(아이누족)를 주변적인 존재로서의 국민으로 편입시키고 있다.(아라노 야스노리) 메이지시대의 문명개화는 그런 변경의 백성에게는 고유한 아이덴티티를 체계적으로 부정하게 되었다. 나중에는 완력에 의해 일본 국민으로 편입시키려는 식민지 민중에게 악명 높았던 황민화 정책도 먼저 편입된 아이누족과 오키나와현 사람들에게 실시된 황민교육의 실적을 빼놓고 논할 수 없다.

1970년대 후반 이후, 견고한 국민국가라는 의제에 덮여 감추어진 모순이 구미와 아시아에서 종교와 인종분쟁이라는 형태로 분출되고 마침내 에스니시티의 문제로서 폭넓게 자각되었다. 인종, 언어, 종교, 문화, 역사적 체험 공유, 카스트, 성이라는 민족과 국민국가라는 틀에서는 도저히 다룰 수 없는 실로 다양한 계기에서 시작되는 사람들의 자기주장이 국민국가의 의제를 간파하기 시작한다. 이른바 내셔널리즘이라는 형태의 자기주장에서 에스니시티라는 형태의 자기주장이라는 다양한 역행을 포함하는 것이 지금 시대의 추세가 되고 있다. 냉전이 끝난 지금 그런 자기주장에 따라 복잡하게 얽힌 관계를 사람들 스스로가 어떻게 조정해 가는가가 관건이 되고 있다.

국민국가라는 의제는 컴퓨터나 원자력이라는 생산력과 교통수단의 눈부신 발전, 그것이 야기하는 환경파괴라는 면에서도 문제가 제기 되고 있다. 애초에 국민국가란 화약, 인쇄술, 나침판이라는 산업혁명 이전의 생산력을 토대로 생겨난 인간생활의 공간적인 틀에 지나지 않는다. 그리고 현재의 생산력은 당연히 보다 넓은 범위에서 인간생활의 조직화를 요구하고 있다. 소련의 해체는 광역적인 생활권을 대러시아주의적인 제국의 생활권으로 만들어내려는 실험이 파탄을 맞이했다는 사실을 의미하고 있다. 그런 점에서 전자의 국민국가 수립을 향해 움직이기 시작한 주변 모든 지역의 동향을 클로즈업해서 단순하게 내셔널리즘의 복권이라고 정의하여 갈채를 보내는 것은 너무나도 피상적이고 비역사적인 견해이다. 지역에서 이루어지는 국민국가의 자립도 언젠가는 다른 에스니시티 간의 보다 대등한 관계를 전제로 한 보다 넓은 범위에서 공동으로 모색해 나가야 할 것이다.

오늘날의 국민국가는 영역을 초월해야 한다. 분명히 문제는 간단하지 않다. EU(유럽연합)로 이행하려는 EC(유럽공동체)가 기존 국가의 권한을 연합체와 지방자치단체로 넘기려고 하는 것도 그런 모색의 일환으로서 주목된다. 그러나 앞서 서술한 것은 평탄하지만은 않다. 더욱이 우리들이 살아가는 아시아에서는 문제가 더욱 복잡하다. '주권국가를 극복해야 한다는 점은 이처럼 자명한 사실이지만 이 자명한 사실에 대해 인식으로 이끄는 해석을 할 수 없는 세계'(후쿠다 간이치福田歡一), 그것이 바로 지금의 아시아라고 할 수 있을 것이다. 그리고 우리들 재일조선인도 그런 세계 속에 있으며, 전후의 추이 속에서 국민국가라는 이념이 뼈 속까지 파고든 주체의 모습을 되짚어본다.

*　*　*

물론 민족의 통일은 우리의 소원이다. 그러나 통일은 이미 우리들 재일조선인이 1950년대의 현실 속에서 길러온 모습일 수는 없다. 상황적으로나 우리들 주체의 내용적인 면에서 통일이미지 자체의 쇄신이 요구되고 있다.

무엇보다 통일은 예전처럼 분리된 민족의 단순한 일체화를 의미하지는 않는다. 그것은 체제 차이는 물론 우리들 재일조선인의 있는 그대로의 개성까지 포용하는 지역적인 개성, 사상, 가치관의 이질성·다양성을 서로 인정하고 서로 타협하면서 자각적으로 함께 구축하는 세련되고 새로운 공동사회로 재설정할 필요가 있다. 다양한 가치와 공존·공생 등이 중요하기 때문에 돌아가는 것을 두려워하면 안 된다. 통일 지연은 민족의 동질성을 망친다는 조급한 통일론이 본국과 재일조선인 사이에서 들려오는데, 지금 우리들에게는 이질적인 것이 뭐가 나쁘냐고 단호하게 정색하는 글자 그대로 생각의 전환이 요구된다.

통일이 그 배경에 다양한 억압과 소외를 숨기고 있는 것처럼 각각의 사회의 모순이 서로 뒤바뀌는 것도 끊임없이 경계해야 한다. 통일을 남북한 사회가 민주화되는 과정으로 동일시하거나 통일을 더할 나위 없는 가치로서 재일조선인의 문제를 포함한 모든 문제해결을 할 수 있는 메커니즘으로 생각하는 구태의연한 발상은 문제를 슬쩍 바꿔 놓을 수가 있다.

여하튼 우리들 2세 이후의 세대는 지금까지 우리 자신의 있는 그대로의 개성을 주장하는 것을 금지당해 왔다고 할 수 있다. 물론 이를 금지해 온 것은 본명조차 제대로 밝히는 것을 꺼리게 했던 일본 사회의 동화 압력이었다. 그러나 반드시 그것만이라고는 할 수 없다. 재일조선인 지식인과 운동가의 민족에 대한 동질적인 이념이 우리 나름의 민족적인 개성의 발휘를 가치 있는 것에서 갈라놓은 데서 온 것이다. 그리고 민족통일, 민족국가, 민족교육 등이라고 할 때 민족이 비록 이질적인 개성과 가치의 동질성이라는 틀의 범주를 의미한다면, 그런 민족의 시대는 이제는 끝났다고 해도 좋을 것이다. 지금 일어나는 모든 현상들이 이것을 말해주고 있으며 우리들의 민족도 예외일 수는 없다. 오히려 우리들 재일조선인에게는 민족이라는 넓은 틀에서 공동성을 시야에 넣으면서 도시시대에 길러진 우리의 습성에 걸맞은, 즉 우리들의 몸에 맞는 이른바 에스닉(민족적)한 시민으로 자립할 것을 요구하고 있다.

여하튼 우리는 더 이상 1950년대의 행복한 조화의 시대로 되돌아갈 수는 없다.

『재일은 지금(在日はいま)』, 세이큐분카샤, 1996년

註釋

01_ 1968년 1월, 미해군의 정보수집함인 프에브로호가 북한의 초계함에 의해 나포된 사건.
02_ 1968년 1월, 북한 특수부대 31명이 당시 박정희 대통령을 암살할 목적으로 청와대 부근까지 침입하여 경비대와 총격전을 벌인 사건.

다케다 세이지 저
『재일이라는 근거』에 대하여

1. 재일의 현재

『코리안·마이너리티 연구(コリアン·マイノリティ研究)』(신칸샤)라는 책이 있다. 소책자이나 1년에 한 번 발행되는 어엿한 학회지이다. 학회이름은 재일조선인연구회이다. 1999년 12월에 3호가 나왔는데 학회의 대표를 맡고 있는 정영혜鄭暎惠는 편집후기에 재일을 둘러싼 시대의 변화에 대해 언급하고 '본 학회도 가까운 장래에는 명칭변경이라는 아이덴티티 위기를 경험할 것입니다'라고 적고 있다.

한편 '원 코리안·페스티벌'이라는 지금은 재일사회의 가을풍물시처럼 되어버린 이벤트가 매년 오사카와 도쿄에서 열리고 있다. 15년째를 맞이한 1999년의 페스티벌 무대는 오사카 이쿠노구에 있는 코리안 타운이었다. 이 거리를 무대로 3만 명이나 되는 사람들이 모였다. 페스티벌 막바지에 실행위원인 정갑수鄭甲寿가 '우리의 조국은 하나, 아시아는 하나, 세계는 하나라고 외치자 장내에는 한국어로 '하나'라는 합창이 울려퍼졌다'(「아사히 신문」 11월 8일자).

『재일이라는 근거(〈在日〉という根拠)』의 초판이 나온 것은 1983년이며, 주로 1970년대까지의 재일의 세계가 논의되었다. 초판의 내용은 10년이나 20년 전의 이야기가 된다. 정영혜가 쓰고 있는 것처럼 애당초 재일조선인을 어떤 고유한 실태를 가지는 하나의 집단으로 말하기는 어렵다. 한편 단순히 민족으로서의 일체감을 호소하는 이벤트에 3만 명이나 되는 사람들이 모인 것이다. 지금 재일조선인은 그런 뒤죽박죽 섞여있는 변화 속에 있고 1970년대 상황과의 낙차는 실로 크다고 할 수 있다.

물론 그렇다고 해서 『재일이라는 근거』가 이제는 한물간 것이라고 평하고 싶지는 않다. 거기에는 분명히 우리들 재일을 재일이게 해온 하나의 핵심이 제시되어 있다. 문제는 우리들 재일조선인이 처해 있는 상황 속에서 이것을 어떻게 이해할 것인가 하는 것이다. 여기서 이 책의 내용을 소개하고 그런 현재 재일의 모습에서 이 책이 갖는 의미를 살펴보고자 한다.

그런데 이 책은 내셔널리즘 그 자체를 주된 논제로 삼고 있지는 않다. 아마 『내셔널리즘론의 명저 50』 중에 한 권으로 이 책이 선정된 이유는 현재의 일본에서 내셔널리즘을 거론하기 위해서는 재일조선인 문제를 빼놓을 수 없기 때문이라고 생각한다. 분명히 이 책은 뛰어난 문예평론인 동시에 뛰어난 재일조선인론(재일론)이기도 하다. 본장에서는 특히 재일론 측면에 주목하여 저자가 이 책에서 이야기하고자 하는 것에 대해 살펴보고자 한다.

2. 저자 및 구성

이 책의 저자인 다케다 세이지는 1947년에 태어난 단카이 세대의 재일조선인 2세이다. 이 책 외에 문예비평서인 『세계라는 배리-고바야시 히데오와 요시모토 다카아키(世界という背理-小林秀雄と吉本隆明)』(가와데쇼보신샤河出書房新社, 후에 고단샤講談社학술문고에서 재판), 『비평의 전후와 현재-다케다 세이지 대담집(批評の戦後と現在-竹田青嗣対談集)』(헤이본), 조금 이색적인 『요스이의 쾌락-이노우에 요스이론(陽水の快楽-井上陽水論)』(가와데쇼보신샤) 등이 알려져 있다. 그리고 니체, 에드문트 후설, 하이데거 등 서양철학 연구서와 입문서도 많아 하나하나 예로 들 수 없을 만큼 다채롭고 왕성하게 활동했다. 그런 문학과 철학에 얽힌 저자의 모든 활동의 원점이 이 책에 있다.

다케다 세이지라는 이름은 다자이 오사무太宰治의 소설 「죽청(竹青)」에서 따온 필명으로 한국 이름은 강수차姜修次이다.(자세한 것은 본서 문고판 II의 「세 개의 이름에 대하여(三つの名前について)」 참고) 일본 이름을 쓴 이유는 '재일조선인은 조선 이름(민족명)을 써야 한다는 생각에 …… 익숙하지 않았'기 때문이었다고 한다. 이름뿐만이 아니라 재일 사회에서 정통성으로 여겨지고 있었던 통념에 대해 저자가 가지고 있는 위화감은 이 책의 기조 가운데 하나를 이루고 있다.

고쿠분샤国文社에서 나온 초판에서는 이회성, 김석범, 김학영이라는 세 명의 재일작가에 대한 비평과 근대 일본 문학의 내면에 대한 논리를 다룬 「문제로서의 내면(問題としての内面)」으로 구성되어 있다. 1999년에 문고판으로 간행된 치쿠마쇼보筑摩書房판에서는 고쿠분샤의 내용 전체를 I로 하고 II와 III이 추가되었다. II는 김학영에 대한 추도문과 재일론 등의 에세이를 모은 것이며, III은 1980년대

이후의 이회성, 김석범의 소설과 사기사와 메구무鷺沢萠, 강신자姜信子, 이양지李良枝, 이기승李起昇 등의 젊은 작가들의 작품론을 모은 것이다. 그리고 권말에는 저자의 문고판 후기와 가토 노리히로加藤典洋가 쓴 해설이 부가되어 있다.

이 책은 주된 재일 작가와 작품을 거의 망라하여 싣고 있는데 그 중심은 단연 김학영론이다. 여기에는 저자의 재일이란 무엇인가라는 질문을 둘러싼 생각의 정수가 김학영이라는 작가와의 공명을 통해 드러나고 있다. 이회성과 김석범, 나아가 젊은 작가들을 논할 때의 관점과 견해도 굳이 말하자면 김학영론을 통해 파악된 것이 그 근거가 되고 있다. 따라서 본장에서는 우선 김학영에 대한 저자의 논점을 살핀 후에 다른 작가론과 작품론으로 이야기를 전개해 나가고자 한다.

3. 출구 없는 광경 - 김학영

김학영은 재일이라는 사실 외에 말을 더듬는다는 또 하나의 고통을 안고 있고 그 점을 작품의 중요한 모티브로 삼았다. 말을 더듬는다는 고통은 무엇보다 자신의 의사를 있는 그대로 전달할 수 없기 때문에 자신과 타인 사이에 항상 장애물이 가로놓여 있다(『얼어붙은 입(凍える口)』)는 것이다. 한편으로는 일본에서 조선인으로 태어났다는 사실에서 오는 소외감(=불우하다는 의식)과도 서로 닮은 점이 있다. 그러나 저자는 이 두 가지 고통에서 본질적인 차이를 찾아낸다. 즉 '말더듬이의 고통은 어디까지나 닫혀있는 것이고, 사회적인 문제의 통로로 그것을 납득하는 것은 불가능하다'(138쪽)고 한다.

이회성은 이런 사회적인 문제의 통로를 상징적으로 살아간 작가이다. 이회성도 재일의 불우성을 출발점으로 하고 있지만, 사회와 역사에 대한 자각과 민족에 대한 귀속 이념을 매개로 오히려 재일이라는 사실을 적극적인 삶의 원리로 반전시키고 있다. 그러나 김학영은 '말을 더듬는 것에서 오는 불우하다는 의식이 조선인이라는 사실에서 오는 불우의 의식을 밀어내고'(137쪽), 이회성이 더듬어 온 여정도 거의 의미를 두지 않았다. 그보다 김학영에게 그런 민족에 얽힌 이념은 말더듬이에 뿌리 내린 '자의식상의 극(劇)에서 포착된 내면의 원리를 위협하는 것'(161쪽)일 뿐이었다.

민족이나 통일이라는 용어에 의탁된 이념, 한마디로 말해 민족주의는 당시 재일을 다소나마 성실하게 살아가려는 대부분의 젊은 2세들의 사회를 마주 대하는 방법이었다. 그러나 그런 민족주의에 대한 위화감을 김학영과 젊은이들은 마음속 깊이 공유하고 있었다. 이 책에 나타나는 민족주의에 대한 견해를 나름대로 알기 쉽게 설명하자면 대략 다음과 같다.

우리는 세계에 관한 감촉을 많든 적든 말을 통해 질서화하거나 윤곽을 만든다. 사회를 마주 대하는 방법을 확정짓는 것과 진리에 이르려고 하는 활동도 당연히 그 말을 통해 이루어진다. 그러나 근대적인 시스템에서는 말을 통해 이끌어낸 진리는 이른바 순수한 담론의 영역으로 독립한다. 그리고 경우에 따라서 그 토대에 있었을 세계에 대한 감촉과 진리 이외의 담론의 세계를 강압적으로 막아선다.

재일의 문제에 빗대어 말한다면 민족(=진리)에 대한 자각은 불우의 의식이라는 세계에 대한 감촉을 토대로 '나는 무엇인가'라는 질문이 '나는 본래 무엇인가, 어떻게 살아야 하는가'라는 순수한 관념적인 질문으로 바뀌어 뒤집힌 형태로 다가온다. 김학영이 민족주의 속에서 직감한 것도 그런 관념에서 형성된 관념상의 체제이며, 그것은 작가의 자의식의 핵심을 부정하는 것으로 나타난다.

김학영은 담론상의 체제와 관념극을 향한 위화의 외침을 끝까지 파고들어 그려낸 작가이다. 저자는 이 작가의 말더듬이로 인해 생겨난 고독함이 그것을 지지해 주었다고 보고 있다. 말더듬이란 어떠한 관념적인 이야기로도 환원될 수 없는 불우성을 나타냈고, 저자는 그야말로 갈 곳 없는 불우성을 재일이라는 사실의 핵심과 중첩시키고 있다. 즉, 저자에게 '김학영의 문학은 항상 공동체에서 쫓겨나고 그런 상황에 의해 세상과 유화될 수 없는 인간의 상황 그 자체를 재일의 삶이라는 광경에서 끄집어내는'(260쪽) 것이었다.

물론 그렇다고 해서 저자는 '그렇게 철저하게 불우한 것이 재일이다'라고 말하지는 않는다. 오히려 물에 빠진 사람이 지푸라기라도 잡는 심정으로 그곳에서 빠져나와 어떤 이념(=이야기, 아이덴티티, 공동체)을 파악하려고 하는 간절한 몸부림이 있다. 그럼에도 불구하고 결국은 보답 받지 못하는 상황, 출구가 없는 광경을 저자는 재일 마이너리티의 핵심으로 우리에게 제시하고 있다.

4. 반조선인 - 이회성

재일의 간절한 몸부림은 이회성에게 중요한 소재라기보다, 이회성은 그런 반조선인(=반일본인, 반쪽발이)의 고뇌를 그린 최초의 작가이다. 이회성이 그리는 재일의 표상은 일본인에서 시작하여 반조선인의 혼돈을 거쳐 조선인으로 전환되는 아이덴티티의 궤적을 더듬는다. 조선인이란 주인공들이 반조선인으로서의 정신적인 위기를 극복하고 손에 넣은 이념, 저자는 이것을 관념극이라고 부른다.

저자에게 이회성이 중요한 이유는 그가 반조선인의 고뇌를 어떤 깊이를 가지고 독자에게 제시한다는 점이다. 반조선인의 노력은 돼지와 같은 생활이나 난폭한 아버지로 상징되는 집이 싫어서 일본인보다 더 일본인이 되려고 했던 단계 다음에 찾아온다. 이회성처럼 제2차 세계대전 전에 소년기를 거친 재일 2세의 제1세대에게 있어 자신을 일본인으로 규정하는 것은 천황제에 대한 열광이라는 형태로 나타난다. 따라서 반일본인으로 전환되는 계기에는 패전을 전후한 세대의 전환이 있었고 반조선인이 자기 발견에 대한 모색을 장식하는 말도 전후 민주주의에 따른 규범과 논리로 나타내고 있다.

저자에 따르면 귀속과 이념을 둘러싼 반조선인으로서의 어려움은 재일 1세에게는 보이지 않는 것이며, 말할 것도 없이 김학영의 작품과도 통하고 있다. 저자의 불만은 이회성의 작품 세계는 그것이 미리 준비된 지점(조선인이라는 각성)을 향해가는 과정으로 그려지고 있다는 점이다. 즉 저자에게는 이회성이 재일을 극복할 수 있는 위기 계통으로 그릴 때 재일의 새로운 존재구조를 놓치기 시작하는 것으로 비친다. 이미 확인한 바와 같이 저자가 김학영의 문학에서 파악한 핵심이란 다름 아닌 재일(=반조선인)이 이념적인 자기 확신을 둘러싸고 본질적으로 답이 없는 질문을 계속 던지는 존재라는 것이다. 그런데 이회성은 오히려 그런 가능성의 흔적을 지워 재일의 아이덴티티 그 자체의 위기를 은밀하게 매장하려고 하고 있다는 사실이다.

5. 부재의 의식 - 김석범

김학영과 이회성이 반조선인으로서 어쩔 도리 없는 고뇌의 삶을 살아온 작가였다면, 그들보다 한 세대 나이가 많은 김석범은 '자신이 조선인이라는 사실은 명백하지만 오히려 그렇기 때문에 자신은 왜 일본에 사는가라는 질문'(116쪽)이 절실해 보이는 세대의 작가이다. 『까마귀의 죽음(鴉の死)』과 『화산도(火山島)』 등으로 알려져 있는 것처럼 김석범은 그가 본래 있었을 제주도라는 고향에서 일어난 현대사의 비극(4·3사건)을 집요하게 그리고 있다. 작품에서는 조국이나 민중이라는 이야기의 표층에 나타나는 명제와는 반대로 깊은 니힐리즘의 감촉을 느낄 수 있다. 저자는 김석범의 작품에서 나타나는 결여와 공허한 감촉의 유래를 조국과 민중으로부터 격리된 일본에서 조선인으로 사는 것에 대한 원통함과 자책감에서 찾고 있다.

저자는 김석범의 작품이 전후 사회의 안일한 분위기 속에서 전쟁과 권력의 생생한 모습을 끊임없이 환기시키는 역할을 했다는 점을 인정하고 있다. 그러나 김석범이 재일의 의미를 조국과 민중에 대한 연관 문제로 다루려고 하는 한 '그 작가적인 육안을 재일 사회의 새로운 지층에 닿게 하는 것은 거의 불가능'(126쪽)하다고 한다. 오히려 그것은 저자가 김학영과의 공감을 통해 받아들인 재일성의 축에서 보면 '전후적인 재일을 사는 삶의 영역을 억지로 깎아내'(126쪽)버리는 것으로 보일 것이다.

6. 확산되는 풍경 - 신세대의 재일 문학

저자가 재일성의 핵심으로 정한 축은 젊은 작가를 논할 때도 거의 움직이지 않는다. 예를 들어 이양지를 언급하면서 작가는 기묘한 표현인지 모르겠지만 이양지는 과연 재일 작가인가라고 쓰고 있다. 나중에도 언급하겠지만 이 표현은 저자의 재일에 대한 견해와 지금의 재일과의 괴리를 매우 상징적으로 나타내고 있다. 이양지의『각(刻)』과『유희(由熙)』는 재일동포가 한국 체험을 하면서 느낀 우울감과 위화감을 소재로 재일의 문제 영역을 넓힌 작품이다. 그러나 저자는 그것이 재일성의 고뇌를 형태면에서 그대로 반복하고 있을 뿐 핵심에까지 파고들지 못하고 있다고 지적한다.

강신자의『지극히 평범한 재일한국인(ごく普通の在日韓国人)』에 대해서는 일본인이라면 지극히 평범한 생각이 오히려 재일조선인이기 때문에 주위 사람들에게 확인받지 않고는 견딜 수 없어 하는 점, 그 점이 이 책의 너무나도 재일적인 성격을 잘 전하고 있다고 저자는 느끼고 있다. 이런 요점 파악에서도 저자가 재일이라는 축을 어디에 두고 있는지를 엿볼 수 있다.

재일을 둘러싼 새로운 상황은 사기사와 메구무의『진정한 여름(本当の夏)』과 이기승의『제로한(ゼロはん)』에서 더욱 분명한 모습으로 나타나고 있다. 여기에서는 이미 정치와 인간이라든지 사회와 개인이라는 재일 2세의 제1세대를 괴롭혔던 택일적인 질문은 깨끗하게 모습을 감추고 있다. 물론 이런 작품에도 이 세계를 살아간다는 뿌리 깊은 위화감은 살아 있다. 그러나 '그들은 자신들의 새로운 재일성을 아직 깊은 현상으로 결실을 맺게 하지는 못하고 있다'(308쪽)고 저자는 말한다.

7. 재일의 행방

저자가 재일성의 핵심으로 정한 축에서 한 발자국도 움직이려고 하지 않는 이유는 아마 그것이야말로 근대사회에 인간이 직면하는 본질적인 어려움이라는 사실을 그곳에서 찾아냈기 때문이라고 생각한다. 요컨대 재일로 존재한다는 핵심이란 저자에게 있어 인간으로서 존재한다는 핵심이기도 하다. 다시 말하면 재일이란 그런 인간의 본질을 잘 파악할 수 있는 입장이라고 할 수 있다. 그러나 만약 그렇다면 적어도 두 가지 질문이 우리 앞에 놓이게 된다.

첫째는 만약 재일과 인간으로 동시에 존재하는 사실에 대한 핵심을 어떤 말로도 정의할 수 없다면, 도대체 사람은 살아가는 거점을 어디에서 찾아야 하는가 하는 문제이다. 사실 저자는 이 책 속에서 이에 대한 한 가지 답을 시험하고 있다. 저자는 김학영이 정말로 자신이라는 내면의 의식, 좀 더 자세히 말하자면 그런 내면 사이에 숨겨진 마음의 관계성을 규명하고 그대로 반복함으로써 세상의 시선에 맞설 수 있는 근거를 얻으려고 했다고 한다. 이 점은 이 책의 '문제로서의 내면'에서 부연하여 쓰고 있지만 그것을 어떻게 받아들이는가 하는 문제는 독자에게 맡길 수밖에 없다.

또 한 가지는 재일이 인간으로 존재한다는 핵심을 지금도 잘 파악할 수 있는 처지에 있는가 하는 문제이다. 이 점은 저자가 이양지에 대해 과연 재일 작가일까 하고 묻고 있는 장면에서 잘 나타난다. 신세대의 작품과 이 문장 속에 나온 모든 예는 핵심을 파악할 수 있는 힘이 지금의 재일에게는 상당히 약화되어 있다는 사실을 보여주고 있는 것은 아닐까.

오히려 재일의 존재감이 희박할수록 우리 재일에게 이 책은 중요하다고 할 수 있다. 어떤 의미에서 재일이란 일본이라는 사회의 시간 축을 따라 쌓아올려진 재일이라는 경험의 총화라고 할 수 있다. 이 책이 그런 재일의 존재감을 확인할 수 있는 하나의 근거라는 사실은 어떤 시대가 되어도 결코 바뀌지 않을 것이다.

『내셔널리즘론의 명저 50』, 헤이본샤, 2002년

제주도 통신

1. 민원신고의 시대

만우절

1999년 4월 1일 나리타에서 부산을 경유해 제주를 향하는 KAL기가 드디어 날아올랐다. 이미 오후 7시가 지난 예정보다 5시간이나 지연된 이륙이었다. 근무처의 규정과 세제상의 이유로 제주에서의 해외연수 기간은 형식상으로는 1년 365일을 하루라도 어기면 안 된다. 그렇기 때문에 올해 4월 1일과 내년 3월 31일에는 반드시 출입국에 관한 절차 상의 흔적을 남겨야 한다. 사실은 이미 3월에는 그곳(제주)에서의 생활 이 절반은 시작되고 있었다. 그런 의미에서 4월 1일이란 필자에게는 만우절에 어울리는 사기 같은 느낌이 드는 하루이기도 했다.

게다가 비행기는 지연되고 또 지연되었을 뿐만 아니라 부산에서 는 날씨가 나빠서 김해 공항 상공을 몇 번이나 선회한 끝에 착륙할 수 있었다. 가벼운 충격 끝에 비행기가 무사히 활주로를 미끄러지기 시작하자 기내에서 몇몇 사람이 박수를 칠 정도였다. 아마도 박수를

친 승객은 부산에서 비행기를 내리는 사람들이었으리라. 필자를 포함한 제주행 승객들은 더 심한 기상악화가 예상되는 바람의 섬까지 너무나도 위험스러운 여행을 계속 이어가야만 했다. 아무튼 필자가 제주대학의 숙소에 도착했을 때는 어느덧 날짜가 바뀌어 있었다.

민원신고

비행기가 나리타공항을 출발하고 나서 얼마 지나지 않았을 때 기내에서 승객 두 명이 승무원과 사소한 실랑이 끝에 서명 용지를 돌리기 시작했다. 비행기 출발 지연에 대해 항의하는 내용이라고 했다. 최근 필자는 그런 광경을 몇 번 보았다. 서울 동대문시장에서는 대형점포 진출을 반대하는 소매업자의 집회가 있었는데 길을 가는 사람들에게 서명을 받고 있었다. 부산에서도 제주에서도 같은 광경이 있었고 택시에는 운전기사의 예절에 관해 묻는 민원신고서가 비치되어 있었다. 제주에 있는 친구는 일본에서 짐이 도착하지 않아 당황하고 있던 필자에게 우체국 민원계에 신고할 것을 권했다. 신문과 텔레비전도 민원에 얽힌 사건을 끊임없이 보도하고 있다. 민원이라고 하면 부드럽게 들리지만 사실상 일상생활에 관련된 사람들의 다름 아닌 이의제기이다. 게다가 거기에는 높은 분의 권력이 활개를 치는 사회에서 문화혁명이라는 양상을 엿볼 수 있다.

4·3사건

그런 이의제기의 기운은 4·3사건을 둘러싼 제주도민의 움직임에서도 볼 수 있었다. 4·3사건에 대한 문제 해결을 공적으로 내건 신정권이었지만 최근에 국회 차원의 가시적인 성과(제주에서는 이 용어가 자주 쓰인다)

는 거의 없었다. 4월 3일에 열리는 위령제를 중심으로 하는 4·3 사건 51주년을 기리는 일련의 집회에서도 이에 대한 도민의 항의가 베어 나왔다. 2월에 출범한 도민연대(제주4·3 진상규명과 명예회복을 위한 도민연대) 는 4월 5일부터 국회방문단을 대거 파견하여 야당이 연내에 국회특별위원회를 결성할 것이라는 언질을 이끌어 내고 있다. 그곳에 참가한 한 지인은 경우에 따라서는 농성을 하겠다며 으름장을 놓았다.

아무튼 이 나라는 새로운 시대를 향해 분주하게 변해가고 있다. 그리고 그런 나라에서 지낸 1년 동안의 생활이 이렇게 시작되었다. 시작부터 여러 가지 실수를 하는 등 빈말이라도 좋은 출발이라고는 할 수 없었다. 그러나 허세가 아니라 혼자 생활하는 불편함에는 익숙한 터였다. 일과 연구테마는 산더미처럼 쌓여 있지만 어쨌든 초초해하지 말고 허세 부리지 말고 이 나라에서 살아가는 사람들의 소망과 생각을 있는 그대로 느끼고 싶었다.

2. 제주의 공동체

4일 장葬!?

5월 16일, 일본에 돌아온 지 약 열흘 만에 다시 제주 공항에 내렸다. 이번에는 85세 된 어머니와 동행했다. 카트에는 두 사람의 짐이 산처럼 쌓여있었고, 그 짐 맨 위에는 10년 전에 일본에서 돌아가신 아버지의 유해가 놓여있었다. 솔직하게 말하자면 해외연구지로 이 섬을 택한 이유 중에 하나가 어머니의 노후생활과 아버지의 유해를 제주로 옮기는 일이었다.

공항에는 놀랍게도 형님 부부를 비롯해 20여 명이 마중을 나와

있었다. 게다가 김녕리의 형님 집에는 제사상
이 이미 준비되어 있었다. 다시 한 번 치러지는
아버지의 장례, 즉 3일장은 이미 그날부터 시
작되고 있었다. 필자는 아버지의 유해를 고향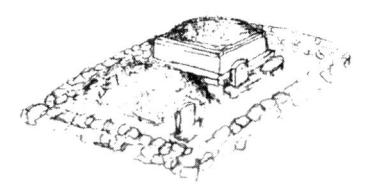
으로 옮기는 과정이 말로만 듣던 3일장이 되리라고는 꿈에도 생각하지
못했다.

그날과 다음 날은 이른바 일포(발인 전날)라 이른 아침부터 밤늦게
까지 쉴 새 없이 마을 사람들이 찾아와 가족들은 제대로 잠도 자지
못했다. 본격적인 장례는 18일이었는데 이날은 공교롭게도 비가 내
리는 가운데 텐트를 치고 산소를 만드는 작업이 시작됐다. 묏자리를
파고 유해를 안치한 관을 묻고 주위를 돌로 두르고 봉분을 쌓고 잔
디를 입혔다. 관례와 작업순서를 두고 서로 욕설과도 같은 대화가
왁자하게 이어졌지만 비가 와서 작업이 중단되고 날이 갠 다다음
날로 연기됐다. 따라서 3일장은 4일장이 됐다. 이 그림은 그때를
기억하면서 그린 것이다. 오른쪽 위가 아버지의 산소이고 왼쪽 아래
는 할머니의 산소이다. 할머니 산소는 알 만한 사람은 다 아는 종래
형이고, 돌로 두른 아버지의 산소는 잘은 모르지만 최근에는 이렇게
한다고 했다. 그다지 잘 그린 그림은 아니지만 어떤 느낌인지 알아
봤으면 좋겠다. 아무튼 형님은 이것으로 마을 공동체 속에서 드디어
면목을 세울 수 있었다.

제주의 공동체는 독자적인가

흡사 문화인류학 표본 같은 장례에 참가하고 나서 제주 사회의
강하고 깊은 공동체적인 연대를 새삼스럽게 느꼈다. 6월에 제주대

학에서 열린 연구회의 보고에서 4·3사건에 대한 필자의 생각을 말했을 때 바로 이 제주 사회의 특수성이 논점이 됐다.

필자는 해방 직후에 제주도민이 보인 자치를 향한 지향을 존중한다. 그리고 4·3사건에서 격돌한 좌우의 이데올로기(민족주의)에 대해서는 원래 제주도 사람들에게는 외재적인 것이었다고 보고 있다. 연구회에서는 그 점을 솔직하게 말하고 그런 자치를 향한 지향의 근거 중 하나로 제주의 공동체의 독자성에 대해 언급했다. 반응은 혹독했다. 제주 사회의 특수성이라고 할지라도 다른 지역에도 있을 법한 지방적인 개성 이상의 것은 아니라든가 단순한 근대화 지연에 지나지 않는다는 것이 일반적인 견해였다. 제주도에 실제로 사는 사람들은 제주도의 독자성을 운운하는 것을 싫어한다는 사실을 최근 들어 깨달았다. 이에 구애받는 사람은 필자와 같은 외지인이 많은 것 같았다. 마침 조선 말기에 일어난 제주도의 민란을 그린 영화 '이제수의 난'이 6월 26일부터 전국적으로 개봉됐다. 이제수의 이야기야말로 제주 사회의 독자적인 모습을 상징하고 있다고 여겨진다.

3. 제주대학교

아직 10월 말인데 서울 주변은 갑자기 한파가 밀려와 아침저녁은 영하로까지 떨어진다고 한다. 이곳 제주도는 춥지는 않지만 해발 500m가 넘는 곳에 위치한 제주대학교의 주변은 나뭇잎이 물들기 시작하고 한낮에는 가을의 맑은 햇살이 학교 주변의 풍부한 자연에 내리쬔다. 필자의 숙소는 광대한 대학교 부지의 서쪽 끝자락에 있다. 어제 저녁에는 오랜만에 난방용 보일러를 켜야 했다. 이곳 생활도 벚꽃이 필 무렵부터 시작해 7개월이 지났다. 분주했던 봄과 여름을 생각해 보면 최근에는 시간이 평온하게 흘러간다. 제주의 대지에 여유롭게 펼쳐져 있는 제주대학교 모습이 전에 없이 친근하고 평화롭게 느껴진다.

제주대학교는 제주시라고는 하지만 시가지에서 4.5km 정도 떨어진 한라산 기슭에 자리 잡고 있는 국립대학으로 9개의 단과대학(학부)에 학생 수는 만여 명이다. 주변은 개발제한구역으로 음식점이나 편의점이 거의 없다. 대구의 경북대, 부산의 부산대, 광주의 전남대 등이 한국의 지방 국립대학 가운데 명문이라고 알려져 있다. 제주대학교는 그런 대학과 비교하면 역사도 짧고 장서자료 등도 빈약하고 학생 수도 그다지 많다고 할 수는 없다. 그러나 대학교의 면적과 대학교를 감싸고 있는 자연은 한국은 물론 일본에서도 좀처럼 보기 어려울 만큼 풍성하고 여유롭다.

학생들

필자는 제주대학교에서 이번 9월부터 강의를 하고 있다. 정치외교학과의 3학년생 40명 정도를 대상으로 일본정치론을 가르친다. 첫 주에 학과의 개강파티가 있어서 필자도 초대받았다. 학생들은 일본에서 온 재일동포 교수를 따뜻하게 맞아주었다. 그 평온한 한때가 필자에게는 고마웠다. 수업은 의욕적이었고 무엇보다 분위기가 좋았다.(고 적어도 필자는 그렇게 느끼고 있다)

남학생 중에는 병역을 마치고 온 복학생 등 나이가 많은 학생도 많았고 강의 중에 오가는 의견과 질문도 상당히 신랄했다. 예를 들어 근대 일본 관계에 대해서 이조라든가 민비라는 표현을 쓰면 안 된다고 한다. 전자는 조선시대이며 후자는 명성황후이다. 전자에 대해서는 제쳐두고, 후자는 최근 같은 제목의 뮤지컬이 미국 등지에서 히트를 치고 있어서 이 왕비의 역사적인 평가와 이미지 그 자체에 필자와 학생들 사이에 심한 격차가 있다는 사실을 이해했다. 수업 중에 가장 문제가 된 내용은 갑오농민전쟁의 성격을 규정짓는 것이었다. 그것이 당시 봉건체제를 근본적으로 부정하는 것은 아니었다는 필자의 강의에 학생들은 분명한 반봉건투쟁이라고 되받아쳤다. 이제와 생각해보면 양쪽 모두 맞는다고 할 수 있는데 수업에서는 필자도 물러서지 않고 학생들과 사소한 논쟁을 벌였다.

  수업은 제주도에서 자란 학생들과 일본에서 자란 필자가 각자가 배운 문화의 차이를 서로 확인하는 자리이기도 했다. 그 서로 확인하는 자리가 답답하고 껄끄러워지지 않았던 것도 말하자면 이 대학을 감싸는 넉넉한 자연의 은총인지도 모르겠다.

4. 낙조와 4·3특별법

사봉낙조

  석양이 수평선에 걸리고 바다에 잠기기까지는 채 몇 분도 걸리지 않았다. 제주시의 동쪽 변두리의 바닷가에 있는 해발 150m 정도 되는 사라봉 정상에서 1999년의 마지막 석양이 소리도 없이 잠기는 것을 바라보고 있었다. 그날 아침, 지인에게 4·3관련 행사가 사라봉 정상에 있는 공원에서 열린다고 듣고 필자는 그곳에 갔다. 그러나 정상에서 예정된 행사는 새로운 천년을 맞아 연말연시에 제주에서 기획된 일련의 축제 가운데 하나인 사봉낙조제였다. 생각보다 혼잡해서 결국 그 지인도 만나지 못했다. 명사의 인사나 노래와 춤

에도 질려 돌아가려던 참에 정상을 메운 수백 명의 사람들이 수평선을 향해 시선을 옮기기 시작하는 것을 보았다.

나중에 안 사실이지만 사라봉은 그곳에서 바라보는 해지는 모습이 아름다워서 사봉낙조로 칭송되는 명소였다. 필자에게는 낙조의 아름다움도 그랬지만 아이를 데리고 온 부모나 연인이 석양에 어렴풋이 물들어 있는 말로 표현할 수 없는 평온한 표정들이 가슴에 남았다. 파란과 고통이 끊이지 않았던 제주의 100년을 끝내고 새로운 평화의 시대에 대한 염원과 기원이 분명 그곳에 깃들어 있었다.

「4·3특별법」

그런 새로운 100년과 뉴밀레니엄에 대한 제주도민의 마음은 12월 16일에 한국 국회를 통과한 4·3특별법(제주4·3사건 진상규명 및 희생자 명예회복에 관한 특별법)에도 담겨있다. 최초 보고에서도 전한 바와 같이 특별법을 1999년 내에 실현시키고자 하는 4·3관련 단체의 의욕은 예사롭지 않았다. 그러나 사실을 말하자면 총선거(4월)를 앞두고 정국이 어수선한 가운데 1999년 안에 특별법이 국회에 통과되는 것은 어렵다고 관측했다.

그런데 특별법이 12월 1일 정기국회 막판에 법안이 상정되자 불과 16일 째에 국회 본회의를 통과한 것이었다. 국회의 법안심의가 얼마나 더딘지를 다소나마 아는 사람은 이것이 얼마나 이례적으로 빨리 처리되었는지 알 것이다. 법안제정을 위해 동분서주한 어떤 이는 거의 기적이며 마치 눈에 보이지 않는 손이 도와준 것 같다고 말하고 있다.(「제민일보」 12월 17일자)

그러나 솔직히 말해 특별법에 대한 반향은 아직 좀 모자랐다.

신문이나 텔레비전도 전국적으로는 거의 보도되지 않았다. 물론 제주의 지방지와 텔레비전의 지방방송에서는 일부를 제외하고 대대적으로 보도했지만 학생들을 포함해 제주대학교의 공기는 왠지 냉랭했다. 12월 27일에 특별법 제정을 기념하는 제주도민 한마당축제가 열렸지만 여기에 참석한 사람도 이외로 적었다.(제민일보는 천여 명이 참가했다고 보도하고 있지만 필자가 보기에는 겨우 이삼백 명 정도였다)

필자가 사라봉에서 낙조를 본 것은 이 한마당축제가 열린 4일 후였다. 새해가 된 다음 날에는 섬의 동쪽 끝에 위치한 성산일출봉의 해돋이에 수천 명의 사람들이 몰려들었다고 한다. 4·3특별법을 기념하는 한마당과 크게 차이가 난다. 솔직히 그 낙차에서 풍화라는 두 글자가 뇌리를 스친다. 그러나 낙조와 해돋이에 몰려드는 섬사람들의 마음도 결국 평화롭고 싸움이 없는 새로운 시대를 향하고 있다. 물론 그것은 일상적으로 가족의 안녕이라는 작은 염원인지도 모른다. 그러나 각자의 가슴속에 4·3에 대한 아픈 기억이 자리하고 있어야 정겨운 일상에 대한 염원도 한층 절실해질 것이다. 1999년 막바지에 4·3특별법이 이례적인 속도로 통과하게 된 것은 그런 일상을 살아가는 무수한 사람들의 눈에 보이지 않는 염원과 기원이었는지 모른다.

5. 헤어질 때

형제들의 사계

다시 벚꽃이 피는 계절이 돌아오고 제주 생활에 드디어 이별을 고할 때가 왔다. 돌아갈 준비로 바쁜 와중에 일 년 동안 만난 사람들이 끊임없이 떠올랐다. 앞서 소개한 아버지의 4일장에서 시작해 거의 반세기 만에 귀향한 어머니와 함께 지낸 한 달 남짓한 생활, 빈번한 제사, 의외로 간단하게 끝난 벌초(조상 무덤의 잡초 베기), 반나절 일해서 농협에 출하한 금액이 2만 원(일본 돈으로 2천 엔)도 되지 않았던 귤 따기, 사촌 형제 아들의 결혼식, 중년 남자의 독거를 믿기 힘들다는 제주시에 사는 두 명의 누나(작은 누나는 빨래와 반찬을 매주 해주었다), 북제주의 해안도로를 탄환처럼 달려 제주시의 중심부에서 30여 분 만에 김녕리에 닿는 시외버스, 오후 8시가 지나도 지지 않고 차창에 비치는 6월의 석양, 8월의 태풍과 호우, 가을의 단풍, 겨울의 폭설, 필자의 제주 생활은 형제들과의 관계를 축으로 사계절을 돌아 끝났다. 필자는 일본에서 부모와 함께 살았고 형들은 제주에서 외할머니 밑에서 자랐다. 필자에게 마음의 빚이 없다면 거짓말이다. 아무튼 그런 형제들과의 거리감을 일상의 자연스러운 대화와 만남 속에서 조금이라도 메울 수 있었으면 좋겠다는 마음이 있었다. 형들의 생활 근원이 되는 농업은 해답 없는 시장의 논리 앞에서는 어쩔 수 없이 흔들리고 있다. 그런 상황 속에서도 형들은 사람과 사람관계에 얽힌 유교적인 윤리와 규범을 고집스럽게 지켜오고 있다. 그런 제주의 시골 생활에 직접 접할 수 있었던 점, 굳이 말하자면 그것이 필자의 제주 생활 중에 가장 큰 수확이었다.

* * *

제주대학교로 들어오는 벚꽃 길에 다시 꽃이 피기 시작하자 필자의 제주 생활도 이별을 고하게 됐다.

『울림(響)』, 11~15호, 성공회 이쿠노센터,
1999년 5월~2000년 5월

> 에필로그

어렸을 때 미카와시마三河島(도쿄 아라카와구)에는 공습으로 타다 남은 가옥의 흔적이 희미하게 남아 있었다. 일본의 전후부흥이 일단락된 1950년 중반의 일이었다. 미카와시마는 오사카의 쓰루하시鶴橋만큼 규모가 크지는 않지만 도쿄에서는 제2차 세계대전 전부터 제주도 출신자의 집단거주지역으로 알려져 있고 필자도 그 동네에서 자랐다.

한마디로 재일조선인 2세라고 할지라도 나고 자란 시기와 장소에 따라 조선과 관련한 체험과 생각은 자연스레 달라진다. 필자는 1970년대까지의 사반세기 남짓한 시간을 미카와시마에서 지냈다. 노스탤지어라는 것은 무의식의 각색이 늘 따라 붙는 것이지만 필자가 소년기를 보낸 미카와시마의 조선인 커뮤니티는 가난하지만 그 나름대로 정답고 조화로운 세계였다. 물론 인간관계가 너무 끈끈하게 이어져 있어서 답답한 기분이 들기도 했다. 그러나 적어도 그곳에서는 조선인이기 때문에 받았던 차별과 괴롭힘 같은 불쾌한 경험은 거의 없었다.

조선총련이라는 민족조직은 미카와시마의 커뮤니티에서 일상을 통제하는 정신과 규범을 담당했다. 동포 주민들은 대부분 그 산하에 속해 있었고 사회주의 조국에서 시작된 확고부동한 권위가 커뮤니티의 일상을 비추고 있었다. 총련 지부의 임원과 말단의 분회장, 나아가 조청(조선청년동맹: 총련 산하단체)의 일꾼(활동가·지도원)들이 육아와 레크리에이션, 관혼상제, 세무신고, 성인학교에서 실시하는 글자교육에 이르는 동포의 계몽과 생활지원에 분주했다. 필자는 공기처럼 분명했던 조선인이라는 테두리 안에서 축복받은 소년기를 보냈다. 총련은 필자를 길러준 부모라고 해야 할 고마운 존재였다.

필자는 이 책에서 총련을 탄생시킨 1955년의 노선 전환에 대하여 '일본 정부가 재일조선인을 정주자로서의 생활실태를 무시하고 그들을 일률적으로 외국인으로 간주한 것에 대해 재일조선인 쪽에서도 스스로를 외국인이라고 규정했다'(38쪽)고 서술했다. 여기서 필자가 문제 삼는 점은 본국에 대한 귀속지향 자체보다 이것을 재일조선인이 일률적으로 취해야 하는 방향성과 삶의 방식으로서 내놓았다는 사실이다. 그러나 조국 지향이라든가 원격지 내셔널리즘이라고 표현되는 사고방식도 하나의 선택지로 다시 파악하면 총련의 노력과 민족교육은 우리들 2세 이후의 세대가 그런 선택지를 선택하거나 받아들이는 조건을 만들어 내는 데 더할 나위 없는 공헌을 했다고 생각하고 있다.

재일 2세의 대다수는 조선인으로 태어났다는 데서 오는 소외감(=불우하다는 의식)을 출발점으로 해서 사회적인 문제의 통로(『재일이라는 근거』, 다케다 세이지)를 거쳐 민족으로서의 자각이나 사명감에 다다랐다고 하고 있다. 그러나 미카와시마의 조선인 커뮤니티에서 자란 필자는 다행이지 불행인지 그런 불우성의 경험 자체가 부족했다.

그러나 필자도 대학에 다니기 시작했을 때는 미카와시마의 친밀권에서 빠져나와 남들처럼 사회적인 문제의 통로 즉 사회나 역사라는 문제와 나름대로 마주하게 됐다. 1970년대 중반 무렵에 단카이 세대가 활약했던 학생운동의 절정기는 지났지만 야간부 학생으로 다녔던 도쿄 치요다구千代田区에 있는 사립대학에서는 그때까지도 사회와 세계의 변혁을 부르짖는 학생들이 긴장된 분위기를 만들어 내고 있었다. 학생들이 중책을 맡은 교직원을 규탄하거나 신좌익계 학생과 민청(일본 공산당의 청년 조직)계의 학생들이 투석전을 하고 난투극을 벌이기도 했다. 학생들의 거부로 기말시험이 중지되는 등, 삼엄한 상황에서 조문연(조선문화연구회)이나 한학동(한국학생동맹)이라는 재일학생운동도 활발했다.

본문에서 서술한 바와 같이 1970년대 전반은 유신체제의 성립, 나아가 민청학련 사건(정부당국에 의한 반정부조직 날조사건)부터 문세광 사건(박정희대통령 저격사건)에 이르는 본국에서 일어난 긴박한 사건이 우리 재일의 대학 생활에도 많은 영향을 끼치고 있었다. 조문연의 간판 아래 모인 유학동(유학생 동맹 : 총련의 산하단체)에는 주체사상이나 유신사상 체계라는 일종의 전체주의의 논리가 외부(조직의 중앙)로부터의 지도와 계몽을 통하여 침투하고 있었다. 민족이냐 동화냐, 통일이냐 분단이냐, 조직이냐 개인이냐 라는 양자택일의 논리가 세력을 떨치고 비국민이 아닌 비조직분자라는 배제의 논리가 버젓이 통하고 있었다. 그런 엄격한 원칙과 논리의 세계와, 일상적인 일을 서로 나누는 등의 사적인 감정세계와 복잡하게 얽히고 어긋나는 관계에서 당황하거나 상처받는 경우도 적지 않았다.

솔직하게 말하자면 필자 자신도 민족과 조직이라는 집단주의적인 규범세계에 몸담고 무리하게 발돋움한 적도 있다. 그때는 자기해체라든가 자기부정이라는 속세에 물든 자신에 대한 의문은 일종의 지적知的인 유행이었다. 그러나 조직과 이념에 대한 신앙을 성실하게 관철시키는 것 등은 필자에게는 불가능한 논의였다. 이제와 그때의 마음의 궤적을 더듬어볼 수는 없다. 아마 필자에게는 천성적인 적당주의 같은 것이 있어서 도그마의 세계에 빠지지 않게 적당하게 조절했는지도 모른다.

무릇 사람은 젊었을 때 진리에 강렬하게 눈을 뜰수록 생각이 깊고 때로는 구제할 도리가 없게 된다. 이미 서술한 바와 같이 그때에 의식이 있는 대다수의 재일 청년은 사회와 세계를 마주하는 것을 통해 민족이라는 원리에 도달했다. 그러나 필자는 도시생활을 동경하는 시골뜨기처럼 미카와시마에 형성된 커뮤니티의 일상에서 결여됐던 개인의 자립이나 시민이라는 원리에 신선한 동경을 느끼고 있었다. 요컨대 당시의 진지한 재일조선인의 대다수가 청년기의 만남과 계몽을 통해서 민족에 눈을 떴다고 한다면 필자는 같은 시기에 시민사회에 눈을 뜬것이다.

아무튼 서른 즈음부터 필자는 민족이나 통일을 둘러싼 독선적인 계몽에 대한 위화감을 감추지 못하고 표현하게 됐다. 1세와 2세 지식인과 활동가의 발상을 천황제에 빗대어 비난한 '재일론의 맥락'은 그런 위화감이 반발과 초조함으로 고조된 것을 말해주고 있다. 물론 천황제 세대라는 것은 너무 심한 표현이었는지 모른다. 그러나 그것은 뼛속까지 어중간한 우리들 2세의 모습에 다가서면서 정색하고 이념의 세계에 이의를 주장한 필자에게는 나름대로 감개무량한 문장이다.

1990년대를 통해 필자는 위로부터의 이념과 원칙론보다 아래로

부터의 이의제기, 나아가 조국을 위해, 민족을 위해라는 추상적인 대의보다도 우리들 자신의 있는 그대로의 개성이나 실감에 힘을 실어 이념적인 틀에서는 결론을 내리지 못하는 우리들 재일조선인의 어쩔 도리 없는 실존의 모습에 구애되어 왔다. 나아가 그런 실존에 비추어 본다면 일본인으로 살아가는 것도 하나의 선택이라고 다소 도발적으로 글을 쓰거나 말해왔다. 이 시기의 필자의 토론 방법에는 분명히 실감신앙實感信仰(『일본의 사상(日本の思想)』, 마루야마 마사오丸山眞男)이라고 할 수 있는 경향이 있었고 이것에 대한 비평(『반난민의 위치에서(半難民の位置から)』, 서경식, 「관리자본주의(파크스에코노미카))시대의 도래와 재일사회(〈パックス・エコノミか〉時代の到来と在日社会)」, 정장연鄭章淵 등)도 적지 않았다.

물론 있는 그대로의 개성이나 실감이라고 하더라도 그것이 얼마나 애매모호하고, 시대에 조정당하거나 만들어진다는 사실은 나름대로 이해하고 있다. 나아가 사람들의 자발적인 행위와 발언이라면 모두 괜찮다는 태도도 금물이다. 무릇 필자 자신도 민족과 국민의 논리에 대해 사람들의 실감과 아래로부터의 이의제기를 대조적인 위치에 두는 것으로 충분하다고 생각지는 않는다. 그러나 그런 기존의 이념과는 다른 어떤 이념을 생각해 내려고 하지는 않는다. 개인의 닫힌 사색에서 무언가 다른 이념을 계속해서 검토하여 완성할 수 있다는 생각 자체가 상당히 위험한 발상이라고 생각한다. 민족과 국민의 논리에 대한 비판을 통해 필자가 시도하려고 했던 것은 재일조선인의 모습을 보다 다양한 방향의 열린 계통으로 풀어주는 것이며 그이상도 이하도 아니다.

이 열린 계통이 어떤 방향으로 다시 수렴되는가에 대한 여부는 알 수 없다. 그 답은 일종의 블랙박스에 비유할 수 있을지도 모르겠다. 결국 블랙박스의 내용은 다양한 입장과 생각을 가진 사람들에 의한 자유롭고 열린 대화로만 채울 수 있다. 지금 우리들 재일조선인에게 요구되는 점은 대화의 장과 프로세스를 확실하게 확보하는 것이라고 생각한다. 그리고 이 책의 시도가 재일조선인을 둘러싸고 있는 원래 갖고 있던 문제의 발단까지 거슬러 올라가 엉킨 실타래를 풀어내고 조금이라도 더 풍부하고 열린 논의로 이끌어나가는데 도움이 됐으면 한다.

* * *

이 책을 마무리하는 데 무엇보다도 출판을 맡아주신 크레인의 문홍수 씨께 감사 말씀을 드린다. 자랑 같지만 최근 재일조선인에 관한 저서 출판을 의뢰한 고마운 출판사가 크레인 외에도 있었다. 그러나 최근 5, 6년은 제주도 4·3사건에 관한 사업과 연구를 비롯해 대학에서의 교육과 행정에 쫓겨 거의 손을 댈 수가 없었다. 게다가 최근 재일조선인사에 대해서는 괄목할 만한 실증연구가 축적되었다.(이 책의 기술 가운데 많은 부분도 그 연구 성과에 의지하고 있다) 이 분야의 전문인이라고 할 수 없는 필자는 재일조선인에 대한 생각을 저서로 정리하는 일의 의의에 대해서도 그다지 확신하지 못했다.

아무튼 편집자분들이 머뭇거리는 필자에게 단념하였는지 재일조선인에 대한 출판 이야기를 거의 하지 않게 되었다. 그런 와중에 유일하게 크레인의 문홍수 씨만이 이 책의 출판을 위해 정말이지 끈질기게 필자를 몰아붙였다. 소규모의 출판사라고는 하지만 문홍수 씨의 책 만드는 솜씨는 정평이 나있다. 이 책에서도 정확한 교정뿐만 아니라 원고를 이해하고 제목을 확정, 기술의 논거와 출전에 대한 체크에 이르기까지 연구자가 무색할 정도였다. 이런 치밀하고 정성스럽고 끈기 있는 작업태도에는 혀를 내두를 수밖에 없었다. 그런 편집자와 재일조선인 문제를 공유하면서 함께 책을 만들 수 있었던 점을 감사히 여기고 있다. 이 책이 내용적인 면에서 그런 노력과 높은 기량에 대해 조금이나마 보답할 수 있기를 간절히 바란다.

나아가 이 책의 근거가 된 논문과 에세이에 대해 게재를 허락해 주신 신초샤, 도분칸, 신요샤, 이와나미쇼텐, 헤이본샤, 세이큐문카샤, 아오키쇼텐 등의 출판사 여러분들, 그리고 『호루몬 문화』와 재일조선인연구회(코리안 아이덴티티 연구회) 등을 통해 재일조선인에 대한 사업과 논의를 함께 공유해 온 많은 지인과 선배 여러분께 이 자리를 빌어 다시 한 번 감사드린다.

2007년 1월
문경수

참고문헌

(저자·감수자·편자·문서명 : 오십음순/한글자모음순)

저서

일본어

青木保,『日本文化論の変容―戦後日本の文化とアイデンティティー』, 中央公論社, 1990年.

荒敬,『日本占領史研究序説』, 柏書房, 1994年.

荒井信一,『歴史和解は可能か―東アジアでの対話を求めて』, 岩波書店, 2006年.

李愛俐娥,『中央アジア少数民族社会の変貌―カザフスタンの朝鮮人を中心に』, 昭和堂, 2002年.

石坂浩一,『近代日本の社会主義と朝鮮』, 社会評論社, 1993年.

イマニュエル・ウォーラスティン,『世界経済の政治学―国家・運動・文明』(田中治男他訳), 同文舘, 1991年.

エドワード・W・ワグナー,『日本における朝鮮少数民族―1904年~1950年』(外務省アジア局北東アジア課訳), 龍渓書舍, 1989年.

王柯,『多民族国家 中国』, 岩波新書, 2005年.

大塚茂樹,『ある歓喜の歌―小松雄一郎・嵐の時代にベートーヴェンを求めて』, 同時代社, 1994年.

大沼保昭,『新版・単一民族社会の神話を超えて―在日韓国・朝鮮人と出入国管理体制』, 東信堂, 1993年.

岡崎文規,『日本人口の實證的研究』, 北隆館, 1950年.

小熊英二,『〈民主〉と〈愛国〉―戦後日本のナショナリズムと公共性』, 新曜社, 2003年.

小熊英二・上野陽子,『〈癒し〉のナショナリズム―草の根保守運動の実証研

究』, 慶応義塾大学出版会, 2003年.

加藤周一・遠山茂樹他編／芝原拓自他校注,『日本近代思想大系12：対外観』, 岩波書店, 1988年.

神奈川県自治総合研究センター,『神奈川の韓国・朝鮮人―自治体現場からの提言』, 公人社, 1984年.

川村湊,『アジアという鏡』, 思潮社, 1989年.

姜在彦,『西洋と朝鮮―その異文化格闘の歴史』, 文藝春秋, 1994年.

姜在彦・金東勲,『在日韓国・朝鮮人―歴史と展望』, 労働経済社, 1989年.

菅孝行,『天皇論ノート―天皇制の最高形態とはなにか』, 明石書店, 1986年.

姜東鎮,『日本の朝鮮支配政策史研究―1920年代を中心に』, 東京大学出版会, 1979年.

金敬得・金英達編,『韓国・北朝鮮の法制度と在日韓国人・朝鮮人』, 日本加除出版, 1994年.

金賛汀,『浮島丸釜山港へ向かわず』, 講談社, 1984年.

金賛汀,『在日、激動の百年』, 朝日新聞社, 2004年.

金太基,『戦後日本政治と在日朝鮮人問題』, 勁草書房, 1997年.

金鶴泳,『凍える口 金鶴泳作品集』, クレイン, 2004年.

金英達・高柳俊男編,『北朝鮮帰国事業関係資料集』, 新幹社, 1995年.

江東・在日朝鮮人の歴史を記録する会編,『東京のコリアン・タウン―枝川物語』, 樹花舎, 1995年(増補新版, 2004年).

高峻石,『在日朝鮮人革命運動史』, 柘植書房, 1985年.

古関彰一,『新憲法の誕生』, 中央公論社, 1989年.

駒井洋監修／伊豫谷登士翁・杉原達編,『講座 外国人定住問題・第Ⅰ巻 日本社会と移民』, 明石書店, 1996年

坂野正高,『近代中国政治外交史―ヴァスコ・ダ・ガマから五四運動まで』, 東京大学出版会, 1973年.

笹本征男,『米軍占領下の原爆調査―原爆加害国になった日本』, 新幹社, 1995年.

佐藤信淵,『佐藤信淵家学全集・中巻』, 岩波書店, 1960年.

自治大学校編,『戦後自治史Ⅳ』, 自治大学校, 1964年.

『昭和史全記録 Chronicle 1926-1989』, 毎日新聞社, 1989年.

杉原薫・玉井金五編, 『増補版 大正・大阪・スラム―もうひとつの日本近代史』, 新評論, 1996年.
鈴木二郎, 『人種と偏見』, 紀伊国屋書店, 1969年.
関川夏央, 『東京からきたナグネ―韓国的80年代誌』, 筑摩書房, 1987年.
徐京植, 『半難民の位置から―戦後責任論争と在日朝鮮人』, 影書房, 2002年.
徐京植, 『ディアスポラ紀行―追放された者のまなざし』, 岩波新書, 2005年.
徐大粛, 『朝鮮共産主義運動史―1918-1948』(金進訳), コリア評論社, 1970年.
杣正夫, 『日本選挙制度史―普通選挙法から公職選挙法まで』, 九州大学出版会, 1986年.
高見順, 『高見順日記・第五巻』, 勁草書房, 1965年.
竹田青嗣, 『〈在日〉という根拠』, 国文社, 1983年(ちくま学芸文庫, 1995年).
竹前栄治, 『占領戦後史』, 双柿舎, 1980年(岩波現代文庫, 2002年).
田中明, 『常識的朝鮮論のすすめ』, 朝日新聞社, 1981年.
田中宏, 『在日外国人―法の壁, 心の溝』, 岩波書店, 1991年.
田保橋潔, 『近代日鮮関係の研究・上』, 朝鮮総督府, 1940年.
朝鮮日報編, 『韓国人が見た日本』, サイマル出版会, 1984年.
鄭雅英, 『現代中国研究叢書37 中国朝鮮族の民族関係』, アジア政経学会, 1999年.
鄭大均, 『韓国のイメージ―戦後日本人の隣国観』, 中央公論社, 1995年.
外村大, 『在日朝鮮人社会の歴史学的研究―形成・構造・変容』, 緑蔭書房, 2004年.
中村一成, 『声を刻む―在日無年金訴訟をめぐる人々』, インパクト出版会, 2005年
中村政則, 『戦後史』, 岩波新書, 2005年.
西村秀樹, 『大阪で闘った朝鮮戦争―吹田枚方事件の青春群像』, 岩波書店, 2004年.
朴慶植, 『在日朝鮮人運動史―8・15解放前』, 三一書房, 1979年.
朴慶植, 『解放後 在日朝鮮人運動史』, 三一書房, 1989年.
朴慶植・張錠寿・梁永厚・姜在彦, 『体験で語る解放後の在日朝鮮人運動』, 神戸学生青年センター出版部, 1989年.
長谷川慶太郎, 『挑戦する韓国』, 光文社, 1984年.

林子平, 『林子平全集·第1巻』第一書房, 1979年.
原奎一郎編, 『原敬日記』, 福村出版, 1965年.
ハルミ・ベフ, 『イデオロギーとしての日本文化論』, 思想の科学社, 1987年.
藤田省三, 『天皇制国家の支配原理』, 未来社, 1976年版.
藤田省三, 『藤田省三著作集』, みすず書房, 1997~8年
ブルース・カミングス, 『現代朝鮮の歴史―世界のなかの朝鮮』, 横田安司·小林知子, 明石書店, 2003年
堀和生, 『朝鮮工業化の史的分析―日本資本主義と植民地経済』, 有斐閣, 1995年.
桝田一二, 『桝田一二地理学論文集』, 弘詢社, 1976年.
松下圭一, 『現代日本の政治的構成』, 東京大学出版会, 1962年.
松田利彦, 『戦前期の在日朝鮮人と参政権』, 明石書店, 1995年.
丸山真男, 『日本の思想』, 岩波新書, 1961年.
三島憲一, 『現代ドイツ―統一後の知的軌跡』, 岩波新書, 2005年.
三宅英利, 『近代アジアの日本と朝鮮半島』, 朝日新聞社, 1993年.
室谷克実, 『「韓国人」の経済学―これが華内貧経済の内幕だ』, ダイヤモンド社, 1987年.
文京洙, 『韓国現代史』, 岩波新書, 2005年.
山口弘一, 『日本国際私法論(増補改訂版)』, 巖松堂書店, 1916年.
山本武利編, 『日韓新時代―韓国人の日本観』, 同文舘, 1994年.
山脇啓造, 『近代日本の外国人労働者問題』, 明治学院国際平和研究所, 1993年.
梁永厚, 『戦後·大阪の朝鮮人運動―1945~1965』(朝鮮近代史研究双書13), 未来社, 1994年.
柳在順, 『下品な日本人』(神谷丹路他訳), 作品社, 1994年.
ユルゲン・ハーバーマス, 『近代:未完のプロジェクト』, 三島憲一編, 岩波現代文庫, 2000年.
尹健次, 『「在日」を生きるとは』, 岩波書店, 1992年.
尹健次, 『民族幻想の蹉跌―日本人の自己像』, 岩波書店, 1994年.
吉澤文寿, 『戦後日韓関係―国交正常化交渉をめぐって』, クレイン, 2005年.

吉田松陰, 『吉田松陰全集・第1巻』, 岩波書店, 1936年.
リチャード・H・ミッチェル, 『在日朝鮮人の歴史』, 金容権訳, 彩流社, 1981年.
歴史学研究会編, 『日本同時代史2―占領政策の転換と講和』, 青木書店, 1990年.
歴史学研究会編, 『日本同時代史3―55年体制と安保闘争』, 青木書店, 1990年.
ロナルド・P・トビ, 『近世日本の国家形成と外交』, 速水融他訳, 創文社, 1990年.
脇田憲一, 『朝鮮戦争と吹田・枚方事件―戦後史の空白を埋める』, 明石書店, 2004年.
和田春樹, 『金日成と満州抗日戦争』, 平凡社, 1992年.
和田春樹, 『朝鮮戦争』, 岩波書店, 1995年.

한국어

강준만, 『대중문화의 겉과 속』, 인물과 사상사, 2006년.
고려대학교 아세아문제연구소, 『통계로 본 한국근대사』, 고려대학교 아세아문제연구소, 2004년.
김게르만, 『한인이주의 역사』, 박영사, 2005년.
백원담, 『동아시아의 문화선택 한류』, 도서출판 펜타그램, 2005년.
손승철, 『조선시대 한일관계사 연구』, 지성의 샘, 1994년.
이황·이이, 『삼성세계사상 시리즈·한국의 유학사상』, 삼성출판사, 1997년.
전여옥, 『일본은 없다』, 지식공작소, 1993년(邦題『悲しい日本人』[金学文訳]たま出版, 1994년).

논문

일본어

赤澤史朗, 「社会の変化と戦後思想の出発」, 歴史学研究会編, 『日本同時代史1―戦争と占領』, 青木書店, 1990年.

天川晃, 「『民主化』過程と官僚の対応」, 中村政則・五十嵐武士他編, 『戦後日本占領と戦後改革②—占領と改革(新装版)』, 岩波書店, 2005年.

荒野泰典, 「『鎖国』論から, 『海禁・華夷秩序』論へ」, 『近世日本と東アジア』, 東京大学出版会, 1988年.

李旭淵, 「韓流と東アジア文化の未来」, 『立命館大学コリア研究センター特別公開シンポジウム』, での報告, 2006年.

井上勲, 「開国と近代国家の成立」, 荒川幾男・生松敬三編, 『近代日本思想史』, 有斐閣, 1973年.

奥田道大, 「ニューカマーズ(新規居住者)としてのアジア系外国人調査覚え書き」, 奥田道大・田嶋淳子他著, 『外国人居住者と日本の地域社会』, 明石書店, 1994年.

梶村秀樹, 「朝鮮思想史における中国との葛藤」, 『朝鮮史の枠組と思想』, 研文出版, 1982年.

梶村秀樹「定住外国人としての在日朝鮮人」, 『思想』, 岩波書店, 1985年 8月号.

カレル・V・ウォルフレン, 「日本問題」(The Japan Problem), 『諸君』, 文藝春秋, 1987年.

姜尚中, 「昭和の終焉と現代日本の『心象地理＝歴史』」, 『思想』, 岩波書店, 1989年 12月号.

姜在彦, 「歴史のなかの朝鮮王朝」, 『季刊・青丘』第14号, 青丘文化社, 1992年.

姜在彦, 「民戦時代と私」, 姜在彦・竹中恵美子, 『歳月は流水の如く』, 青丘文化社, 2003年.

金達寿, 「座談会『在日』50年を語る」, 『季刊・青丘』第21号, 青丘文化社, 1995年.

金賛汀, 「天皇制と朝鮮人労働者」, 『寄せ場・第3号』, 現代書館, 1991年.

金太基, 「米国の在日朝鮮人占領政策—政策形成過程を中心に」, 『思想』, 岩波書店, 1993年 12月号.

金賢美, 「韓流と親密性の政治学—アジアの近代性とジェンダー」, 『立命館大学コリア研究センター特別公開シンポジウム』での発言, 2006年.

金英達, 「占領軍の在日朝鮮人政策」, 『季刊・青丘』第21号, 青丘文化社, 1995年.

金英達「解説と統計の補足」, 森田芳夫著, 『数学が語る在日韓国・朝鮮人の歴史』, 明石書店, 1996年.

久米茂, 「"人権指令"前後」, 思想の科学研究会論, 『共同研究・日本占領軍—

その光と影・上巻』, 現代史出版会, 1978年.
後藤総一郎, 「近代天皇制国家理念の創出」, 『論集・天皇制を考える』, 亜紀書房, 1985年.
坂中英徳, 「在日は, 『朝鮮系日本国民』への道を」, 『中央公論』, 2003年7月号.
佐藤信行, 「住民投票権・地方参政権」, 外国人人権法連絡会編・発行, 『日本における外国人・民族的マイノリティ人権白書』, 2006年.
庄司興吉, 「住民意識への新しいアプローチ」, 庄司興吉編, 『住民意識の可能性―「国際化」時代のまちづくりと日本人の社会意識』, 梓出版社, 1986年.
杉原達, 「朝鮮人をめぐる対面＝言説空間の形成とその位相―1930年代の大阪を中心に」, 駒井洋監修/伊豫谷登士翁・杉原達編, 『講座 外国人定住問題・第1巻 日本社会と移民』, 明石書店, 1996年.
杉原達, 「在阪朝鮮人の渡航過程―朝鮮・済州島との関連で」, 杉原薫・玉井金五編, 『増補版 大正・大阪・スラム―もうひとつの日本近代史』, 新評論, 1996年.
鈴木正幸, 「天皇と政府・議会」, 鈴木正幸編, 『近代日本の軌跡7―近代の天皇』, 吉川弘文館, 1993年.
徐正禹, 「私の体験的地域活動論」, 『「在日」はいま―在日韓国・朝鮮人の戦後50年』, 青丘文化社, 1996年.
高柳俊男, 「映画『朝鮮の子』とその時代」, 『ほるもん文化・5』号』, 新幹社, 1994年.
田中宏, 「外国籍住民と自治体参加」, 松下圭一・西尾勝他編, 『岩波講座・自治体の構想5 自治』, 岩波書店, 2002年.
趙博, 「『左翼』ナショナリズムと在日朝鮮人」, 『思想』, 岩波書店, 1989年12月号.
鄭章淵, 「〈パックス・エコノミカ〉時代の到来と在日社会」, 『季刊・青丘』第24号, 青丘文化社, 1995年.
鄭夏美, 「文化交流を阻む無理解と非友好的心性」, 『"マンガ嫌韓流"ここがデタラメ』, コモンズ, 2006年.
西川洋, 「在日朝鮮人共産党員・同調者の実態」, 『人文学報』第50号, 京都大学人文科学研究所, 1984年.
野坂参三, 「民主的日本の建設」, 『野坂参三選集・戦後編』, 日本共産党中央

委員会出版部, 1961年.

浜下武志,「朝貢と条約―東アジア開港場をめぐる交渉の時代(1834~94)」, 溝口雄三・平石直昭他編,『アジアから考える3―周縁からの歴史』, 東京大学出版会, 1994年.

浜下武志,「東アジアの国際体系」,『講座・国際政治①国際政治の理論』, 東京大学出版会, 1989年.

黄成彬,「韓流と東アジア政治」, 松野周治・徐勝他編著,『東北アジア共同体への道』, 文眞堂, 2006年.

松本邦彦,「在日朝鮮人の日本国籍剥奪―日本政府による平和条約対策研究の検討」,『法学』第52巻 4号, 東北大学法学会, 1988年.

水野直樹,「コミンテルンと朝鮮」,『朝鮮民族運動史研究』第1号, 青丘文庫, 1984年.

水野直樹,「在日朝鮮人・台湾人の選挙権を『停止』した二つの文書」,『青鶴』8号, KMJ研究センター, 1996年.

水野直樹,「在日朝鮮人・台湾人参政権,『停止』条項の成立」,『研究紀要』第1号, 世界人権問題研究センター, 1996年.

水野直樹,「朝鮮人の外国移住と日本帝国」,『岩波講座・世界歴史19 移動と移民―地域を結ぶダイナミズム』, 岩波書店, 1999年.

「もうひとつの〈韓流〉」,『インパクション・149号』, インパクト出版会, 2005年.

茂木敏夫,「中華帝国の『近代』的再編と日本」,『岩波講座・近代日本と植民地Ⅰ 植民地帝国日本』, 岩波書店, 1992年.

茂木敏夫「中華世界の『近代』的変容―清末の辺境支配」,『アジアから考える2―地域システム』, 東京大学出版会, 1993年.

森田芳夫,「戦前における在日朝鮮人の人口統計」,『朝鮮学報』第48輯, 朝鮮学会, 1968年.

矢沢康祐,「『江戸時代』における日本人の朝鮮観について」,『朝鮮史研究会論文集・第6集』, 極東書店, 1969年.

山室信一,「明治国家の制度と理念」,『岩波講座・日本通史第17巻 近代2』, 岩波書店, 1994年.

한국어

고창훈, 「제주민중항쟁의 경제사회적 해석」, 『제주항쟁』, 실천문학사, 1991년.

김정기, 「청의 조선정책(1876~1894)」, 한국역사연구회, 『1894년 농민전쟁연구 3』, 역사비평사, 1993년.

박영재, 「한일관계 무엇이 문제인가」, 중앙일보 통일문화연구소 현대사연구팀, 『일본의 본질을 다시 묻는다』, 한길사, 1993년.

이영훈, 「일제하 제주도의 인구변동과 경제사회 구조」, 『제주항쟁』 창간호, 실천문학사, 1991년.

이어령, 「21세기의 한국, 한국 문화-대륙 문명과 해양 문명을 넘어」, 『세계의 문학』, 민음사, 2004년 겨울.

영문

Kosaku YOSHINO, Cultural Nationalism in Contemporary Japan-A sociological Inquiry, Routledge, 1992.

Michael A. Weiner, The Origins of the Korean Community in Japan 1910-1925, Manchester Univ. Press, 1989.

"Recent Korean Activities in Japan", GHQ/AFPAC(FEC), Military Intelligence Section, General Staff, Civil Intelligence Section Periodical Summary, No 38.

Terry Boswell and David Jorjani, "Uneven Development and the Origins of Split Labour Market Discrimination : A Comparison of Black, Chinese, and Mexican Immigrant Minorities in the United States", in Collins, jane, Hopkins, Terence and Muhammad, Akbar eds, Racism, Sexism and the World-System, New York : Greenwood Press, 1988.

자료

粟屋憲太郎編, 『資料 日本現代史2 敗戦直後の政治と社会①』, 大月書店, 1980年.

大阪府学務部社会課,「在阪朝鮮人の生活状態」, 朴慶植編,『朝鮮問題資料叢書・第3巻』アジア問題研究所, 1982年.

大阪府内鮮融和事業調査会,「在住朝鮮人問題ト其ノ対策」, 朴慶植編,『在日朝鮮人関係資料集成・第3巻』三一書房, 1976年.

外務省特別資料部編,『日本占領及び管理重要文書集』, 外務省特別資料課, 1949年.

外務省特別資料部編,『日本占領及び管理重要文書集・第2巻 政治・軍事・文化篇』, 日本図書センター, 1989年.

京都市社会課,「市内在住朝鮮出身者に関する調査」, 朴慶植編,『朝鮮問題資料叢書・第3巻』, アジア問題研究所, 1982年.

経済企画庁調査局編,『資料 経済白書25年』, 日本経済評論社, 1972年.

警保局保安課,「大正14年に於ける在留朝鮮人の状況」, 朴慶植編,『在日朝鮮人関係資料集成・第2巻』, 三一書房, 1975年.

「『在日朝鮮人の地位』に関する在京米国政治顧問発文書第580号[1948年9月3日付]同封文書1号」(大沼保昭「資料と解説・出入国管理法制の成立過程11」),『法律時報』51巻2号, 日本評論社, 1979年 2月号.

ソ連政府および共産党中央委員会,「決議案(No.1428-326cc)」(李愛俐娥, 前掲書).

「朝鮮人の衆議院議員選挙権行使状況と朝鮮文字の使用」, 朝鮮総督府官房文書課,『朝鮮総督府調査月報』第1巻 3号, 1930年.

朝鮮総督府編,『韓国併合史研究資料②(復刻版)』, 龍渓書舎, 1995年.

朝鮮総督府警務局,「朝鮮人労働者内地渡航取締状況(1933年)」, 朴慶植編,『在日朝鮮人関係資料集成・第2巻』, 三一書房, 1975年.

内務省警保局,「在留朝鮮人運動」, 朴慶植編,『在日朝鮮人関係資料集成・第4巻』, 三一書房, 1976年.

日本教育学会教育制度研究会外国人学校制度研究小委員会編,『「在日朝鮮人とその教育」資料集・第1集』, 1970年.

찾아보기

ㄱ

간도 지역 24
간주규정 35
강상중 238
강제 송환 32
강제 이주 32, 68
강제연행 33
거대담론 209
경술국치 37
『경제백서』 189
계층분화 26
고도성장 188
관동대지진 45, 83
국민국가 30
국민화 39
국서개찬 49
국인등록령 32
국적조항 221
국적취득완화법안 40, 224
군대환(기미가요마루) 8, 29, 84
귀국사업 18
귀환자 수 31
글로벌리제이션 10

기본지령 33
김게르만 30
김두용 144
김석범 238
김시종 238
김천해 144
김학영 30

ㄴ

내선융화 118
내정불간섭 193
냉전시대 263
노무자합숙소 29
노사카 산조 38

ㄷ

다이쿤고 50
다카미 준 91
다케다 세이지 20
단일민족 신화 254
대동아공영권 36
대일방침 122

도노무라 마사루 28
도쿠다 규이치 38
도항 규제조치 83
도항 제한 83
도항장려책 83
도항정책 83
동화주의 발상 254

ㄹ
러시아 극동 31
류큐琉球 처분 23

ㅁ
마스다 이치지 81
마이클 와이너 45
무단통치 116
무라야마 담화 217
문명개화 64
문화 침략 179
문화통치 116
미야케 히데토시 55
미즈노 나오키 125
민단 20
민란의 시대 24
민족개량주의 247
민족교육 9, 99
민청학련 사건 297

ㅂ
박물잡지 65

박은철 144
반동불황 26
반조선인 278
방적공 80
방적공장의 여공 79
법무부 민사국장의 통달 9
본국 귀환 34
본국송환 32
부국강병 64
북경조약 23
북해도 개척사使의 설치 23
불량 주택지구 29
불법입국자 32
브루스 커밍스 26
비非정주 조선인 28

ㅅ
사할린 31
산미증식계획 26
산업혁명 30
상징천황제 121
서경식 20
소국주의 171
소중화 체제 51
속방정책 63
송성철 144
송시열 51
송환계획 33
스기하라 도오루 77
시민사회 239

신헌법의 시행 35

ㅇ
아라이 하쿠세키 54
압력냄비 26
야마가 소코 54
야자와 고스케 54
양영후 144
에스닉 272
에스니시티 186
연변조선족자치구 31
연합국군점령기 36
염한론 176
영주권 신청 21
위정척사론 60
이쿠노구 33
이항로 60
이회성 30
익찬선거 124
인구유출 26
인구이동 30
인권지령 90
일 민족 일 국가 171
일국일당 141
일본 국적 33
일본 국적을 박탈 34
일본 국적의 상실 9
일본 국적취득운동 224
일본 도항 27
일본공산당 38

임금노동형 이민 68
입관특별법 220

ㅈ
자이니치 22
재도항 33
재일본대한민국거류민단 20
재일본조선인총연합회 20
재일조선인 7
재일조선인 운동 9
재일조선인의 정주화 28
재일조선인정책 37
적국인 33
전시동원 27
점령기 34
점령정책 33
정착형 농업이민 27
정한론 57
조련(재일본조선인연맹) 9
조선 농민 26
조선노동당 38
조선인 부락 29, 257
조선인 사회 34
조선인 학살 45
조선인등록자 32
주권 존중 193
주권국가 270
지문날인제도 220
직공 80
직항항로 84

집단거주 지역 29
징병 31
징용 31
GHQ 33

ㅊ
참정권 9
총련 20
출가노동이민 27
취직차별 239
치외법권 67

ㅋ
코민테른 99, 141
코민포름 148

ㅌ
태평양제도 31
토지 수탈 25
토지조사사업 68
특별영주자 222

ㅍ
포스트포디즘 207
피차별부락민 76

ㅎ
하야시 시헤이 54
한류민족주의 184
한신교육투쟁 109
한일조약 체결 21
항일집단 25
해방론 55
해방민족 33
해외공민 38
해외이주 23, 31
행정차별 239
혐한론 176
협화회 144
호적법의 적용 35
호혜평등 193
화이華夷이념 8
환류형 이민 68
황국소년 19
황국신민 251
황민교육 269
황민화 정책 269
황민화교육 106
황화론 24
흥생회 144

저자 | **문경수**

1950년 도쿄 출생.
현재 리쓰메이칸 대학 국제관계학부 교수, 박사(지역정치학).
주요 저서로는 『재일은 지금-재일한국·조선인의 전후 50년(「在日」はいま-在日韓国·朝鮮人の戦後50年)』(공저), 『제주도 현대사-공공권의 사멸과 재생(済州島現代史-公共圏の死滅と再生)』, 『한국현대사(韓国現代史)』 외 다수.

역자 | **고경순**

1962년 제주 출생. 계명대학교 일본학과에서 『엔도 슈사쿠(遠藤周作) 문학에 나타난 신의 형상』(2010)으로 박사학위 취득. 주요논저로는 「엔도 슈사쿠의 『바다와 독약(海と毒薬)』론」, 「엔도 슈사쿠의 『깊은 강』論」 등. 그 외 『제주4·3사건 진상조사보고서』(공동), 『재일제주인 삶과 역사』, 『마을사람들이 세운 재일제주인 비』(공동) 등의 일문 번역.

역자 | **이상희**

1971년 제주 출생. 제주대학교 통역번역대학원 한일과에서 『경주마 제대로 알기』(2013)로 석사학위 취득. 현재 제주대학교 통역대학원 한일과 시간강사 및 동대학 외국어교육원 일본어강사. 『마을사람들이 세운 재일제주인 비』(공동) 등의 일문 번역 및 통역 다수.

제주발전연구원 제주학총서 20

재일조선인 문제의 기원

2016년 11월 30일 초판 1쇄 펴냄

저 자 문경수
역 자 고경순·이상희
펴낸이 김흥국
펴낸곳 도서출판 **문**

책임편집 이유나
표지디자인 손정자

등록 제2013-000026호
주소 경기도 파주시 회동길 337-15 2층
전화 031-955-9797(대표)
　　　 02-922-5120~1(편집), 02-922-2246(영업)
팩스 02-922-6990

ISBN 979-11-86167-22-9　03300
ⓒ 고경순·이상희, 2016

정가 18,000원
사전 동의 없는 무단 전재 및 복제를 금합니다.
잘못 만들어진 책은 바꾸어 드립니다.